"十三五"中小学教师培训教材

教师教学基本能力解读与训练
中学地理

丛书主编：李 军

丛书副主编：文必勇　白雪峰　何书利　胡秋萍　刘继玲

本书主编：赵贵江

编著者：（以姓氏笔画为序）

刘惠文　祁素梅　许 楠　姜赛楠　王海霞

邢冬梅　张益军　马卫华

北京理工大学出版社
BEIJING INSTITUTE OF TECHNOLOGY PRESS

图书在版编目（CIP）数据

教师教学基本能力解读与训练.中学地理/赵贵江主编.—北京：北京理工大学出版社，2017.6

ISBN 978-7-5682-4250-9

Ⅰ.①教…　Ⅱ.①赵…　Ⅲ.①中学地理课－教学法－师资培训－教材　Ⅳ.①G633

中国版本图书馆CIP数据核字（2017）第148024号

出版发行 / 北京理工大学出版社有限责任公司

社　　址 / 北京市海淀区中关村南大街5号

邮　　编 / 100081

电　　话 / (010) 68914775（总编室）

　　　　　 (010) 82562903（教材售后服务热线）

　　　　　 (010) 68948351（其他图书服务热线）

网　　址 / http://www.bitpress.com.cn

经　　销 / 全国各地新华书店

印　　刷 / 定州市新华印刷有限公司

开　　本 / 787毫米×1092毫米　1/16

印　　张 / 15.25

字　　数 / 330千字

版　　次 / 2017年6月第1版　2017年6月第1次印刷

定　　价 / 38.00元

责任编辑 / 钟　博

文案编辑 / 龙　微

责任校对 / 孟祥敬

责任印制 / 边心超

前　言

教育大计，教师为本。习近平总书记指出：一个人遇到好老师是人生的幸运，一个学校拥有好老师是学校的光荣，一个民族源源不断涌现出一批又一批好老师则是民族的希望。可以说，有好的老师，就会有好的教育。

好老师不仅需要拥有强烈的教育情怀与高超的育人智慧，而且必定具有超强的教学能力。因为，教学能力是落实育人目标和决定教学质量的重要因素。北京市朝阳区教委始终高度重视全区教师教学能力的持续提升，早在 2009 年就出台了《朝阳区教育系统教师教学能力提升工程的意见》，旨在以教师的教学能力为抓手，促进教师队伍的专业发展，全面提高我区的教学质量和教育品质。

作为教师专业发展基地——北京教育学院朝阳分院一直致力于教师教学能力的全面发展。特别是在"十二五"期间，针对朝阳区教师教学能力现状，结合教师专业发展阶段的规律和特点，基于《北京市朝阳区教师教学基本能力检核标准》（以下简称《标准》）和《标准》解读，北京教育学院朝阳分院遴选了最为重要的 10 个能力要点，研发了中（职高）小学和一整套训练内容和方法，开发了《教师教学基本能力解读与训练》（共 23 个学科分册）学科教师培训教材。依据智慧技能的形成特点，通过"测、讲、摩、练、评"五个环节开展了基于实践、问题的教师培训，培训教师近 2 万人次。

在培训实施过程中，针对各学科教龄 10 年以下的青年教师和 10 年以上的成熟教师，遴选其中 4～6 个能力要点，分层开展学科教师培训，在培训目标、培训内容、培训形式以及考核要求等方面都做了针对性的细化处理。在《标准》解读、案例研讨、在线交流和考核测试的基础上，开展了基于能力要点的课堂教学实践与改进。不同类型的培训实践不仅检验了基于教师教学能力标准的培训课程的培训效果，同时也促进了教师教学能力的精进与提升。

基于《标准》的教师培训，突出了"培训课程标准化"的培训资源建设观。通过率先在全国研制、实践并推广系列《标准》，满足并引领了培训课程建设的品质需求，改进和完善了教师发展支持体系，推进了培训工作制度化、规范化，基本破解了分层、分类、分岗开展培训的难题，增强了教师参训的针对性、实效性和获得感，切实提升了教师培训的专业性，受到了区内外使用该培训教材教师的一致好评。

为了进一步发挥《标准》的指导作用，推进教师教学能力的持续提升，基于原有教材的开发和实施经验，每个学科结合现阶段本学科特点和教师专业发展需求，另外遴选了8～10个能力要点，开发了"十三五"中小学教师培训教材《教师教学基本能力解读与训练》（共24个学科分册）。在教材编写过程中，我们努力将《标准》揭示的一般规律、共性问题迁移融通于各学科，且通过案例凸显各学科教学能力的基本特征，还将关键的结果指标与各学科教学实践中的实际问题进行对接，以期深化教师对《标准》的理解，明确教学实践改进的方向和路径，提升自身的实践智慧。

当前，我国基础教育正处在深化综合改革的关键时期，各学科核心素养的提出，进一步明确了学科的育人价值，为学科育人提供了指南。为此，在教材开发过程中，各位编委对本学科的学科核心素养也给予了充分关注，在《标准》的解读中、案例的分析中、训练的任务中，对此都有不同程度的涉及与体现，为实现学科育人理念、发展学生的学科素养探索了具体的路径。

每一册教材的编写团队中都聚集了一批一线的骨干教师，他们边学习《标准》，边践行《标准》，并结合学科教学实践进行反思形成了鲜活的案例。可以说，他们是《标准》的首批实践者，也是培训资源的开发者，正是由于他们的深度参与，才使这套教材真正落实了"基于实践""基于问题"的价值追求，大大提高了教材的实践价值。

在教材开发的过程中，北京教育学院李晶教授等专家给予了我们一如既往的悉心指导。来自高校、教学一线的教授、特级教师作为学科专家指导团队，以他们的智慧为本套教材把关增色。借此机会，我们在此对他们付出的智慧和心力表示衷心的感谢。

由于"教师专业标准"还是一个尚待完善改进的领域，同时我们自身的水平和经验也有限，尤其是践行《标准》的有效实践还需要进一步加强，教材中必然存在着不甚妥当或值得深入探讨之处，诚挚期望得到专家和同行们的指正。

我们期待本套教材能在广大中小学教师教学能力的提升中发挥重要的作用，并在应用中不断完善。我们更期待，广大教师立足课堂教学实践，不断深度学习反思，持续提升教学能力，做学生锤炼品格、学习知识、创新思维和奉献祖国的引路人。

丛书编委：白雪峰

致 学 习 者

学习，是人一生发展过程中的一个重要组成部分。随着个体踏出校门、进入职场学习并未停止，而是开启了一个崭新的学习征程。可以说，通过工作生活进行学习，寓工作于学习、寓学习于工作是成年人每天思想和行动的必然产物。

成人学习是基于个体经验和汇集个人经验的学习，需要学习者主动参与到课程内容中；教师的学习是懂教育的人的学习，需要学习者驾驭学习方法，达到比较高的学习境界。

依据智慧技能的形成过程，我们将学科教师培训分成"测、讲、摩、练、评"五个环节，通过完成智慧技能原型定向阶段与原型操作阶段的任务，强化各学科教师基于课堂教学研究的实践与反思，促进教师从原型定向阶段向原型内化阶段迈进。下面，我们就从上述五个环节分别为您的学习提出相应建议，以帮助您快速驾驭学习内容。

☆ 测——前测。在每个专题培训的第一步，我们将和您一起找到您在该教学能力存在的问题，判断该能力所处的状态，以开始学习。这其中，有对一些教学事件的认同，有对问题的分析和判断，也有一些测试，目的就是一个：帮您找准自己学习的起点。

☆ 讲——讲解。我们将基于具体的教学案例，围绕该项能力的一些表现行为进行理性分析，阐述行为产生的原因和导致的结果，阐释所表征的能力取向和能力发展层次。这些分析将使您对该项能力的含义获得更为深入的理解，对形成能力的合理行为有较高的期待。如果您实践跟进得快，边学习边实践，在这一阶段就能够获得提高。

☆ 摩——观摩。在学习中会提供一些案例进行观摩，有些拿来就可以使用，但一定不要满足于拿来就用，更多的内容需要您边观摩边分析，在其背后寻找为什么，这样您获得的将不仅是一招一式，而是新的专业发展点和教育实践智慧的增长点。

☆ 练——训练。方法技能的掌握和提升一定要通过训练才能实现。一方面，我们将在培训中安排模拟微型课堂进行教学技能的分解训练；另一方面，我们也有实践模拟训练。然而，训练时间是有限的，期望您从培训第一天开始，就将自己一线的课堂作为实训基地，不断尝试，不断分析尝试后的效果，不断提出改进方案，并开展新的尝试。同时，同伴老师可以帮助您进行观察和改进。

☆ 评——评价。包括自评、互评等。训练是否有效需要进行针对性评价，发现自己的进步，明确现存的问题，清晰新的学习起点，这样才能开始新的一轮学习、反思和改进活动。当然，您会在这样的反复中获得自我提升的方法。您将学会主动的发现问题，通过自主学习过程解决问题。这一系列解决问题能力的提升才是培训的最终目的。

本教材提供的观摩案例，给您留下了很多思考的空间，也提供了很多训练方法的指导、训练内容的点拨，愿它伴随您这一段时间的学习，成为您的良师益友。

亲爱的教师朋友们，我们正处在一个学习的时代，一个"互联网+"的时代。我们的职业又是一个特别需要终身学习的职业。让我们勇于面对新的挑战，不断基于实践提出新的学习任务，在战胜挑战后，我们还迎接更新一轮的挑战，而唯有学习才是应对各种挑战的制胜法宝。

这就是教师的职业。

目录

CONTENTS

培训开始

一、活动目标

◆ 了解"朝阳区青年教师教学基本能力学科培训"项目的背景。

◆ 知道《北京市朝阳区教师教学基本能力检核标准》培训的学习任务和考核要求。

◆ 阅读《北京市朝阳区教师教学基本能力检核标准》中本学科所选定的 8 项能力要点。

◆ 建立培训学习小组。

◆ 做好培训学习前的准备。

二、活动过程

活动 ①

了解"朝阳区青年教师教学基本能力学科培训"项目的背景。

阅读《朝阳区教师教学基本能力检核标准（解读）》。

活动 ②

知道《北京市朝阳区教师教学基本能力检核标准》培训的学习任务和考核要求。

(1)在本次培训中您将完成的学习任务为"四个一"：

①一个教学设计；

②一份说课稿；

③一次说课活动；

④一个体现能力要点的教学片断。

(2)在本次培训中您要通过的考核标准为"四个要求"：

①参加全部培训，积极参与各项培训活动；

②认真完成学习任务所要求的"四个一"；

③完成实施能力要点教学片断后的反思；

④参加学科技能考核，达到合格以上。

活动❸

阅读《标准》（第一部分），重点了解地理学科培训所选定的8个能力要点：

(1)科学表述三维目标；

(2)有效设计教学活动；

(3)灵活选择教学策略；

(4)营造良好学习环境；

(5)恰当运用教学媒体；

(6)教学组织方式有效；

(7)强化学生积极表现；

(8)关注个体分层指导。

活动❹

建立培训学习小组

步骤 1　确定分组方式： 提出几种分组方式供大家讨论协商，确定适合本次培训活动的分组方式。

步骤 2　进行组内交流： 与本组成员进行交流，在下面的表格中记下本小组成员的基本信息，并推选出学习小组长：_____。

序号	姓名	学校	教龄	任教年级	备注
1					
2					
3					
4					
5					
6					
7					

步骤 3　教学话题研讨： 在下面的表格中记录交流的要点。

序号	目前教学中面临的主要问题、困惑，学习期望等
1	
2	
3	
4	
5	

步骤 4　全班交流分享：推选小组代表在全班交流本组研讨的主要话题。

活 动 5

培训学习前的准备工作

步骤 1：创建个人作业文件夹。文件夹命名规则如下：

继续教育编号＋姓名（从公共邮箱中下载模板进行重命名）

步骤 2：建立交流公共邮箱。记下本次培训使用的公共邮箱。

步骤 3：熟悉培训平台的使用：浏览通知通告，下载学习资料，掌握作业提交方法等。

主题一　科学表述三维目标

学习目标

了解：三维目标及其内涵。

理解：三维目标之间的关系。

分析：三维目标的表述方法。

运用：正确、科学表述三维目标。

课程内容简介

教学目标的分析与确立是学科教学设计中至关重要的环节，教学目标制定能力主要包括清晰确定课时目标和科学表述三维目标。《高中地理课程标准》中目标是从知识与技能、过程与方法、情感态度与价值观三个维度来表述的，要求这三个维度在实施过程中是一个有机的整体。本主题内容围绕"科学表述三维目标"这条检核标准，从问题提出、标准解读、技能训练、案例分析、考核要求、反思日记等方面展开。希望通过本主题的学习教师能够看到问题，找准对策，提高"科学表述三维目标"的能力，提高教育教学的水平。

一、问题提出

活动 1

哪个更好、更科学？

——《圆的周长》[《小学数学（六年级上册）》]

第一位老师的教学目标：

(1)认识并会测量圆的周长；理解圆周率的意义，掌握圆周率的近似值，掌握圆的周长的计算公式。

(2)培养学生的观察、比较、分析、综合和动手操作能力。

(3)结合圆周率的学习，对学生进行爱国主义教育。

第二位老师的教学目标：

（1）在具体情境中认识圆的周长，并能运用"绕线法""滚动法"进行测量。

（2）经过实际测量，感受周长与直径之间的函数关系，了解圆周率与周长和直径的关系，能推导圆的周长的计算公式。

（3）借助具体操作活动，初步体会以直代曲的转化思想。

（4）在数据的收集和分析过程中，发展科学的研究态度和反思意识，培养民族自豪感，感受人类的探索精神。

步骤1：阅读上述案例后，请你根据自己的理解对案例所表述的教学目标进行评价，并简要说明理由。

_____

_____

_____

步骤2：如果你在编写教案确定教学目标时有过上述情形，其将会对教学效果产生什么影响？

_____

_____

_____

步骤3：在三维目标的表述方面你还遇到过哪些问题？有哪些困惑？

_____

_____

_____

_____

二、标准解读

（一）理解标准

"科学表述三维目标"检核标准如下：

能力要点	合格	良好	优秀
科学表述三维目标	能够正确选择行为动词表述三维目标，逻辑严谨	能够恰当表述具有可操作性的三维目标	能够将三维目标进行有机整合，使其具有可测评性

◆ 活动 ❷

标准解读

步骤1 个人理解：根据上面三个不同层次标准，尝试用自己的语言表达，将不理解、不清楚的地方用横线标出来，向组内其他老师提出问题，看能否得到帮助和解决，将小组没有解决的问题写在下表中。

序号	需要解决的问题
1	
2	
3	

步骤 2　延伸思考：每一课时的教学目标中，都要涉及三维目标吗？

_____

_____

_____

步骤 3　等级评价：参照《标准》对下面的"科学表述三维目标"能力给出等级。

_____

_____

_____

案例 1

运用北京市 11 月 14～17 日简易天气图，找出高压中心、低压中心、冷锋、暖锋等天气系统。

结合简易天气图，分析冷锋影响下的天气状况。

运用冷锋和暖锋天气系统示意图，列表比较冷、暖锋的异同。

依据《标准》，将给出的"合格""良好""优秀"等级和评定的理由写在下表中。

等级	理由

（二）学习理论

1. 三维目标的内涵

（1）知识与技能目标：应该准确表述为"特定学科的知识与技能目标"，强调的是学科的基础知识、基本技能、基本活动经验等。

（2）过程与方法目标：主要指一般的、通用于多个学科的操作程序和思想方法，强调的是了解和体验问题探究的过程与方法，并初步掌握发现问题、思考问题和解决问题的基本方法，真正学会学习。

（3）情感态度与价值观目标：关注的是形成积极的学习态度、健康向上的人生态度，具有科学的精神和正确的世界观、人生观、价值观，成为有责任感和使命感的社会公民等。

2. 三维目标的关系

在研究上，可以把三维目标拆开来逐个思考；在课堂教学中，则要将三维目标融为一体加以实施，使获得基础知识与基本技能的过程同时成为学会学习和形成正确价值观的过程。

在教学中，教师应围绕某一课堂教学事件、教学内容或教学任务，将三维目标有机整合起来。

3. 布卢姆的教学目标分类理论

教学目标分类理论是20世纪50年代以布卢姆为代表的美国心理学家提出的。在这个理论体系中，布卢姆等人将教学活动所要实现的整体目标分为认知、动作技能、情感等三大领域，并从实现各个领域的最终目标出发，确定了一系列目标序列。

（1）按认知学习领域目标分类。布卢姆将认知领域的目标分为识记、领会、运用、分析、综合和评价6个层次：

①识记：指对先前学习过的知识材料的记忆，包括具体事实、方法、过程、理论等的记忆，如记忆名词、事实、基本观念、原则等。

②领会：指把握知识材料意义的能力。可以通过三种形式来表明对知识材料的领会，一是转化，即用自己的话或用与原来不同的方式来表述所学的内容；二是解释，即对一项信息（如图表、数据等）加以说明或概述；三是推断，即预测发展的趋势。

③运用：指把学到的知识应用于新的情境，解决实际问题的能力，包括概念、原理、方法和理论的应用。运用以识记和领会为基础，是较高水平的理解。

④分析：指把复杂的知识整体分解为各个组成部分，并理解各部分之间联系的能力，包括部分的鉴别、部分之间关系的分析和认识其中的组织结构。例如，能区分因果关系，能识别材料中作者的观点或倾向等。分析代表了比运用更高的智力水平，因为它既要理解知识材料的内容，又要理解其结构。

⑤综合：指将所学知识的各部分重新组合，形成一个新的知识整体的能力。它包括发表一篇内容独特的演说或文章、拟定一项操作计划或概括出一套抽象关系。它所强调的是创造能力，即形成新的模式或结构的能力。

⑥评价：指对材料（如论文、观点、研究报告等）作价值判断的能力。它根据材料的内在标准（如组织结构）或外在标准（如某种学术观点）进行价值判断。例如，判断实验结构是否有充分的数据支持，或评价某篇文章的水平与价值。这是最高水平的认知学习结构，因为它要求超越原来的学习内容，综合多方面的知识并要基于明确的标准才能作出评价。

（2）按动作技能学习领域目标分类。1956年，布卢姆等人在创立教育目标分类理论时，仅意识到这一领域的存在，但未能制定出具体的目标体系。后来，辛普森等人于1972年提出了分类系统，这是目前使用较广泛的一种分类体系，它将动作技能目标分成7级：

①感知：指运用感官获得信息以指导动作，主要了解某动作技能的有关知识、性质、功用等。

②准备：指对固定动作的准备，包括心理定向、生理定向和情绪准备（愿意活动）。感知是其先决条件，我国将感知和准备阶段统称为动作技能学习的认知阶段。

③有指导的反应：指复杂动作技能学习的早期阶段，包括模仿和尝试错误。通过教师评价或一套适当的标准可判断操作的适当性。

④机械动作：指学习者的反应已成习惯，能以某种熟练和自信水平完成动作。这一阶段的学习结果涉及各种形式的操作技能，但动作模式并不复杂。

⑤复杂的外显反应：指包含复杂动作模式的熟练操作。操作的熟练性以精确、迅速、连贯协调和轻松稳定为指标。

⑥适应：指技能的高度发展水平，学习者能修正自己的动作模式以适应特殊的设施或满足具体情境的需要。

⑦创新：指创造新的动作模式以适应具体情境，要有高度发展的技能为基础才能进行创新。

（3）按情感学习领域目标分类。情感学习与形成或改变态度、提高鉴赏能力、更新价值观念、培养高尚情操等密切相关。然而，由于人的情感反应更多地表现为一种内部心理过程，具有一定的内隐性和抽象性，因而这个领域的学习目标相对难以确定。1964年，克拉斯伍等人制定了情感领域的教育目标分类，他们依据价值内化的程度，将情感领域的目标分为5级：

①接受或注意：指学习者愿意注意某特定的现象或刺激，例如静听讲解、参加班级活动、意识到某问题的重要性等。学习结果包括从意识到某事物存在的简单注意到选择性注意，这是低级的价值内化水平。

②反应：指学习者主动参与，积极反应，表示出较高的兴趣，例如完成教师布置的作业、提出意见和建议、参加小组讨论、遵守校纪校规等。学习的结果包括默认、愿意反应和满意的反应。这类目标与教师通常所说的"兴趣"类似，强调对特定活动的选择与满足。

③评价：指学习者用一定的价值标准对待定的现象、行为或事物进行评判。它包括接受或偏爱某种价值标准和为某种价值标准作出奉献，例如欣赏文学作品、在讨论问题中提出自己的观点、刻苦学习外语等。这一阶段的学习结果所涉及的行为表现为一致性和稳定性，与通常所说的"态度"和"欣赏"类似。

④组织：指学习者在遇到多种价值观念所呈现的复杂情境时，将价值观组织成一个体系，对各种价值观加以比较，确定它们的相互关系及它们的相对重要性，接受自己认为重要的价值观，形成各人的价值观体系，例如，先处理集体的事，然后考虑个人的事；或形成一种与自身的能力、兴趣、信仰等协调的生活方式等。值得重视的是，个人已建立的价值观体系可以因为新观念的介入而改变。

⑤价值与价值体系的性格化：指学习者通过对价值观体系的组织，逐渐形成个人的品性。各种价值被置于一个内在和谐的构架之中，虽小，但形成一定的体系。个人言行受该价值体系的支配；观念、信仰和态度等融为一体，最终的表现是个人世界观的形成。到达这一阶段以后，行为是一致并可以预测的，例如保持谦虚的态度和良好的行为习惯、在团

体中表现出合作精神等。

4. 三维目标的表述

(1)三维目标的表述的含义。

三维目标的表述是指要对不同层次、不同类别的知识，用不同的行为动词作出具体而恰当的描述，严格把握分类的准确性、描述的严密性。

(2)三维目标表述的基本方式。

三维目标表述的基本方式一般有以下两种：

一是采用结果性目标的方式，即明确指出学生的学习结果是什么，所采用的行为动词要求明确、可操作、可测量。这种方式指向可以结果化的课程目标，主要应用于"知识""能力"领域，如"能举例说明支持某一观点的证据或事实"。

二是采用体验性的或表现性目标的方式，即描述学生自己的心理感受、体验或明确安排学生表现的机会，所采用的行为动词往往是体验性的、过程性的。这种方式指向无须结果化的或难以结果化的课程目标，主要应用于"情感、态度与价值观"领域，如"树立正确的消费观，养成适度消费、量入为出的以及避免盲从的消费观念"。

新课标明确提出：教师要特别注重进行形成性的过程评价，不要一味地强调终结性的结果评价，概言之，即注重让学生经历过程，掌握方法。因为获取任何知识、能力技能、情感态度都需要经历一定的过程和方法，它会使获取知识和技能的途径更清晰。

(3)行为目标的 ABCD 表述法。

对每节课教学目标的准确表述，可以充分发挥教学目标在教学活动中的指向、评估和激励作用。表述教学目标时一般要慎重考虑以下 4 个因素：

①行为主体(Audience)：指学生或某种水平的学生，也就是说，教学目标表述的应该是学生的行为。

②行为动词(Behavior)：指选用适当的动词描述学习后的行为变化。这种行为动词应该是可观察、可操作、可测量的，一般使用外显性的行为动词或学科课程标准中界定的行为动词。

③行为条件(Condition)：指产生上述行为变化的特定条件，即影响学习结果的具体约束条件，包括需要借助的手段、(不)允许使用的工具、提供的信息或提示等。

④表现程度(Degree)：指上述行为变化的表现水准，也就是刻画评定学习结果的标准。一般从准确、速度、质量等方面确定。

上述教学目标表述所包括的"四要素"是由行为观的代表马杰(R. F. Mager)提出的"三要素"发展而来的，又称为 ABCD 表述法。它们的含义是：A 为"对象"(Audience)，意为学习者，就是目标表述句中的主语。B 为"行为"(Behaviour)，即学习者应做什么，就是目标表述句中的谓语和宾语。C 为"条件"(Condition)，意为上述行为在什么条件下产生。D 为"程度"(Degree)，即上述行为的标准。例如，一个运用 ABCD 方法表述的教学目标例句："通过学习昆虫的形态特点，学生能以 90%的准确度，从本课课本的图中辨认出哪些是昆虫"。其中，行为主体是"学生"，行为动词是"辨认昆虫"，行为条件是"从本课课本的图中"，表现程度是"以 90%的准确度"。

5. 三维目标的行为动词

维度		常用行为动词
知识与技能	知识	了解——说出、背诵、辨认、回忆、选出、举例、列举、复述、描述、识别、再认识等。 理解——解释、说明、阐明、比较、分类、归纳、概述、概括、判断、区别、提供、猜测、预测、估计、推断、检索、收集、整理等。 应用——应用、使用、质疑、辩护、设计、解决、撰写、拟订、检验、计划、总结、推广、证明、评价等。
	技能	模拟、重复、再现、例证、临摹、扩展、缩写等。 独立操作——完成、表现、制定、解决、拟订、安装、绘制、测量、尝试、试验等。 迁移——联系、转换、灵活运用、举一反三、触类旁通等。
过程与方法		经历、感受、参加、参与、尝试、寻找、讨论、交流、合作、分享、参观、访问、考察、接触、体验等。
情感态度与价值观		反应——遵守、拒绝、认可、认同、承认、接受、同意、反对、愿意、欣赏、称赞、喜欢、讨厌、感兴趣、关心、关注、重视、采用、采纳、支持、尊重、爱护、珍惜、蔑视、怀疑、摒弃、抵制、克服、拥护、帮助等。 领悟——形成、养成、具有、热爱、树立、建立、坚持、保持、确立、追求等。

6. 意义作用

教学目标是教学的出发点和归宿，是教师对学生所达到的学习成果或最终行为的明确阐述。一切教学活动都是围绕教学目标来进行和展开的。就其本身而言，它具备支配教学实践活动的内在规定性，起着支配和指导教学过程的作用，也是教师进行课堂教学设计的基本依据。新课标倡导的三维目标——"知识与技能、过程与方法、情感态度与价值观"，实质上是集中体现了"以全面提高学生的基本素质和健康发展学生的个性为培养目标"的课改方针、"以学生为本"的教学理念。科学表述教学目标能使教师更好地把握教学目标，使学生更好地理解教学目标，使教学目标能发挥出其应有的功能，使教学有明确的方向，给教学任务是否完成提供测量和评价的标准。

三、技能训练

（一）技能概述

教学目标的表述是教学目标设计的文字体现，它体现了教师对一节课的整体设计，教学目标表述不科学、不准确、模糊不清，就无法发挥教学目标指导教学的作用。教学目标的设计不仅仅是目标，它的设计与教学过程、内容、方法、评价是一致的。教学目标的表述除应具备可测性和可操作性以外，还应遵循以下原则：

（1）全面性。目标包含知识与技能、过程与方法、情感态度与价值观三个维度，其相互渗透，融为一体，要避免顾此失彼。

（2）层次性。在关注共同发展的同时，应重视个体差异。

（3）主体性。依据新课标要求，在表述过程中应该以学生为主体，体现学生的学习过程。

（二）构成要素

(1)行为主体；

(2)行为动词；

(3)行为条件；

(4)表现程度。

▓ 案例 2

我自己会整理

教学设计一：

(1)通过本课教学，使学生知道自己的事情应该自己做，运用各种感官和方法创造性地让学生掌握整理物品的一些基本方法和原则。

(2)通过多种多样的活动，让学生能够迅速熟练动手操作并能分析、解决问题以及交流与合作。

(3)使学生在活动中形成认真细致的科学态度、与他人合作的精神，以及照顾自己的能力，能用自己的方式爱父母和长辈。

教学设计二：

(1)使学生能够整理自己的书包与日常用品，说出自己与他人整理物品的差别，概括整理生活用品的多种方法。

(2)使学生能够快速分类整理物品，养成良好的生活习惯；帮助他人整理物品，体验合作做事情。

(3)使学生能够感受到自己整理物品及帮助他人整理物品的好处，认识整理物品的重要性，体会整理物品后的愉快心情。

◣ 活 动 3

构成要素分析

(1)上述案例中哪个教学设计更为科学？

(2)上述案例是如何科学表述三维目标的？

根据案例2，讨论交流后，归纳整理出"科学表述三维目标能力"的构成要素，填写在下表中。

序号	要 素
1	
2	
3	
4	
……	

（三）操作要点

阅读下表所列出的操作要点。除此之外，还有哪些操作要点？请将其填写在下表中。

序号	操作要点
1	明确表述学习的主体是学生； 能够清楚地表现出逻辑主语的指向是学生。
2	能够正确选择行为动词； 能够用准确、具体的行为动词描述学生需完成的动作或技能。
3	对行为条件有清晰、具体的表述，条件界定范围合理； 能够恰当表述具有可操作性的学习行为。
4	结果指标表述明确、具体，具有可操作性； 结果指标可检测，且检测方法合理、操作性强。
5	
......	

（四）技能训练

活动 4

哪个更好、更科学？

课题：工业区位选择。

课标：分析工业区位因素。

步骤1　教学目标表述：

教学目标表述一：

(1)能说出影响工业区位的主要因素。

(2)能根据影响因素辨别不同导向型的工业类型。

(3)能说出工业区位因素的发展变化趋势。

教学目标表述二：

(1)通过学习使学生了解工业的主要区位因素。

(2)通过案例分析，培养学生分析问题、解决问题的能力。

(3)初步了解怎样进行工业区位选择。

(4)在分析问题的同时使学生了解区位因素是不断发展变化的。

(5)初步树立"人地协调"的观念。

步骤2　组内讨论：两个表述哪个较好？分别存在什么问题？

_____

_____

_____

_____

步骤3 总结提升：修改并撰写教学目标。

_____

_____

_____

_____

实施策略：

(1)列出地理课程标准要求。

(2)利用马杰的教学目标阐明方法中的 A、B、C、D 四要素：

A——对象(Audience)：阐明教学对象。

B——行为(Behavior)：说明通过学习以后，学习者应能做什么(行为的变化)。行为动词的表述应力求明确、具体，可以观察和测量。尽量避免用含糊、不切实际的语言陈述目标。

C——条件(Condition)：说明上述行为在什么条件下产生。"过程与方法"目标主要通过"行为条件"体现。结合学生及学校实际，选取合适的教学方法与手段。

D——程度(Degree)：规定达到上述行为的最低标准(即达到所要求行为的程度)。

教学目标＝行为主体(学生)＋行为动词(明确、可操作)＋行为条件(限制、情境)＋表现程度(达到的程度、可检测)，即表述清楚学生、学什么、怎么学、学到什么程度。

(3)情感、态度与价值观目标应进一步细化。

步骤4 全班分享：由各组代表在全班发言、分享，将要点填写在下表中。

序号	相关的基础知识
1	
2	
3	
……	

活动 5

逆向思考

教学目标的不科学表述的常见错误与原因有哪些？将其填入下表。

序号	常见错误与原因
1	
2	
3	
4	
5	

三维目标表述的常见问题如下：

(1)"知识与技能"的表述大量使用"状态动词"。

"了解、理解、掌握、明确"等属于描述学生心理状态的"状态动词"，不仅难以观察，而且难以检测。因为不同的人对"了解、理解、掌握、明确"等有不同的认识与评判，因而难以检测和衡量教学目标是否达成。

(2)把"过程与方法"当作教或学的"过程与方法"。

认知主义学习论认为，"过程与方法"指认知过程与认知方法，认知的核心是思维，指思维过程和方法，而非教或学的"过程与方法"。高中地理课程目标中的"过程"，主要是指学生学习地理的过程，包括地理知识的学习过程，地理原理和规律的应用过程，地理技能和实践能力的形成过程，以及地理观念和地理情感的形成、体验和内化过程等。高中地理课程目标中的"方法"，主要是指学生学习地理的方法，包括图表分析法、综合分析法、区域比较法、地理观察法、地理实验法、地理调查法等。

(3)将"情感态度与价值观"抽象、泛化。

三维目标中的"情感态度与价值观"是镶嵌在"知识与技能"及其形成过程中的。"通过小组合作探究活动，认识人类与环境协调发展的辩证关系，树立正确的人地观。在调查研究过程中，激发探究地理问题的兴趣和动机，关注家乡城市化的发展，培养学生热爱家乡、建设家乡的热情""使学生增强水资源的忧患意识，树立科学的资源观，养成节约用水的习惯"等，这些目标本身并没有错，其问题在于脱离了具体的知识与技能，未能透视、离析出知识与技能形成中所蕴含的情感态度与价值观。

(4)行为主体混乱。

目前多数教师仍习惯沿用传统地理教学目标设计模式，如案例中多采用"使学生学会……""使学生了解……""培养学生……"等词，目标定位主体其实还是教师。新课标要检验学生是否达到预期学习结果，而不是教师是否完成某一任务或是否达到某一目标。因此，新课程教学目标设计应以学生为出发点，目标的行为主体是学生。除此之外，在表述过程中，常出现学生主体、教师主体混搭的现象。

(5)行为条件缺失。

行为条件是指影响学生产生学习结果的特定的限制或范围，如"理解低压(气旋)、高压(反气旋)的特性及其控制下的天气特点""初步学会解释天气现象成因"，教学目标中没有表述通过怎样的方法让学生理解，通过怎样的过程使学生学会，缺少行为发生的条件，无教学方法与教学策略，学生的学习无法达到预期效果。

(6)课时目标与课程目标混淆。

(7)机械套用三维框架。

教学目标不是每一个课时都做到有三维。

(8)缺少教学目标的标准和层次性。

不同层次的学生学习不同的内容，达到不同的目标；不同层次的学生学习相同的内容，达到不同的目标，例如"90%能够达到""能够学会20个词语"。

（五）学会评价

活 动 6

模拟活动

制定教学目标

课标：运用地图，归纳世界洋流分布规律，说明洋流对地理环境的影响。

步骤1： 依据课标要求，分析学情和教材，制定课时教学目标，并科学表述。

_____

_____

步骤2： 在准备的基础上，各组派代表在全班进行讲解。

_____

_____

步骤3： 按照《标准》给每组代表的"科学表述三维目标"进行评定等级，并填写在下表中。

等级	理由

四、案例分析

阅读下面的案例，应用《标准》给出每个案例的等级和理由。

步骤1： 阅读案例。

案例 3

必修二第三章第二节"以种植业为主的农业地域类型"——以商品谷物农业为例

（三里屯一中，喻国才）

课标：

分析农业区位因素，举例说明主要农业地域类型特点及其形成条件。

教学内容：

本节课是人教版《高中地理二》——第三章"农业地域的形成与发展"——第二节"以种植

业为主的农业地域类型"。在第三章第一节，已经介绍了农业区位的相关知识，即影响农业的主要区位因素有哪些，它们对农业生产活动有何影响。本节课标为分析农业区位因素，举例说明主要农业地域类型的特点及其形成条件。教学内容是以种植业为主的农业地域类型，是第一节区位知识和原理的具体应用，即用农业区位的一般性知识和原理解释具体分布在某些区域的农业地域类型，分析其形成条件，并归纳分析某一农业地域类型的形成条件和特点的一般思路和方法。这节课也是为第三节"以畜牧业为主的农业地域类型"的学习作铺垫。

本节课教材中提供了两个学习案例，一是季风水田农业，一是商品谷物农业。一般教学选择前者较多。我认为教材中季风水田农业的介绍比较详尽，根据我所教学生的特点，学生可以在掌握了学习方法后自学完成，而教材对商品谷物农业的介绍相对较少，尤其是对生产特点的介绍更少，所以我选择将商品谷物农业作为学习案例，补充相关图文资料，进行分析和总结。

学生情况：

(1)学生缺乏对农业生产活动，尤其是美国农业生产活动的直观感性认识，因此在教学中设置了以习近平主席访美为背景设计的虚拟对话活动，直观展示了很多美国商品谷物农业生产活动的照片，配合生动的语言解说和具体的数字，让学生直观感知美国商品谷物农业生产活动的特点。

(2)学生已具有初中的区域地理知识、必修一的自然地理知识、本章第一节的农业区位因素知识、一定的阅读和读图分析能力，很容易罗列农业生产的区位因素，但对农业生产活动综合分析的能力不够，因此采用小组合作的学习方式分析美国艾奥瓦州商品谷物农业的优势区位条件，梳理区域条件如何影响农业生活，形成特点鲜明的农业地域类型，培养学生的逻辑思维能力，并引导学生归纳分析农业地域类型形成条件的一般方法和思路。

教学目标：

(1)读图说出商品谷物农业的生产特点和主要分布国家及地区。

(2)小组合作读图文资料，分析美国艾奥瓦州商品谷物农业的区位优势条件，解释该地农业生产特点的成因，逐步提升读图析图能力和综合分析的思维能力，提升表达交流的能力。

(3)对比分析陕西延川的农业生产条件，提出其农业发展措施，逐渐树立农业生产活动要因地制宜、扬长避短的意识，逐步培养知识迁移的能力和发散思维能力。

分析：

本教学目标的设定充分体现了科学表述三维目标的表述公式：行为主体(学生)＋行为动词(明确、可操作)＋行为条件(限制、情境)＋表现程度(达到的程度、可检测)，即：

行为主体：学生，是从学生的角度来写的。因此，主语是省略的。

行为动词："说出""分析""解释""提出"等动词可操作、可测评，意义明确、易于观察、便于检验。

行为条件："读……，分析……的区位优势条件"等表明了学生在什么情况下或什么范围内完成指定的学习活动，为评价提供参照的依据。

表现程度："树立……"等指明了学生对目标所达到的表现水准，指明了测量学习表现或学习结果所达到的程度。

案例 4

课标：

运用示意图，说出水循环的过程和主要环节，说明水循环的地理意义。

教学目标：

1. 知识与技能

(1)了解水循环的过程和主要环节。

(2)理解水循环的地理意义。

2. 过程与方法

(1)运用图解方法正确表示出水循环的全过程，培养学生的动手能力、地理空间思维能力、形象思维能力和综合分析加工地理信息的能力。

(2)通过学习水循环，用简练的语言表述水循环的过程及意义，培养学生综合分析问题的能力及理论联系实际的能力。

3. 情感态度与价值观

(1)使学生能够结合生活实际，解释生活中的实际问题，用科学的理念、发展的观点指导个人行为。

(2)使学生增强水资源的忧患意识，树立科学的资源观，养成节约用水的习惯。

分析：

本教学目标的设定充分体现了教学目标的三个维度。有优点，也存在一些问题。

行为主体："培养学生""使学生"，主体为教师，而其他的表述主体为学生。

行为动词："了解""理解"属于描述学生心理状态的"状态动词"，难以检测和衡量教学目标是否达成。"了解"的水平可使用"说出""辨认""列举""复述"等具体的行为动词表述；"理解"的水平可使用"说明""解释""概述""归纳""整理""推断"等行为动词表述；"应用"的水平可使用"设计""辨析""撰写""计划""推广"等表述，这样更具有操作性，也更易反馈。

行为条件："运用……，表示……全过程"表明了学生在什么情况下或什么范围内完成指定的学习活动，为评价提供参照的依据。

表现程度："树立……"指明了学生对目标所达到的表现水准，指明了测量学习表现或学习结果所达到的程度。但前面几条在表述中缺少对结果的检测。例如2(2)可修改为"绘制水循环示意图，简述水循环的概念和类型，运用示意图说明不同类型水循环的过程和主要环节(名称、途径或成因)，准确率达85％。"

课程目标与课时目标混淆："通过小组合作探究活动，认识人类与环境协调发展的辩证关系，树立正确的人地观……"此目标为地理课程目标，很难通过一节课的学习就能够完成。课堂教学目标应根据课程标准、学情和教材内容设计，此表述缺乏可操作性。

案例 5

《高中地理新课程教学目标有效陈述策略》

(陈英，吉林省长春市汽车经济技术开发区第三中学)

课标：

运用简易天气图，简要分析锋面、低压、高压等天气系统的特点。

"常见的天气系统"原教学目标：

(1)了解影响我国的主要天气系统；理解冷锋、暖锋、准静止锋的形成过程，掌握锋面过境前、过境时、过境后的天气特点。

(2)理解低压(气旋)、高压(反气旋)的特性及其控制下的天气特点。

(3)使学生学会识读简易天气图，听懂天气预报；使学生了解影响我国的常见天气系统，初步学会解释天气现象成因，培养学生学以致用的思想。

分析：

本教学目标的表述有优点，也有缺点。

行为主体："使学生""培养学生"，主体为教师，而其他的表述主体为学生。

行为动词："了解""理解"属于描述学生心理状态的"状态动词"，难以检测和衡量教学目标是否达成。

行为条件："运用……，分析……特点"表明了学生在什么情况下或什么范围内完成指定的学习活动，为评价提供参照的依据。

表现程度："听懂……"指明了学生对目标所达到的表现水准，指明了测量学习表现或学习结果所达到的程度。

可修改为：

1. 知识与技能

(1)阅读课本，说出冷锋、暖锋、准静止锋的概念；观察冷、暖锋动画，列表比较冷、暖锋过境的天气特点，准确区分冷锋和暖锋。

(2)阅读课本，说出低压与高压的概念，在世界海平面气压分布图上准确指出低压与高压的位置。

(3)画示意图，描述低压与高压水平与垂直气流的运动方向，分析高、低压的天气特点，举实例说明分析寒潮、台风案例，说出寒潮、台风的多发地区、影响及应对措施。

2. 过程与方法

(1)课前学生收集长春市近期天气变化的资料，搜集地理信息的能力得到提高。

(2)课上通过天气预报视频创设情境，学生从生活中感知身边的地理事物及现象，在自主学习过程中发现问题、解决问题，并锻炼语言表达能力。

(3)通过小组合作列表比较、画示意图、案例探究等过程，学生形成动手能力、分析问题和知识迁移的能力。

3. 情感态度与价值观

(1)通过对锋面、高压、低压等天气系统的学习以及对寒潮、台风案例进行分析，感受天气变化有规律可循；激发学生的情感、态度，用所学知识解决生活问题的兴趣；能够解释生活中常见的天气现象；通过口头宣传、图表、地理小报等形式为同学及家人进行天气预报。

（2）在生活中自觉关注天气变化，能够在寒潮、台风等气象灾害发生时选择正确的防御措施，提高防御自然灾害的能力。

▶▶▶ 案例 ⑥

必修一第四章第三节"河流地貌的发育"

（东城区第二组）

课标：

（1）结合实例，分析造成地表形态变化的内、外力因素。

（2）举例说明地表形态对聚落及交通线路分布的影响。

教材分析：

本节内容作为一个实例，与第二节一样，是对第一节内力作用、外力作用理论知识的验证和运用，只不过第二节是内力作用为主的地表形态，而本节主要是外力作用为主的地表形态。学生通过第二节和本节的学习，可以学会分析影响地表形态变化的内、外力因素，学会分析地表形态对人类活动的影响。

本节教材可以分为两大部分：第一部分是河流侵蚀地貌与堆积地貌，第二部分是河流地貌对聚落分布的影响。第一部分又包括两个内容：河流侵蚀地貌和河流堆积地貌。在"河流侵蚀地貌"中，教材先介绍了河流侵蚀地貌的3种形式：溯源侵蚀、下蚀和侧蚀，然后详细分析了河谷的形态及演变过程。在"河流堆积地貌"中，教材主要介绍了典型的地貌类型——冲积平原，并对构成冲积平原的3个部分：洪积—冲积平原、河漫滩平原和三角洲平原的形成进行了较为详细的介绍。显然，在第一大部分中，关于两类河流地貌的形成占了最大的篇幅，同时配上了示意图来辅助说明。在第二大部分"河流地貌对聚落分布的影响"中，教材通过分析不同地区河流地貌的特点，说明了河流地貌对聚落的形态、规模和集散程度的影响。

教材中设计了3个"活动"：张家界的河谷、黄淮海平原的地貌、聚落发展的预测。另外，还插入了一个案例：黄河三角洲的发育。这些都是用具体实例来辅助说明，资料比较丰富，同时为课堂教学提供了很好的素材。

学生情况分析：

学生已掌握内、外力作用的能量来源及主要表现形式，并具备了运用实例分析内力作用和外力作用对地表形态影响的能力。同时，学生对河流有一定的认识，也有一点直观概念。学生在初中时学习过一些河流知识，学习过聚落的概念。但是，本节的部分内容专业性较强，有一些新概念，如溯源侵蚀、河漫滩等，而且本节主要体现了地理过程，对学生的认知要求较高，学生要具备较强的分析和想象能力。对于条件好的学校、学生能力较强的学校，可以指导学生对河流地貌的形成过程进行探究。对于一般的学校，可以简单分析河流地貌的形成过程。

教学目标：

（1）利用景观图片，认识河流地貌的形态，归纳河流地貌类型。

(2)根据示意图，分析河流侵蚀地貌和堆积地貌的形成因素。

(3)利用北京市地形图，分析河流对地表形态的影响。

(4)结合北京市实际，分析地形对聚落分布的影响。

案例 7

必修二第二章第二节"不同规模城市服务功能的差异"

(张莉，人大附中朝阳学校)

课标：

联系城市地域结构的有关理论，说明不同规模城市服务功能的差异。

教材分析：

城市是人类文明的中心，是社会发展到一定阶段的产物。它的产生和发展取决于社会经济的发展和社会的实际需要。第一节从城市的个体角度分析了城市的不同形态和内部不同的功能分区以及各具特色的内部空间结构。第二节从城市的群体上角度说明了每个城市都为一定的区域提供服务，不同规模的城市提供服务的种类、服务的等级和服务的范围是不同的。第三节说明随着城市化的发展，原有城市在扩大，新的城市不断出现，与此同时，地理环境也受到城市化的影响。本章内容讨论的是城市和城市化问题，第一节是基础知识，三节内容相互联系，使学生对城市的有关理论知识有一个较为全面的认识。

本节主要介绍不同规模城市的服务种类、范围的差异。教材从城市大小等级的划分到不同等级城市所提供服务的种类、范围的差异，再到城市等级体系的形成，由点到面，由小到大，由浅入深，层次分明，条理清晰。

学情分析：

(1)学习特点：学习对象为高一学生，他们对身边的地理事物有着浓厚的学习兴趣，但对基本的城市理论和人文地理理论认识水平有限，对学习资源的利用和知识信息的获取、加工、处理与综合能力较低。

(2)学习习惯：高一学生知识面较狭窄，对任何地理事物都有兴趣。他们习惯了教师传道授业解惑这种被动接受式的传统教学模式，缺乏独立发现和自主学习的能力。

(3)学习交往：高一学生在新的学习环境中，学习交往表现为群体性、小组性学习，课堂上表现较为活跃。

教学目标：

(1)通过读城市分布图，了解不同等级城市的划分标准，归纳出城市等级、数量与相互距离的关系。

(2)通过讨论，发现不同等级城市服务功能之间的关系及空间分布特点。

(3)联系相关理论，利用城市的等级提升和服务范围扩大的基本条件，分析长江三角洲地区城市群空间分布的特点。

案例 8

自然灾害整合复习

（李京京）

课标：

(1)简述地震、滑坡、泥石流等地质地貌灾害的产生机制与发生过程。

(2)分析台风、寒潮、干旱等气象灾害的形成原因。

(3)结合实例，说明我国自然灾害多发区的自然环境特点。

学情分析：

(1)学生已经按章节学习了自然灾害的基础知识，具备了一定的知识储备。

(2)自然灾害的分析思路与方法不清晰，学生不易理解和掌握，故需要在复习时梳理整合。

教学目标：

(1)通过观察台风的卫星云图，转绘台风气流示意图(俯视、侧视)，并分析台风的形成条件；依据台风的形成条件，判断台风的发生时段及地域分布；运用局地图，比较不同位置台风的影响差异。

(2)读地质灾害景观图，说出名称，并绘制其原理示意图，分析其形成条件。

(3)依据地质灾害的形成条件，结合中国地理概况的知识，分析我国地质灾害多发地区的地理环境特点，并在中国省区空白图中画出地质灾害多发区的地理界线。

(4)在等高线地形图中，分析地质灾害在不同位置的差异性影响。

案例 9

工业的区位因素与工业地域

（刘明瑶）

课标：

(1)分析工业区位因素，举例说明工业地域的形成条件与发展特点。

(2)结合实例说明工业生产活动对地理环境的影响。

《北京市普通高中会考考试说明》也对本章内容提出了明确的要求：

(1)说出影响工业区位的因素。

(2)运用所给实例，说明工业区位的主导因素。归纳工业地域的形成条件及发展特点。

(3)运用所给实例，说明工业生产活动对地理环境的影响。

(4)说出生产活动中地域联系的主要方式。

基于《课程标准》的要求和《北京市普通高中会考考试说明》的要求，要求学生熟练掌握工业的区位因素，并且能够运用到具体案例的分析上，同时还应重点培养学生分析区位因素的一般方法。"以学生的发展为本"，注重学生的可持续发展。教师的教学应该是"授之以渔"，而不是"授之以鱼"。如何让学生学会学习，是当前培养学生各种能力的迫切需求。案例教学是在学生掌握了有关原理的基础上，根据教学内容和要求，运用典型案例，在教师的策划与指导下组织的创新能力型教学。它有助于提高学生分析问题与解决问题的能力，使学生掌握探究地理问题的基本方法，有利于学生的主体性、主动性与自主性的发挥。

学情分析：

从高一(6)班学生的基本情况来看，学生上课比较活跃、认真，学生能力差异较小，中等水平的学生居多。从本学期的期中考试答题情况来看，学生对分析区位因素的一般方法"读—点—评"体会不深，答题不规范、不准确，甚至不知道从何下手。因此，在复习过程中，应该注重教会学生一定的审题方法、答题方法以及答题规范等。

教学目标：

(1)通过探究"首钢原址(石景山)选择的主导因素"，复习工业区位因素基础知识，让学生学会分析影响工业生产的主要区位因素，提升读图获取信息的能力。

(2)通过探究"首钢原址(石景山)对北京环境的影响"，复习工业生产活动对地理环境影响的相关知识，让学生学会结合工业区位选择的要求及对地理环境的影响合理进行工业布局，并使学生能够理解工业区位的发展变化对工业区位选择的影响，提升学生阐述与论证的能力。

(3)通过探究"首钢新址的区位优势"，复习分析工业区位条件的一般方法，让学生学会用"读—点—评"的一般方法。

(4)通过探究"首钢与京唐港区焦化厂形成的工业集聚现象"，复习工业联系等基础知识，使学生能够结合具体案例，说出工业地域联系的主要方式。

(5)通过探究"曹妃甸新址工业模式"，让学生对可持续发展观有进一步认识。

案例 10

交通运输布局变化的影响

(来源：网络)

学情分析：

学生对本节课有丰富的感性知识，可以充分发挥学生的积极性，组织学生，使学生理性地分析问题。

教学目标：

1. 知识与技能

(1)理解聚落沿交通干线的分布。

(2)结合实例，分析交通运输方式和布局的变化对聚落空间形态的影响。

(3)结合实例，分析交通运输方式和布局的变化对商业网点布局的影响。

2. 过程与方法

(1)通过书籍、报刊、互联网等途径搜集延边州，特别是延吉市交通运输方式和布局变化的相关资料；利用多媒体把搜集资料汇总并制作电子版向其他同学演示。

(2)培养和加强学生的读图能力、读表能力。

(3)培养学生的语言表达能力、联想能力和分析问题的能力。

3. 情感态度与价值观

(1)通过对家乡交通运输方式、布局的变化对聚落形态和商业网点布局的影响的调查、评价，提高学生学习地理的兴趣，培养学生热爱家乡、建设家乡的热情，树立正确的人生观。

（2）培养学生用发展和变化的观点分析人文地理现象。

教学过程			
教学操作与方法	教师活动	学生活动	备注
新课引入	[问卷调查]（通过调查，引出交通运输的重要性，引入课题。） 如果你是一名普通的工薪阶层人士，要置业（买房），以下因素中，哪3个你认为是最重要的？（周边的娱乐项目丰富、房价合适、周边有较好的商业中心、交通方便、环境优美、社区文化浓厚、生活设施齐全、具有升值潜力等）。	学生进行角色转换，从中了解人们选房时的考虑，借此突出交通运输条件的重要性。	让学生试着站在不同的角度看问题。
板书	第二节 交通运输布局变化的影响		
讲述	采用案例教学的方法，以延吉市为例，引导学生分析交通运输方式、布局的变化对聚落形态、商业网点布局的影响。	重温聚落的形式和空间形态的知识。	分析延吉市"新世纪""新时代广场"和东市场的商业中心级别。
读图提问	书本第82页的图5.5和图5.6。	说出两幅图的大概的图例。	加强学生的读图能力。
提问	从图中看到交通线对这两个城市的影响。	能看出聚落的分布是沿交通干线拓展的。	
板书	一、对聚落空间形态的影响 1. 聚落分布：沿交通干线分布		
解释	交通干线的"分布"与"扩展"的区别。	学会用一分为二的方法看问题，明白交通干线有发展与衰落之分。	
板书	2. 交通线的发展变化 3. 交通线的衰落		
资料分析	分析课本中的案例二和一段关于京杭大运河的课外资料。	学生从中看出交通线的连续变化所带来的影响，并用发展的方法看问题。	学会用一分为二的辩证思维和发展的观点看问题。
提问	利用图5.7，当株洲没有那条铁路线时，聚落的形态有何变化？	能够举一反三地分析交通线变化所带来的影响。	
小结	交通干线成为聚落的主要发展轴，交通线的变化会带动聚落形态的变化。		
过渡	从日常的商店中看商业活动的客源和货源与交通线的密切关系。		
板书	二、对商业网点分布的影响		
读图提问	读图5.8和图5.9，先利用旧知识判断两个图的地势。	主要根据图中的等高线判断山区与平原的区别。	复习初中基础知识。
读图分析	从两图中比较两者商业网点的异同点。	通过分析商业网点的分布和密度而得出异同点。	学生运用比较的方法解决问题。

教学过程			
教学操作与方法	教师活动	学生活动	备注

板表	类型＼比较	相同点	不同点
	山区	商业网点都是在交通便捷的地方	分布密度小
	平原		分布密度大
	原因	交通最优原则	地势等自然条件的差异

板书	1. 影响商业网点的分布 2. 影响商业网点的密度		
读图提问	读中国铁路图和中国公路图，分析商业中心与交通运输的关系。	先从图中判断我国主要商业中心城市的名称，再分析交通运输条件对其分布的影响。	引导学生自己得出结论。
板书	3. 影响商业中心的分布		
案例分析	利用一张简单的农村地图，分析加上公路后可能的变化。	学生充当规划师，就一个农村在公路修建后的变化，根据所学知识、日常的感受，再加上一些联想，发表自己的意见。	这是吉林省延吉市客运站的图，先经过重点部分标志后再告知学生，以免阻碍学生的联想；使学生从中认识身边的地理。
	该区域再加上一个客运站。	再想出一些新的变化。	
讲解	利用学生身边的"明月镇"和"朝阳川镇"的变化，说明交通运输布局变化影响集镇的兴衰。	从身边生活看集市的发展，主要根据自己的体验感受集镇的繁荣与衰落。	
板书	4. 影响集镇的繁荣与衰落		
总结	说明交通运输在国民经济中的重要作用，并结合当地的实际，在日常生活中感受交通运输布局所带来的种种影响。		

步骤 2：个人对照《标准》，给其中 3 个案例评等级（合格、良好、优秀），并说明理由。

案例	等级	个人理由
案例 6		
案例 7		
案例 8		
案例 9		
案例 10		

步骤 3：将每个人的评定在组内交流、商讨后，形成小组的统一意见，填写在下表中。

案例	等级	小组统一意见
案例 6		
案例 7		
案例 8		
案例 9		
案例 10		

五、考核要求

1. 研读"结果指标"

	合格	良好	优秀
科学表述三维目标能力	能够正确选择行为动词表述三维目标，逻辑严谨	能够恰当表述具有可操作性的三维目标	能够将三维目标进行有机整合，使其具有可测评性

讨论：根据上面的结果指标，需要如何将不同层次等级描述出来？

2. 考核说明

(1)考核内容。

教师根据所教年级情况，依据课标要求，分析学情和教材，制定课时教学目标，并科学表述。

(2)考核方法。

通过教学设计、说课等方式考核教师的这一项基本教学实施能力。

(3)考核要点。

①符合课标要求；

②三维目标；

③对教学活动有指导性；

④行为动词表述准确；

⑤具有指导性、可操作性、可评价性；

⑥能激励学生行为的变化。

3. 结合"结果指标"

尝试用精确的描述语言，制定出"合格、良好、优秀"三个层次的标准。

考核要素	合格	良好	优秀
符合课标			
行为动词表述准确			
具有指导性、可操作性、可评价性			

六、反思日志

题目	内容
本专题的学习要点	
实施好本技能的关键点	
通过训练后的收获和体会	

参考文献：

［1］中华人民共和国教育部．全日制义务教育地理课程标准(修订稿)［M］．北京：人民教育出版社，2010.

［2］中华人民共和国教育部．普通高中地理课程标准［M］．北京：人民教育出版社，2004.

［3］王宝珊．朝阳区教师教学基本能力检核标准(解读)［M］．北京：北京出版社，2010.

［4］新浪微博 http：//blog.sina.com.cn/s/blog_795a47c80100vqxu.html.

［5］李玉钧．高中地理课堂教学目标表述中存在的问题与矫正［J］．地理教学，2015(1).

［6］张铁牛．议新课标下地理教学目标陈述策略［J］．华中师范大学学报，2015(2).

主题二 有效设计教学活动

学习目标

了解：什么是教学设计，教学设计包括哪些内容。

理解：什么是教学活动，教学活动的特点和功能、分类有哪些。

分析：什么是有效的教学活动，从哪些方面进行考量。

运用：教学活动包括哪些内容，怎样设计有效的教学活动，如何评价教学活动在教学设计中的有效性。

课程内容简介

　　教学活动是教学工作的关键所在。在复杂的教学系统中，为了充分利用教师、学生、教材、媒体、环境等要素，发挥其功能和作用，完成教学任务，达到一定的教学目标，需要有预期的规划和组织，即教学设计。教学设计具有比较具体的操作程序，它包括对教材、学生的分析，对使用媒体、方法策略的筛选，对教学过程和教学活动的设计等。教学过程是教学设计中最具操作性和实践性的，也是教学成败的关键，其核心就是教学活动。

　　随着教育教学改革的深入，以学生为主体的教学思想越来越被大多数老师所接受。因此，在课堂教学过程中，教与学也悄悄地发生着变化。如何通过学生自觉并感兴趣地"学"而完成教师"教"的任务，有效的教学活动设计起着重要的桥梁和纽带作用。什么是有效的教学活动，怎样设计有效的教学活动，如何评价教学活动的有效性，是本主题需要研究和探讨的主要内容。

一、问题提出

活动 ❶

阅读《长江》，引入新课活动设计片段

　　教师：出示地图，展示长江水系及景观图片；让学生结合已有的知识或查找的资料说一说自己所知道的描写长江的诗句、歌曲等，以小组竞赛的形式进行展示。

学生：以小组为单位，展示自己查找的描写长江的诗句或歌曲（如下）：

诗句：

- 孤帆远影碧空尽，惟见长江天际流。——李白（唐），《黄鹤楼送孟浩然之广陵》
- 大江东去，浪淘尽，千古风流人物。——苏轼（宋），《念奴娇·赤壁怀古》
- 山随平野尽，江入大荒流。——李白（唐），《渡荆门送别》
- 星垂平野阔，月涌大江流。——杜甫（唐），《旅夜书怀》
- 惆怅南朝事，长江独自今。——刘长卿（唐），《秋日登吴公台上寺远眺》
- 日日思君不见君，共饮长江水。——李之仪（宋），《卜算子》
- 八月长江万里晴，千帆一道带风轻。——崔季卿（唐），《晴江秋望》
- 无边落木萧萧下，不尽长江滚滚来。——杜甫（唐），《登高》
- 长江一帆远，落日五湖春。——刘长卿（唐），《饯别王十一南游》

歌曲

《长江之歌》

……

教师：点评，大家知道得真多。下面我们就来学习长江的源流状况。

……

步骤 1　个人反思：阅读案例片段，讨论这样的活动的设计目的是什么。

_____

_____

_____

步骤 2　组内交流：这种教学活动的设计是否有效？为什么？

_____

_____

步骤 3　全班分享：教学活动设计的有效性应该从哪些方面进行考虑？

_____

_____

_____

序号	各组代表发言要点	备注
1		
2		
3		

　　教学活动的设计是教学设计的具体落脚点，也是教学成败的关键。教学活动不是热热闹闹的一种形式，而是完成教学任务的一种手段。所以，有效的教学活动从形式上可以是

多种多样的，但活动的指向目标是非常明确的，一切毫无目的或者与教学内容不相关的教学活动都是无效的。

二、标准解读

（一）理解标准

"有效设计教学活动"检核标准如下：

能力要点	合格	良好	优秀
有效设计教学活动	能够围绕教学目标设计教学活动，并能设计对教学活动完成情况的检测方案	能够围绕教学目标设计具有连贯性的教学活动，并能有针对性地设计对教学活动完成情况的检测方案	能够设计激发学生思维和情感的教学活动，并能对课堂可能生成的问题设计预案

活动 ❷

标准解读

步骤1　个人理解：根据上面三个不同层次的标准，尝试用自己的语言表达，将不理解、不清楚的地方用横线画下来，向组内其他老师提出问题，看能否得到帮助和解决，将小组没有解决的问题写在下表中。

序号	需要解决的问题
1	
2	
3	

步骤2　延伸思考：设计有效的教学活动应该从哪些方面考虑呢？

_____

步骤3　等级评价：参照《标准》对下面的"有效设计教学活动"能力给出等级。

案例 **1**

我国地形的主要特征（一）

（夏令，人大附中朝阳分校）

《中国的地形特征》教学设计

学科	地理	年级	初一	授课教师	夏令
授课时间		2015.11		授课地点	初一(9)班
授课题目	第三章　中国的自然环境 第一节　地形特征和主要地形区 第一课时　中国的地形特征				

教学背景分析

(一)对课标的理解与把握

课程标准:运用我国地形图,概括我国地形、地势的主要特征。

1. 本节课主要讲授我国地形的主要特征:"地形多种多样,山区面积广大"。课标使用的行为动词是"概括",学生需要掌握运用地形图概括地形特征的方法,而不是简单记忆具体的地形区名称。因此,本课标的完成需要落实到中国地形图上,培养学生通过地图获取地理信息的能力。

2. 本节课在完成此条课标的同时,将"说明自然环境对生产、生活的影响"这条课标也渗透进来,适当介绍不同地形对人类生活的影响,引导学生对我国的地形特征进行评价,渗透因地制宜的地理课程理念。

(二)指导思想与理论依据

"教育是点燃火焰",绝不是知识灌输,本课以《义务教育地理课程标准》作为教学理论依据,地理课程理念中强调学生学习对"终身有用的地理","学习对生活有用的地理","使学生逐步形成人地协调与可持续发展的观念"。

在讲授我国地形特征的过程中,本课并没有直接给予学生答案,而是逐步搭设台阶带领学生认识地图、阅读地图、运用地图,逐步渗透地理中地图阅读的方法及理念。知识是有限的,而方法的掌握却能让学生受用终生,这也体现了新课标中重视三维目标实现的理念。

(三)学生情况分析

初一年级的学生刚刚接触地理学科,由于其身心特点,他们对知识具有强烈的好奇心且学生本身具有强烈的表现欲,可以通过课堂活动的设计来调动学习积极性,但学生对事情的认识大多停留在表象层面,缺乏描述和分析地理事物的方法和概念,特别是运用地图的方法和习惯没有形成,因此需要慢慢渗透培养学生阅读地图、运用地图的习惯。同时第一章学习的等高线地形图,是本节课的知识基础,但由于学习已有一段时间,学生可能会遗忘,需要通过活动及方法指导,唤醒学生的认知。

9班的学生基础较好,学习动力强,课堂完成度较高。因此在课堂设计中可以通过活动设计,层层设问,提升学生的思维水平和学习成就感。

教学目标

1. 完成"寻找新家""交换空间"系列活动。通过小组合作,运用中国地形图,概括我国地形的主要特征,学会概括国家或地区地形特征的基本方法。

2. 运用地图及其他材料,初步了解我国各地形区的主要特点及其对人类活动的影响;

3. 学会欣赏地形自然之美,初步树立因地制宜的可持续发展观和辩证地看待自然事物的科学观。

教学重点与难点

(一)教学重点

运用中国地形图,概括我国地形的主要特征。

(二)教学难点

初步了解地形与人类生产生活的相互关系以及因地制宜的发展理念。

教学资源、手段与教学方法

(一)教学资源

教材、中国地形图(无注记)、自制视频。

(二)教学手段

多媒体教学。

(三)教学方法

小组合作法、读图分析法、启发式讲授。

续表

教学设计思路

教学过程

教学环节	教师活动	学生活动	设计意图
新课导入	活动："我们的家" 5组同学各派1名代表，上台抽取图片（5种地形），代表新的居住地，并展示给全班同学。 本组其他同学用简练的语言描述新居住地的样子。 总结过渡：5张图片其实代表了陆地上的5种地形，以让学生明确学习内容。	抽取、展示、描述图片。 明确分组：平原组、山地组、高原组、丘陵组、盆地组。	利用"我们的家"活动，巧妙地将活动与本节课的内容相联系，并为学生明确分组，引出本节课的学习内容。
新课讲授 （活动一）	活动一：读图分析——寻找新家 每组提供中国地形图(无注记版)。 你能在中国地形图上找到符合本组地形的居住地吗？ 如果中国存在此种地形，你能圈出本组居住地的大致范围吗？	分组讨论：在中国地形图上寻找本组负责的地形。	提供无注记的中国地形图，旨在通过小组合作，让学生自己习得阅读地形图的方法。
新课讲授 （活动一）	教师根据各组的圈画，进行适当提问、点评。 从图例颜色、等高线疏密等方面进行读图指导，提醒学生对比，如高原与山地、平原与丘陵等。 指导学生将自己所圈画的范围与实际地形图进行对比、验证。 在黑板上圈画出不同地形所对应的各大地形区：三大平原、四大高原、四大盆地、江南丘陵、代表山脉。 和学生共同总结中国地形特征：地形多种多样、山区面积广大。	各组代表在电子白板上圈画大致范围，并简单说明理由。 结合地图册第20页上的中国地形图(有注记)进行验证、修改。 圈画出本组负责地形的几大地形区。	学生圈画完，与地图册上的中国地形图进行对比，增加学生的过程体验，加深阅读地形图方法的学习。
新课讲授 （活动二）	活动二：模拟飞行——感受新家 播放利用Google earth自制的视频。 提问：看完后你的感受是什么？ 平原和山区景观是相同的吗？	学生观看视频，感受不同的地形，回答问题。	利用视频，增强学生对不同地形差异的空间感受，并为后面的活动作铺垫。

续表

教学环节	教师活动	学生活动	设计意图
新课讲授（活动三）	活动三：交换空间——建设新家 观看完视频，大家对各种地形有了更直观的感受，结合生活经验，如果让你重新选择，你会选择生活在哪类地形区呢？平原地区或山区？ 顺势采访几位同学，询问他们选择的原因。 利用电子白板，让学生将符合山区或平原的发展优势图标拖拽到相应的空白处。 适当总结：根据不同的地形因地制宜地选择合适的发展方式。	学生根据意愿，重新分组，限时一分钟。 说说理由。 小组讨论发展优势，上台在电子白板上拖拽图标。	通过重新分组，引导学生认识不同地形及其优越之处，利用拖拽图标的方式发动学生，让学生体会不同的地形可利用自身优势选择适合的发展方式，渗透因地制宜的地理理念。
巩固总结	结构式板书总结： 今天同学们通过读图分析，找到了中国各地形分布范围，总结了我国的地形特征——地形多种多样，山区面积广大；还感受到了不同地形的自然之美，并分析了它们各自的发展优势，让我们更好地去认识自然、适应自然。 最后，大家在学习之后，能多出去走走，亲身去体验属于我国的地形之美，世界在我们眼前，更在我们脚下！	自我巩固、总结本节课所学内容。 小组互测。	从知识、方法、情感三方面提升学习效果。

板书设计

中国的
地形特征 { 地形
多种多样　　因地 →
　　　　　　← 制宜　　人类的
　　　　　　　　　　生产生活
山区
面积广大

依据《标准》，将给出的"合格""良好""优秀"等级和评定的理由写在下表中。

等级	理由

（二）学习理论

有效的教学活动设计包含 3 层含义：有效教学、教学设计和教学活动。下面从这 3 个角度进行理论学习。

1. 有效教学

所谓有效教学，是指在师生双方的教学活动中，通过运用适当的教学策略，使学生的基础性学力、发展性学力和创造性学力得到很好的发展。《基础教育课程改革纲要（试行）解读》指出：所谓"有效"，主要是指通过教师在一段时间的教学之后，学生所获得的具体的进步或发展。

教学有没有效益，并不是指教师有没有教完内容或教得认不认真，而是指学生有没有学到什么或学生学得好不好。如果学生不想学或者学了没有收获，即使教师教得再辛苦也是无效教学。同样如果学生学得很辛苦，但没有得到应有的发展，也是无效或低效教学。因此，学生有无进步或发展是教学有没有效益的唯一指标。

因此，在设计或实施有效教学时，教师应关注以下四点：

第一，关注学生的进步或发展。教师教学要有"对象"意识，不能"唱独角戏"，因为离开了"学"，也就无所谓"教"。这就要求教师必须确立学生的主体地位，树立"一切为了学生的发展"的思想。

第二，关注教学效益。教师教学要有时间与效益观念，既不能"跟着感觉走"，也不能简单地把"效益"理解为"花最少的时间教最多的内容"或"多花时间多出效率"。教学效益不同于生产效益，它不取决于教师教多少内容和花多少时间，而取决于单位时间内学生的学习结果与学习过程的综合。

第三，关注教学的可测性。教师教学要有明确的目标，并应尽可能使目标具有可测性，教学完结时，能够对教学目标的达成实施测量。当然，不能简单地说"可量化"的教学就是好的、科学的教学。有效教学既反对拒绝量化，也反对过于量化。应该把定量与定性、过程与结果综合起来，全面体现学生的学业成绩与教师的教学成绩。

第四，关注教学反思。教师要不断反思自己的教学行为，持续地追问"什么样的教学才是有效的？""我的教学有效吗？""有没有比这更有效的教学？"等，这样才能使自己的教学更加有效。

2. 教学设计

教学设计是根据《课程标准》的要求和教学对象的特点，将教学的诸多要素有序安排，确定合适的教学方案的设想和计划。

具体说来，教学设计有着比较具体的操作程序。它是以现代传播理论和学习理论为基础，科学合理地运用系统理论的思想和方法，根据学生的特点和教师自身的教学观念、教学经验、个性风格，分析教学中的问题与要求，确定教学目标，设计解决问题的步骤，选择和组合相应的教学策略与教学资源，为达到预期的优化教学效果而制定的教学实施方案的系统的计划过程。

教学设计是教学活动能够得到顺利实施的基本保障。通过教学设计，教师可以预先整体把控教学活动的基本过程。充分的教学设计可以为教学活动的有效实施提供科学合理的行动纲领，有利于调动教师和学生在教学活动中的积极性和主动性，引导教学活动取得良好的教学质量和教学效果。

在教学实践中，教学设计者因年龄、经验、风格及理念等的差异所形成的教学设计也会各具特色。但在教学设计中，应完成一些共性的基本任务：

第一，对课标和教学内容的研究分析。

《课程标准》是国家课程的基本纲领性文件，是国家对基础教育课程的基本规范和要求，是教材编写、教学评估和考试命题的依据，是国家管理和评价课程的基础。它体现了国家对不同阶段的学生在知识与技能、过程与方法、情感态度与价值观等方面的基本要求。因此，它毫无疑问地对教材、教学和评价具有重要的指导意义，是教材、教学和评价的出发点与归宿。

教学内容绝不是教材内容，而是以《课程标准》为依据选取的教学素材。教师在进行教学设计时，首先要对教学内容进行分析、整理、筛选和重组，激活"死"的书面知识，形成生动、活泼、形象的新知识，并建立知识间的有机联系，以便科学合理地安排教学过程。教师对教学内容的合理分析是形成教学目标、完成教学任务的前提和基础。

第二，对学生的特点和发展需要的研究分析。

学生是教学活动中的主体，教学设计的主要目的就是有效地促进学生的学习。因此，全面了解和分析学生的现实发展水平，一是有助于教师比较准确地确定教学目标，科学合理地组织教学内容和设计教学过程和教学活动，选择恰当的教学方法和教学媒体；二是有助于更准确地把握学生的差异，以便因材施教，力求让每一个学生都能得到发展。

对学生特点的分析主要从学生的年龄特点、心理发展特点和认知特点等方面进行考虑。学生的年龄特点对于接受教学活动的方式和思维训练的方式有着重要的影响；学生的心理发展特点反映在学习兴趣、学习态度以及情绪情感等方面；学生的认识特点主要包括：学生已有的智力发展水平、现有的知识基础和知识储备、学习的基本技能和技巧、个体的认知结构和学习方式的特点等。

第三，制定合理的教学目标。

教学目标是规定教学活动方向的重要指向标，也是教学活动的出发点和归宿，是课堂教学的灵魂。因此，合理确定教学目标是教学设计的重要内容。

教学目标的确定是在对课标的理解和教材内容的分析，以及对学生特点和发展需要的分析的基础上制定的具有明确方向性、可操作性的教学指向标。它包括知识与技能、过程与方法、情感态度与价值观等方面的内容。

第四，教学过程相关措施的研究分析。

教学过程实际上是教师、学生、教学内容等要素相互作用、相互碰撞的交流过程，是课堂教学完成教学任务的主渠道，是学生获得发展的主战场。因此，教学过程的实施效果是教学操作设计中的重要环节。

教学过程效果的好坏，关键取决于相关教学措施是否科学与合理。因此，教学措施的研究也是教学设计的关键环节之一。一般来讲，教学措施主要包括：课堂教学结构的设计、教学活动的设计、教学方法的选择、教学媒体的选择等。

第五，教学评价的设计。

教学的主体是学生。因此，围绕学生的发展和进步才是教学评价设计的主要内容。教学的评价主要是教学过程性的评价：从评价的主体角度来说，可以是学生间的互评和师生的互评；从评价的内容角度来说，可以是知识掌握程度的评价，也可以是技能发展的评价，还可以从情感、态度、价值观的角度进行评价。

3. 教学活动

这里所说的教学活动主要是指狭义的课堂教学活动。课堂教学活动是师生围绕教学内容及要求而形成的可行性的交互性操作。由此可见,构成教学活动的主体是教师、学生和教学内容。

地理课堂活动的特点是基于课堂活动的内涵而形成的,主要是学生的主体性和内容的实践性,其具体内容包括:①把"以活动促发展"作为指导思想;②强调活动的自主性、开放性和创新性;③以问题性、策略性、情感性、技能性知识为教学内容;④以培养学生的能力为核心。

地理课堂活动的实施与新课标中知识与技能、过程与方法、情感态度与价值观三个维度的要求是一致的,具体功能主要表现为:①有利于培养学生的创新精神与实践能力;②有利于培养学生的合作意识和社会交往能力;③有利于培养学生理论联系实际,分析和解决实际问题的能力;④有利于培养学生灵活运用地图的能力。因此,通过多种课堂活动的实施,对学生知识、能力、情感的培养都能起到事半功倍的作用。

地理课堂活动的形式是多种多样的,可以是学生个人自主完成的自学、阅读等活动,也可以是学生与同学、老师合作进行的讨论、探究、游戏等活动。根据活动方式的不同,可以将地理课堂活动教学分为:认知类活动(如读图分析、材料分析等);语言交流类活动(如辩论、角色扮演等);动手操作类活动(如实验、制作等)。

教师在设计地理课堂活动时,要综合课程标准、教学内容、学生特点、教师特点以及教学环境等多方面的因素。因此,地理课堂活动的设计应遵循的基本原则为:①把握目标,使活动具有针对性;②明确任务,使活动具有可操作性;③贴近生活,使活动具有真实性;④注重思维,使活动具有实效性。

三、技能训练

(一)技能概述

学生是教学的主体,学生的进步和发展是衡量教学成败的唯一标准。因此,教学活动的设计是否有效也要围绕学生的进步和发展进行,学生的学习效果是教学活动设计有效性的衡量依据。这里所说的有效不仅仅是让学生简单地"吃饱",而是让学生"吃好""顺口""顺心",还要有"营养"。因此,在教学活动的设计中要关注学生的兴趣点和参与度,关注教学内容的达成度,关注活动的效度(效果和效率)。

(二)构成要素

1. 全面了解、分析学生的情况,激发学生积极参与活动

有效的教学活动应该是学生乐于参与,参与度高,并能深入参与的活动;相反,不被学生认同和接受的教学活动是无效的,只被学生认同和接受而不能内化学习内容的教学活动是低效的。那么怎样才能把握学生的心理,吸引学生的眼球,引起学生的关注和思考呢?这就需要教师充分认识学生、了解学生的需求。

在实际的教学活动中，可以发现：不同学校、不同年级、不同班级的学生，他们在知识积累、家庭教育、兴趣爱好、理解程度、接受能力等方面也是存在差异的，这就要求教师在进行教学活动设计时，充分考虑这些差异，选择有效的活动方式和活动内容。

在学生的需求中，兴趣是很重要的出发点。有效的教学活动一定是能够激发学生的好奇心和求知欲，让学生感兴趣，并愿意积极参与的。苏霍姆林斯基认为："教学的起点，首先在于激发学生学习的兴趣和动机。"美国著名心理学家布鲁纳也说："学习的刺激力量乃是对所学教材的兴趣。"因此，设计活动要考虑从学生的兴趣出发，激起学生的共鸣，让学生在兴趣的驱动下积极参与活动，深入思考，完成预定的教学任务。

2. 围绕教学目标，注重活动设计的效度

设计教学活动的目的是完成教学任务。在课堂教学中，教学任务是以教学目标的方式呈现的，教学目标是在认真研读课标和教材内容的基础上，在分析学生的特点和认知结构的基础上确定的。教学目标涵盖了知识与技能，过程与方法，情感态度与价值观，三维目标是不能割裂的，将它们有机地统一起来是在教学中促进学生发展、保证教学有效性的内在机制。

教学活动设计的核心是教学目标，无论是活动形式，还是活动内容，都要紧紧围绕教学目标来选择，只追求表面"包装"的教学活动是不可取的，因为它忽视了对学生终身发展所必需的智力因素和非智力因素的培养，导致学生不会思维、不会创新，只有热热闹闹，没有实际的效果，这种教学活动是无效的。

在教学目标中，知识的落实和能力的培养是教学的核心，过程与方法是获得知识的途径和渠道，情感态度与价值观是在学习中逐渐感受到的。这三维目标中，过程与方法是非常重要的内容，它起着支撑和保障的作用，教学活动设计就是在这个范畴中进行的。有效的活动可以帮助学生将所学的知识化繁为简，化难为易，落实知识重点，破解知识难点，构建知识体系，提升能力，促进思维。

3. 创设情境，设计有效的教学活动方式

教学活动和情境是密不可分的。离开了情境，活动就失去了时间、空间、环境这一存在的基础；而环境只有在特定的活动中才变成情境，可以说活动使情境有了存在的价值和意义，因此，情境和活动是相互依存、协调统一的整体。

在教学情境的设计上，应该选择靠近学生生活实际的、具有时代气息的、能够体现时代热点的、能够引发学生兴趣且具有悬念的情境，这样才能引人入胜，触发探讨的动力。当然，教学情境的设计还离不开问题的引导，恰当的问题可以为教学活动的开展和深入提供支持，促进学生的思维发展，达成教学目标。

教学活动的形式应该因课而异，因教学内容的不同而不同，切不可生搬硬套。一般来讲，教学活动的形式包括讲授式、辩论式、讨论式、体验式、探究式、实践活动式等。对于活动形式来讲，没有有效与无效之分，教师可以根据课程的特点、自身的教学风格和教学内容的要求合理选用活动方式。恰当的活动可以在教学中事半功倍，化繁为简，化难为易，化枯燥为生动，突出重点，突破难点，高效完成教学任务；但若活动设计不恰当，反而会弄巧成拙，脱离教学，成为徒有虚表的花架子。

4. 及时反馈，注重评价

教学活动中及时的反馈与评价是不可缺少的。它既反映了活动的效果，也是活动是否需要调整的"晴雨表"。评价的方式已从单纯的纸笔测试中走出来，呈现多元化，因为在活动过程中，问题的分析与解决、相互的质疑与评判等，都能反映出学习的效果，评判的主体也从单纯的教师一言堂变成了学生的自我评价、师生和生生的相互评价等多个主体。

教学活动设计应注意的问题：

(1)活动的表面化。

新课标实施以来，课堂变活了，学生的活动多了，学生成了教学的主体，这在一定程度上激发了学生的学习兴趣、学习热情和主动参与的精神，但在"参与"和"活动"的背后，却透露出浮躁、盲从和形式化倾向，学生内在的思维和情感并没有真正被激活。典型表现为：①"自主"变成"自流"，课堂展现的是学生肤浅表层的，甚至是虚假的主体性，失去的却是教师有针对性的引导、点拨和具体帮助；②小组合作学习有形式却无实质，在学生缺乏问题意识和交流欲望的背景下，应付式、被动式地进行"讨论"，缺乏平等的沟通和交流，尤其是缺乏深层次的交流和碰撞；③探究有形无实，学生只是机械地按部就班地经历探究过程，缺乏好奇心的驱使和思维的探险以及批判性的质疑，从而导致探究的形式化和机械化，变成没有内涵和精神的"假探究"。

(2)活动的泛化和单一化。

一节课安排的活动过多，会导致走马观花，无法深入进行思维的碰撞；活动过于单一，会产生课堂疲劳，学生无法集中精神。合理安排好活动的次数、内容、形式，才能使教学效果更优。

(3)活动预设与生成的矛盾。

预设和生成是矛盾的统一体，课堂教学既需要预设，也需要生成。没有预设的课堂是不负责任的课堂，而没有生成的课堂是不精彩的课堂。预设过度，挤占生成的空间，表面看教学有条不紊、井然有序，实质上这是传统的以教学为中心、以知识为本位教学观的体现，缺乏学生的独立思考、积极互动和个性化解读，学生只能获得表层的知识，不能转化、内化为学生的智慧和品质。所以，从根本上讲，这是低效的教学活动。生成过多，一方面会影响预设目标的实现以及教学计划的落实，从而导致教学的随意性和低效化；另一方面会使教学失去重心，导致泛泛而谈，浅尝辄止，从而背离了教学的目标。

因此，有效的教学设计既要有精心的预设，还要给生成留有空间，并且教师要有生成的预设准备。

案例 2

澳大利亚

一、学习目标

(1)能够描述澳大利亚的地理位置特点。

(2)了解澳大利亚的古老物种以及物种具有独有性的原因。

(3)知道澳大利亚农牧业发达，简要分析其与自然条件和农牧业生产、分布的关系。

(4)结合地图和资料，联系澳大利亚的自然条件，分析工矿业发展的优势条件和特点，简要分析澳大利亚因地制宜发展经济的实例。

二、教学重点、难点

1. 教学重点

澳大利亚因地制宜发展农牧业和工矿业的条件和特点。

2. 教学难点

养羊业发达与自然条件的关系。

三、教学策略

由于澳大利亚位于南半球，学生了解不多，采用大量景观图片让学生从感官上对澳大利亚有初步的认识。以学生为主体，采用引导启发、问题讨论、交流谈话、合作探究等方式、方法，指导学生总结归纳知识的基本脉络和自然要素之间的相互联系。创设一些小问题让学生自己解决，培养学生的地理思维能力。

四、教学方法

1. 教法

情景创设法、问题讨论法、读图析图法、总结归纳法、引导启发法、交流谈话法。

2. 学法

读图法、讨论法、探究法、合作研究法、自主学习法。

五、教学过程

(一)导入新课(制造情境，激发兴趣)

导入方式1：播放澳大利亚风光图片。教师讲述：这是一个美丽的国家，它四面环水，有世界上数量最多的绵羊，有世界上最大的珊瑚礁，有世界上最大的独块岩体——艾尔斯巨石，这就是位于南半球大洋洲的国家——澳大利亚。

在播放的同时，教师对图片内容进行简单介绍。

设问：澳大利亚这个国家有哪些特点？今天，我们就一起走进澳大利亚。

引出课题：澳大利亚。

导入方式2：我们学习过的国家大部分位于北半球，对南半球的国家我们了解得很少，今天我们就一起走进南半球的一个国家，一起欣赏这个位于南半球国家的美丽风光，了解它的特点。播放图片。

教师提问：这是哪个国家？

引出课题：澳大利亚。

(二)讲授新课(合作讨论，归纳总结)

活动探究，小组合作。

1. 世界活化石博物馆

(1)分析澳大利亚的地理位置特点。

展示图片，让学生们读图分析、合作讨论：澳大利亚的地理位置有什么特点？

教师提示：概括一个国家的地理位置特点应该注意哪些问题？

学生分组讨，交流讨论结果。

澳大利亚独占一块大陆，从东、西半球来看，位于东半球，从南、北半球来看，位于南半球，且位于太平洋和印度洋、亚洲和南极洲之间。

教师总结：概括一个国家的地理位置特点，应该从纬度位置、半球位置和海陆位置等几个方面入手。不要落下纬度位置，纬度位置与气候密切相关。从纬度位置看，澳大利亚位于中低纬度地区。

(2)探究澳大利亚的古老物种及其原因。

播放澳大利亚动物与植物图片，教师讲解这些动植物的特点，这些物种很多都是澳大利亚特有的，比如考拉、琴鸟、桉树、金合欢等。澳大利亚为什么会有这么多独有的物种呢？其与哪些因素有关？

展示：澳大利亚动植物图片。

学生看图后讨论，发表意见。

师生共同总结：澳大利亚的动植物是地球生命演化历程中保留下来的古老物种，虽然原始，却是人类研究地球演化历史的活化石。

教师：澳大利亚的物种有古老性和独有性的特点。

教师提问，哪些因素造成了澳大利亚的物种呈现出古老性和独有性的特点呢？

教师提示，引导学生讨论：澳大利亚大陆独处南半球的海洋上已经有6 500万年了，这会对澳大利亚的生物进化产生什么影响？

学生研究讨论后发表看法，老师总结：6 500万年来，澳大利亚大陆一直独处在南半球的海洋上，与其他大陆分离，不能与其他大陆上的物种进行交流，动植物物种独立发展，加上自然环境单一，生物进化缓慢，所以保存了许多古老的动植物物种。

2.“骑在羊背上的国家”

(1)欣赏图片，感受澳大利亚的农牧业。

展示一组澳大利亚养羊业图片，让学生感受澳大利亚的羊数量很多。

教师解说：澳大利亚是目前世界上拥有绵羊数量最多的国家，也是世界上最大的羊毛生产国和出口国，被称为“骑在羊背上的国家”。澳大利亚的羊75%以上为优良的美利奴羊种。美利奴羊除嘴、鼻子上方和小腿外，其他部位均被羊毛裹得严严实实，羊毛纤维洁白、柔软、细长，且具韧性，是制作高档毛线、羊毛衫和各种高级毛料的最好原料。

承转：澳大利亚为什么会有世界上数量最多的绵羊？这和澳大利亚的自然条件有哪些关系？养羊业在澳大利亚经济中的地位如何？下面我们一起来分析。

(2)养羊业的发达与自然条件的关系。

①温度条件。

播放澳大利亚地形图，教师引导学生读图。

教师：找一找，澳大利亚大致在哪个纬度范围内？

学生：大部分在南纬10°～40°。

教师：这个纬度范围分别属于哪两个温度带？从气温来看对养羊业有什么好处？

学生：热带、亚热带，气温较高，适合一年四季露天在草场放牧。

②地形条件。

播放澳大利亚地形图，教师引导学生读图。

教师：从地形特点来看，哪些特点适宜养羊？

学生思考讨论，并发表意见：西部和中部地势平坦、宽广，并且没有大型食肉动物，适合养羊业。

教师总结：澳大利亚地形分为三大部分，其中西部高原平均海拔低，宽广平坦，沙漠广布；中部平原地势平坦，地下水丰富，加上没有大型食肉动物，所以适合农牧业发展。

③降水条件。

播放澳大利亚年降水量分布图，教师引导学生读图思考并讨论。

教师：澳大利亚的牧羊带分布与年降水量分布有什么关系？

学生对比两图，思考讨论后发表意见。

师生共同总结：在东南和西南沿海分别有三个不同的牧羊带，西部高原年降水量少，适合粗放牧羊，东南部沿海平原和中部平原降水较多，适合牧业与农业混合经营。

承转：澳大利亚不仅有"骑在羊背上的国家"的美称，还因其矿产资源丰富、工矿业发达而被称为"坐在矿车上的国家"。下面我们一起来了解澳大利亚的矿产资源和采矿业的发展情况。

3."坐在矿车上的国家"

(1)矿产资源与采矿业、冶金业。

播放澳大利亚矿产资源和冶金工业中心分布图、相关景观图片。

教师介绍：澳大利亚矿产资源丰富，品种多、品质优、埋藏浅、易开采。读图，看一看澳大利亚的矿产资源分布有什么特点？这种分布特点对冶金业有什么影响？

学生读图，对照矿产资源分布图讨论、总结。

师生共同总结：矿产资源大部分分布于沿海地区，冶金业中心也分布在沿海地区，冶金业中心靠近原料产地，也临近港口，便于运输原料和出口产品。

(2)矿产品与经济。

播放澳大利亚矿产资源出口示意图。

教师：看一看澳大利亚的矿产品都出口哪些国家？

学生根据教材内容找到：主要出口到中国、印度、日本、韩国等主要亚洲国家。

教师：澳大利亚有着发达的养羊业、采矿业和冶金业。那么，在生产总值中，这两项产业是不是产值最大呢？

学生根据资料，合作讨论，研究总结得出结论：20世纪70年代以来，澳大利亚的服务业发展迅速，已经超过养羊业、采矿业和冶金业，成为澳大利亚的经济支柱。

(三)课堂小结

位于南半球的澳大利亚是经济发达的资本主义国家。它独占一块大陆，拥有许多古老的物种；它的自然条件适合发展农牧业，矿产资源丰富，适合发展采矿业和冶金业。如今，澳大利亚的服务业已经超过农牧业、采矿业和冶金业，成为经济支柱。

(四)当堂检测，练习巩固

请将正确答案填在横线上。

(1)澳大利亚国徽上的两种特有动物是_____和_____。

(2)世界上长期处于孤立状态的大陆，包括_____大陆和_____大陆。

(3)澳大利亚的农牧业十分发达，是世界上_____数和_____出口最多的国家，还是重要的_____、_____出口国。

(4)澳大利亚的矿产资源丰富，被称为_____。

六、板书设计

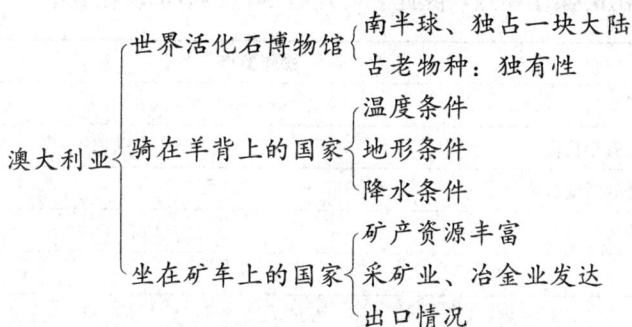

```
          ┌ 世界活化石博物馆 ┤ 南半球、独占一块大陆
          │                  └ 古老物种：独有性
          │                  ┌ 温度条件
澳大利亚 ┤ 骑在羊背上的国家 ┤ 地形条件
          │                  └ 降水条件
          │                  ┌ 矿产资源丰富
          └ 坐在矿车上的国家 ┤ 采矿业、冶金业发达
                             └ 出口情况
```

七、教学反思

本课设计以"古老动物→畜牧业→丰富的矿产资源"3个并列层次展开，认识南半球的国家澳大利亚。重、难点以学生为主体，教师引导学生观察、发现、探讨、合作、总结，使学生地理思维能力得到有效锻炼。

通过本课教学活动，使学生对南半球的国家澳大利亚有了初步认识，学生通过对澳大利亚自然要素的分析，得出了自然因素与自然因素、自然因素与人文因素之间的紧密联系。

在学生观察、合作交流、探讨总结的过程中，培养学生发现问题、解决问题的能力。同时，激发学生探讨自然奥秘的兴趣，培养良好的地理思维习惯，为以后的地理学习打下良好的基础。

活动 3

构成要素分析

根据案例2，讨论交流后，归纳整理出"有效设计教学活动的能力"的构成要素，填写在下表中。

序号	要素
1	符合学生的特点和认知需求
2	围绕教学目标设计活动
3	活动形式多样
4	
5	
6	
7	

（三）操作要点

阅读下表所列出的操作要点，除此之外还有哪些？请填写在表中。

序号	操作要点
1	认真分析学情
2	合理制定教学目标
3	选择适合的活动方式
4	设计活动情境
5	
6	

（四）技能训练

活 动 ④

看图学"聚落"的概念(初二上学期)

导入新课

教师：请大家观看一段视频"爸爸去哪了"，然后提问：你对哪个地方感兴趣？为什么？

学生：观看视频，自由发言。

教师：刚才节目组去的地方哪些是城市？哪些是乡村？展示图片。观察城市图片和乡村图片的共同点和不同点。

学生：观察图片，说出相同点与不同点。

教师：(归纳小结)根据它们的相同点，我们可以看出，聚落是人为满足生产生活的需要而集聚定居的场所。

步骤1　阅读案例：你认为这个活动的情境设计是否符合学生的特点？为什么？

_____

步骤2　组内讨论：这个活动要达到的教学目标是什么？这样设计对教学目标的达成有什么作用？

_____

步骤3　全班分享：由各组代表在全班发言、分享，将要点填写在下表中。

序号	活动的有效之处
1	
2	
3	
……	

活动 5

逆向思考

看图学习"聚落"的概念。

导入新课。

教师：今天这节课，我们来学习聚落。对于"聚落"这个名词，大多数同学可能感到陌生，那么什么叫聚落呢？让我们先看几幅图片。

（用多媒体展示乡村、集镇、牧区和城市景观的图片。）

教师：城市和乡村都是人们集中居住的地方，这就是我们这节课要学习的内容——聚落。

序号	活动设计的不当之处
1	
2	
3	
4	
5	

（五）学会评价

活动 6

模拟活动设计

根据"聚落"的课标要求——"举例说明聚落与自然环境的关系"，完成下列任务。

步骤 1：用 10 分钟的时间设计一个活动片段，落实上述教学目标。

教学目标		
教学环节	教师活动	学生活动

步骤2：在准备的基础上，各组派代表在全班进行讲解。

_____

_____

_____

步骤3：按照《标准》给每组代表的"有效设计教学活动"进行评定等级，并填写在下表中。

等级	理由

四、案例分析

阅读下面的案例，应用《标准》给出每个案例的等级和理由。

步骤1：阅读案例。

案例 3

海陆变迁

（北京教科院附中，彭会平）

（来源：《中学地理教学参考》，2015年第9期，P47～49）

【教材版本】

北京市义务教育课程改革实验教材八年级上册第十章"世界的海陆分布和气候"，第一节"世界的海陆分布"，第二课时"海陆变迁"。

【课程标准】

举例说明地球表面海洋和陆地处在不断的运动和变化之中；知道板块构造学说的基本观点；说出世界著名山系及火山、地震分布与板块运动的关系。

【课标分析】

(1)对"举例说明"的分析：学生不仅要能举出海洋变成陆地和陆地变成海洋的实例，而且还要认识到现在的海陆仍处在不断运动和变化之中。

(2)对"知道"的分析：学生只对板块构造学说作基本了解即可（即只需知道全球分为六大板块，且板块交界地带比较活跃）。

(3)对"说出"的分析：学生不仅要能说出世界著名山系的名称，而且还要能说出这些山系是由哪些板块的何种运动造成的；学生不仅要能说出世界两大火山地震带的名称，还要能说出它们位于哪些板块的交界地带，要能用板块运动学说解释或推测某地火山地震频发或者少发的原因。

【教材分析】

(1)教材的地位和作用：本课时的内容被安排在"世界的海陆分布"之后。实际上，"七大洲四大洋"仅仅是目前世界海陆分布的一种状况。若干万年前和若干万年后，海陆分布是怎样的呢？"海陆变迁"恰恰是对这一问题的解释。因此，本课有着"承上"的作用。同时，在八年级下册学习区域地理时，也会用到板块理论来解释一些现象。所以，本课的内容又有"启下"的作用。另外，从对学生进行科学史教育方面来看，本课也有着举足轻重的地位。

(2)对教材的处理：教材中相关文字和图片材料都很少，所以适当补充了相关文字、图片和视频资料。

【学情分析】

笔者所在学校的学生，大部分学习习惯和学习基础较好，小部分学习基础较差，学习动力不足。所以在教学时，一要注意调动学生的学习兴趣；二要注意在学习难度较大的问题时多给学生搭建一些"台阶"。

【教学目标】

借助地图、图片、视频等资料，通过教师引领、学生合作探究等途径，让学生能够举例说明海陆的变迁，知道板块构造学说的基本观点，并说出世界著名山系及火山、地震分布与板块运动的关系；使学生的读图、分析、归纳、探究等能力进一步提升；让学生从中初步感觉到科学研究的乐趣，了解科学研究的方法。

【教学重点】

海陆变迁、板块构造学说。

【教学难点】

世界著名山系及火山、地震分布与板块运动的关系。

【教学方法】

启发法、合作探究法、模拟演示法等。

【教学过程】

一、课前准备

将全班分为 6 个学习小组，以小组为单位查找、收集海陆变迁的案例。教师给每个小组发世界政区图一张，红、黑水彩笔各一支。

设计意图：为课堂学习的顺利进行做充分准备。

二、新课学习

1. 播放视频——创设情境

师：众所周知，撒哈拉沙漠是世界上面积最大的沙漠，与美国本土的面积差不多。如果把撒哈拉的沙子平铺在地球表面的话，厚度足以超过 20 厘米。目前，撒哈拉是世界上最炎热、最干燥的一片不毛之地。你知道吗？在撒哈拉的漫漫黄沙之中，却蕴藏着一个巨大的秘密。（播放视频。）

生：（观看视频。）

师：这段视频大家看得很专注。那么请告诉我，这个巨大的秘密是什么呢？你又是如何破解的？

生：（略。）

师：正如同学们所说，在撒哈拉沙漠中，竟然发现了许多恐龙和货币虫的化石。而这类恐龙和货币虫都是海洋生物。由此我们可以推断，这个秘密就是撒哈拉"前世"是海洋，"今生"是陆地。这种变化非常巨大，可以用哪个成语来形容呢？

生：海陆变迁。

设计意图：①"巨大的秘密"一下子就能勾起学生强烈的好奇心；②视频虽短，但能激发学生的学习兴趣，同时创设了学习情境，有利于培养学生从视频中提炼地理信息的能力；③如今的沙漠和曾经的海洋形成巨大的反差，这和学生的直观经验冲突，更能激起学生的兴趣。

2. 提供案例—尝试分组—补充案例—分析原因

师：下面，老师给同学们提供几个案例：A. 喜马拉雅山发现的鹦鹉螺化石；B. 东海海底发现的河流故道；C. 福建深沪湾的海底古森林遗迹；D. 大巴山发现的海洋生物化石；E. 秘鲁沙漠中发现的海洋巨兽骸骨；F. 琉球群岛南端海底的人造建筑物痕迹。请同学们以小组为单位尝试把上述案例分成两组，并说出划分的理由。

生：小组讨论划分方案，并说明划分的理由：ADE为一组——曾经的海洋变成了现在的陆地；BCF为一组——曾经的陆地变成了现在的海洋。

师：哪组还有不同的案例要和同学们分享吗？

生：与同学们分享课前收集的相关案例。

师：由此可见，海陆是可以互相转变的。那么，在什么情况下，海洋会变成陆地？又在什么情况下，陆地会变成海洋呢？请同学们以组为单位，分析讨论。

生：先在组内分析讨论，后在全班交流。（可画示意图：当地壳上升或者海平面下降时，海洋会变成陆地；反之，陆地会变成海洋。人类活动，如填海造陆也会造成海陆变迁。）

设计意图：①"海洋变陆地，陆地变海洋"的案例混杂在一起，让学生尝试分组，符合建构主义学习理论；②通过小组合作，培养学生的团队意识；③通过尝试分组，培养学生的分析能力和探究能力；④通过课前收集资料，培养学生收集地理信息的能力；⑤通过和同学交流分享，培养学生的语言表达能力，增强其成就感。

3. 穿越时空—情景再现—动画演示

过渡：根据同学们的分析，海平面的升降和地壳的变动会导致海陆的变迁。那么海陆为什么会变迁呢？有一个学说会给我们答案。

生：大陆漂移学说。

师：该学说是谁在什么情况下提出的呢？

生：简单介绍大陆漂移学说的发现过程。

师：现在我们来玩一次"穿越"，回到100年前的德国，与魏格纳一起看地图。你能发现哪两个大洲的轮廓基本吻合？推测一下这有可能意味着什么？

生：南美洲的西海岸和非洲的东海岸轮廓比较吻合，推测它们可能曾经连在一起。

师：但当时很多人对他的说法嗤之以鼻。下面老师给大家一些材料，你们能用这些材料去说服那些反对魏格纳的人吗？

材料 A：A—1 大西洋两岸的古老生物鸵鸟和海牛分布图、A—2 鸵鸟和海牛的主要生活习性；材料 B：大西洋两岸的古老地层分布图；材料 C：C—1 南极洲的煤炭分布图、C—2 南极洲煤炭储量数据、C—3 煤炭形成的重要条件、C—4 南极洲的景观图片、C—5 南极洲的气候特点。

生：以组为单位分析上述材料，并在全班交流。

师：同学们的分析有力地支持了魏格纳，大陆确实是曾经连在一起的，后来又逐渐漂移分开。那么大陆的漂移经历了一个怎样的过程呢？下面老师给大家演示（播放 Flash）。假如你现在又"穿越"到了几千万年后，那时候你看到的海陆状况和现在一样吗？为什么？

生：肯定不一样。因为大陆的漂移使海陆处在不断变化之中。

设计意图：①通过重现魏格纳发现大陆漂移的过程，学生初步感受科学发现的乐趣，也对学生进行科学史的教育；②观察大陆轮廓，有助于培养学生的地理观察能力；③教师提供相关材料，实际上是给学生探究活动铺就"台阶"，避免学生分析讨论时可能出现的各类离谱问题，使学生的尝试、探究能顺利进行，进而提高其学习的积极性和实效性；④Flash 动画形象直观地演示大陆漂移的过程，有效追问又有助于提高学生的地理预测能力。

4. 模拟演示—大胆设想—温故引新—地图标注—尝试探究—总结规律

过渡：大陆为什么会漂移？漂移的力量从何而来？科学家又提出了一种学说：板块构造学说。

师：出示六大板块示意图，启发、引导学生读图。

生：以小组为单位开展读图竞赛，看哪一组能从图中看见更多的地理信息（诸如板块的名称和数量、板块边界的两种类型、板块运动的方向等），最后在白板上作相应的标注。

师：用纸板演示挤压运动和张裂运动。

生：用书本代替纸板，再次模拟演示这两种类型的板块运动，并设想它们会造就什么地形（挤压运动，可能会形成山脉；张裂运动，可能会形成新的海洋）。

师：出示世界地形图和六大板块图，让学生在世界地形图上找出著名的系（阿尔卑斯山系、喜马拉雅山系、科迪勒拉山系），并对照六大板块图，说出这些高大山系具体是由哪些板块的挤压运动形成的。

生：（略。）

师：在板块图上标出珠峰和红海。

生：根据板块的运动，推测珠峰和红海的未来。

生：再次模拟演示挤压运动和张裂运动，并在书本上放一小纸团。观察挤压运动和张裂运动发生时，纸团的位置变化，并设想板块运动时会形成哪种地质灾害。（引出火山和地震。）

师：设想一下：火山和地震会在哪些地区多发？为什么？

师：出示 1900 年以来的最强地震资料。

生：以小组为单位，用黑色圆点标注上述地震地点在世界政区图中的位置，将其与板块图对照，尝试探究地震分布与板块运动的关系(地震多发生在板块边界)。

师：出示美国密歇根州设计师约翰·纳尔逊绘制的一幅地图，图中标注了 1898 年以来发生的 203 186 场大地震(截至 2012 年 7 月)。

生：进一步验证上述规律。

师：出示资料——史上最剧烈的十次火山爆发。

生：在标注了十大地震的世界政区图上，再将火山发生地点用红色梯形标注出来，并且与板块图对照，尝试探究火山分布与板块运动的关系(火山也多发生在板块边界)。总结火山地震分布与板块运动的关系(火山地震多发生在板块边界)。

师：进一步总结火山地震分布与板块运动的关系，且用动画演示全球两大火山地震带：环太平洋火山地震带和地中海-喜马拉雅火山地震带。

生：据图验证上述结论。

设计意图：①学生自主读图，发现地理信息的过程本身就是一个自我尝试的探究过程，从中不仅培养学生的读图、观察能力，也培养学生的发散思维；②利用书本和小纸团这些身边的学具来模拟演示板块运动，不仅能激发学生的兴趣，也能培养学生的动手能力，更有助于学生的尝试探究；③预测珠峰和红海的未来，体现理论与实际的结合，也能锻炼学生的地理预测能力；④通过文字材料填绘地图，培养学生的文图转换能力，也能提升学生间的合作能力；⑤在"文字材料—填绘空白地图—探究规律—成图验证"这个过程中，学生可以初步了解尝试、探究的方法。

三、小结检测

师：打乱板书词条和箭头的顺序。

生：整理板书并作小结。

设计意图：把板书词条的因果关系和逻辑关系的顺序打乱，学生重新整理板书。该过程是知识系统化、条理化的过程，也是一个检测的过程。

四、拓展提升

你有地质学家的潜质吗？(具体内容略。)

设计意图：一方面激励学生，另一方面再次深化本课重点，提升学生的分析能力。

❋ **案例分析**

(1)从教学目标上看，本课是紧紧围绕"举例说明地球表面海洋和陆地处在不断的运动和变化之中；知道板块构造学说的基本观点，说出世界著名山系及火山、地震分布与板块运动的关系"这条课标来确定的，是将知识与技能、过程与方法、情感态度与价值观融合在一起来确定的，借助地图、图片、视频等资料的方法充分考虑到学生的年龄特点和认知特点，体现了学生的主体地位。

(2)在教学活动设计中，注重创设情境，激发学生的学习兴趣，以问题引领，设计体验、探究、小组合作讨论等多种活动，让学生在活动中把握知识重点，理解知识难点，落实教育目标和教学任务。

案例 4

学校	陈经纶中学保利分校		设计者	胡天婵
章节	第十章 第一节"世界的海陆分布"			
学时	第一课时 世界的海陆分布		年级	初二
教学目标	1. 运用地图和数据，说出地球表面海、陆所占比例，描述海陆分布特点，培养多角度认识问题的习惯和严谨的学习态度； 2. 运用世界地图说出七大洲、四大洋的分布，培养绘制七大洲简图的技能。			
教学重点、难点以及措施	重点：1. 世界海陆的自然分布特征； 　　　2. 描述大洲的地理位置，并绘制七大洲的简图。 难点：描述大洲的地理位置，并画出七大洲的简图。			
学情分析	初二年级的学生已经具备了一定的读图能力，并且已经初步具有区域地理的学习框架。但对于不少学生，尤其是女生来说，地理事物的空间方位感还比较欠缺。本节课基于ipad设计课堂活动，以自主探究、组内交流和组间对抗等方式，引导学生完成读图、匹配、动手绘制等活动，帮助学生在头脑中建立七大洲和四大洋的空间方位。			

教学环节	教学内容	活动设计	活动目标	设计依据
导入	前面我们已经学习了中国地理的知识，大家想不想随老师一起走出国门看看中国以外的世界呢？今天我们开始学习世界地理。今天的活动以小组对抗的方式进行，优胜小队有加分！		激发兴趣导入新课。	依据动机理论设计导入，激发学生的内在学习动力。
世界海陆的自然分布特征	1. 海多陆少	1. 学生观察地球航拍照片，说出地球表面海陆状况。 2. 学生根据数据资料动手计算海洋和陆地分别占地球总面积的百分比。	通过观察地球航拍照片，直观感受地球表面海多陆少。 通过自己动手计算，使学生更加深刻地体会地球表面海多陆少的特点，从而培养学生主动探究的习惯和严谨的学习态度。	按照活动教学理论设计活动，引导学生亲身参与、主动探究，促进学生形成主动探究的习惯和严谨的学习态度。
	2. 海连陆断	回顾麦哲伦环球航海的路线，并思考：船队从始至终是乘坐什么交通工具前进的？改成陆路交通工具可否实现这一过程呢？	回顾历史学科已掌握的关于麦哲伦环球航海的知识，使学生体会乘船可以实现环球航行这一过程，而乘坐陆路交通工具却不行，从而得出"海连陆断"这一结论。	依据个人建构主义理论，引导学生在原有认知的基础上进行思考，并得出结论。
	3. 分布不均	观察东西半球图和南北半球图，分别找出陆地和海洋主要分布在哪个半球。	通过从不同角度的观察得出"世界海陆分布不均"的结论。	依据活动教学理论，引导学生通过读图、比较得出结论，从而培养学生的读图能力，树立全面思考问题的习惯。
	小结：世界海陆的自然分布特征有哪些？	教师再现刚才的情景和画面，引导学生总结世界海陆分布的自然特征（边梳理边板书）。	回顾、梳理所学知识。	情景建构主义理论。

续表

教学环节	教学内容	活动设计	活动目标	设计依据
世界的大洲和大洋	1. 大洲和大洋的名称和面积	1. 明确大陆、岛屿和半岛的含义。 (1)阅读电子书中的相关资料，在图上通过拖动进行匹配，然后自己核对答案； (2)说明匹配的依据； (3)明确大陆和岛屿在面积上的界定，并点开世界地形图，分别找出世界最大的大陆、岛屿和半岛，找到后进行投屏展示。 2. 按七大洲的面积进行排序，完成后自己核对答案。	依据提供的材料自主学习，并在图上进行自我检测，然后学以致用，找出最大的大陆、半岛和岛屿。了解各大洲面积的大小。	学生在理解文字材料的基础上，将概念在图上进行匹配，然后通过阅读世界地形图学以致用，并进行展示交流，在情景中形成知识建构。 依据活动教学理论，引导学生在实践探索中得出结论。
	2. 大洋地理位置	1. 读图，完成关于大洲位置的5个问题。每个小队完成1个，先在组内交流，然后推选代表上台进行展示，在此基础之上总结如何描述大洲地理位置。 2. 完成七大洲、四大洋的拼图。先组内对抗，然后推选一名速度最快的学生进行组间对抗。 3. 学生在画图板中完成七大洲的简笔画。小组内推荐能够一笔完成的同学进行投屏展示。	加强学生的读图能力，加深大洲和大洋的空间位置关系在头脑中的印象。 以游戏的方式强化大洲和大洋的空间位置关系。 在前面的基础上培养绘制简图的能力。	依据情景建构主义和活动教学理论的原则，既使每个学生都能够参与其中，又在组内组间形成竞争，从而调动学生的积极性。进而完成从感性上升为方法和技能的过程。 在此过程中，学生之间互相帮助、互相评价、互相学习，这也体现出人本主义学习观。
巩固提高	—	教师通过iteach向学生发布问题，学生完成后，教师根据统计的情况个别辅导出错的学生。	检测并掌握学生对本节课知识的掌握情况。	利用ipad及时反馈优势，快速掌握学情，然后有针对性地进行帮助和指导。
小结并引出下节课的主题	小结本节课的内容，引出下节课探讨的课题：七大洲和四大洋的位置是一成不变的吗？请大家利用课余时间了解成语"沧海桑田"。			

✱ **案例分析**

小组讨论活动:

1. 围绕教学目标,你认为活动设计的有效性体现在哪些方面?

_____

_____

2. 从教学活动的方式上看,本案例中运用了哪些活动方式?

_____

_____

案例 5

世界的人口和人种

(北京市朝阳区八十中学,刘楠)

一、指导思想与理论依据

本教学设计以新的地理课程改革基本理念"学习对生活有用的地理"等为指导思想,充分发挥学生的主体作用和教师的主导作用,以学生主动探究、合作学习为主要教学形式,通过探究、合作学习培养学生读图获取知识的能力和综合实践能力,使学生形成积极主动的学习态度,激发学生学习地理知识的兴趣,帮助学生形成正确的学习方法。

二、教学背景分析

(一)教学内容分析

本节教材内容分三部分:世界人口的增长、世界人口问题、世界的人种。

(1)世界人口的增长:主要讲述人口增长时间的变化、世界各洲人口的增长对比,以及发达国家和发展中国家人口增长的比较。

(2)世界人口问题:人口问题对环境、社会及经济的影响。

(3)世界的人种:人种的概念、三大人种的体貌特征和分布。

(二)学生情况分析

初二学生的心理特点:从年龄特征来看,初二学生平均年龄为14岁,"这是一个半幼稚、半成熟时期,是独立性和依赖性、自觉性和幼稚性错综矛盾的时期"。因此,在学习过程中,更应注重引导学生从具体形象思维向抽象思维过渡,培养他们的思辨能力,利用学生已有的知识和方法去分析问题,得出结论,发挥学习的主动性。

(三)教学方式、教学手段说明

基于本节空间分布思维的特点,主要运用 PowerPoint 课件,采用多媒体教学法。

教学过程中以"学生活动为主,教师讲解为辅"为原则,根据学生的心理发展规律,联系实际进行教学。互动时应注意不同层次的学生,让学生学习对生活有用的地理知识,学习对终身发展有用的地理。

以学习指导法为主,结合讨论法,在教学中充分调动学生的学习兴趣,让学生动起来,教师的作用是通过适时适度的设问，引导学生读图思考，使学生自己得出正确结论。

从具体三部分内容来看，采取计算、比较、讨论等教学方法。

(1)世界人口的增长：

对该部分知识点采用读图分析的方法，通过读图得出结论。①通过阅读世界人口增长示意图，说明世界人口增长速度的变化；②阅读教材提供的"世界各洲人口的增长对比，以及发达国家和发展中国家人口的增长"图，判断不同国家或地区人口增长的快慢。

(2)世界人口问题：

通过小组讨论的方式，使学生能够结合生活实例说明人口问题对社会、经济产生的影响。

(3)世界的人种：

通过展示三大人种的图片，便学生能够分析出世界三大人种外表特征的差异；通过读世界人种分布图，说明三大人种分布地区。

(四)教学准备

(1)媒体；

(2)相关地图、景观图片。

(五)教学过程

第一节　地球要"爆炸"了？
——世界人口问题

教学目标：

(1)通过读世界人口增长示意图，说明世界人口增长速度的变化。

(2)通过人口出生率、死亡率和自然增长率资料，理解自然增长率的含义，学会计算自然增长率；明白衡量人口增长速度的指标是人口自然增长率，而人口自然增长率是由人口出生率和死亡率决定的。

(3)通过这一系列练习，会运用自然增长率判断不同国家或地区人口增长的快慢。

(4)通过绘制完整的非洲人口增长曲线图，加强学生能力的培养，不仅要能阅读有关的人口统计资料，还应能根据数据绘制简单的统计图。

(5)通过读"各国人口增长率示意图"，了解各国人口增长率状况，并能进行归纳分类。

(6)通过练习，了解人口密度的含义，并掌握人口密度的计算方法。

(7)通过阅读世界人口分布，掌握世界人口分布状况，并能结合地形图，简单分析人口分布原因。

(8)通过三大人种的图片展示，能分析出世界三大人种外表特征的差异。

(9)通过读世界人种分布图，说明三大人种分布地区。

(10)通过小组讨论的方式，使学生能够结合生活实例说明人口问题对社会、经济产生的影响。

教学重点：

(1)学会阅读人口增长图分析人口增长的特点；

(2)人口问题对环境、社会和经济的影响。

教学方法：

讨论法。

教学资源：

多媒体电脑设备。

课标要求	教师活动	学生活动	设计意图
生活中的地理，地理从生活中来	新课引入： 近年来，我们经常听到、看到这样的字眼："地球真的要爆炸了吗?"这句话中"爆炸"指的是什么爆炸呢? 是真的吗?	学生讨论回答。	以醒目的题目吸引学生的注意，引起学生的学习兴趣。通过学生讨论，引出世界人口问题。
世界人口增长			
学生运用世界人口的增长曲线图，会通过世界不同年代的人口总数，说明世界人口增长速度的变化。	提出问题： 地球人口真的多到要爆炸的程度了吗? 出示： 世界人口的增长曲线图。 提出问题： 读图11-1，并填表11-1。 算一算，世界人口数量在不同年份，每增加10亿所需要的时间。 全体思考讨论： 全体思考、讨论并回答：世界人口增长速度有无变化? 如果有，是怎样变化的?	学生读图填表，并思考讨论回答屏幕所显示的问题。	首先教师指导学生读曲线示意图的方法，学生掌握读图方法后通过读世界人口增长示意图，能说明世界人口增长速度的变化。
	指导学生归纳总结世界人口变化趋势。	学生总结：世界人口一直在持续增长，前缓后急。	培养学生总结归纳的能力。
	提问承转： 1. 为什么世界人口增长速度越来越快? 2. 人口增长的速度是由什么决定的? 如何计算?		
学生会通过人口出生率、死亡率和自然增长率资料，比较不同国家或地区人口增长的快慢。	引导启发： 中国有句古话"人生七十古来稀"，说明在过去，中国人的寿命很短，约平均33岁。目前，我国人均寿命为男68岁，女71岁。过去，中国婴儿死亡率很高，许多贫困家庭生育六七个孩子中仅能成活一两个。而现在的婴儿死亡率已降至非常低的水平。	学生讨论交流。	引导学生认识随着现代医疗卫生技术的进步、人们生活水平的改善和提高，人的寿命延长，婴儿死亡率降低，这使人口增长速度加快。为了准确表示出一个国家或地区人口增长的快慢，通常以人口自然增长率作为衡量指标。
	出示： 人口出生率、死亡率和自然增长率示意图。 提出问题： 1. 人口增长速度是由什么决定的? 如何计算? 2. 自然增长率大于0、小于0、等于0的含义分别是什么? 根据资料，计算人口自然增长率。某镇有1万人，2002年出生并成活婴儿130个，死亡人数为30人，该镇的人口自然增长率是多少? 人口是在增加还是减少? 还是既不增加，也不减少? (10‰，增加)	学生读图、讨论、计算。	通过读图理解自然增长率的含义，学会计算自然增长率；明白衡量人口增长速度的指标是人口自然增长率，而人口自然增长率是由人口出生率和死亡率决定的。

课标要求	教师活动	学生活动	设计意图
学生会通过人口出生率、死亡率和自然增长率资料，比较不同国家或地区人口增长的快慢。	出示习题： 计算下面4个国家的出生率、死亡率、自然增长率： 1. 按人口自然增长率给下列国家排排队，看哪个国家的人口自然增长率最大； 2. 德国的人口自然增长率与其他三个国家不同，这意味着什么？	学生计算、填表、对比、讨论、得出结论。	通过这一系列学生活动，学生学会自然增长率的计算方法，会运用自然增长率判断不同国家或地区人口增长的快慢。
	出示练习： 根据"非洲人口增长柱状折线"提供的统计数据，比照已画出的部分柱状折线，独立完成这幅"非洲人口增长柱状折线图"。 根据"世界和非洲1950—2000年人口自然增长率每十年变化"图表，回答以下问题： 1. 1950年至20世纪末这50年间，世界人口增长率有何变化？非洲的人口增长率是怎样变化的？ 2. 非洲人口增长的情况与世界相比，有何明显的特点？	组织学生在练习中画出完整的非洲人口增长柱状图，并讨论世界和非洲人口变化的差异。	加强学生能力培养，不仅要能阅读有关的人口统计资料，还应能根据数据绘制简单的统计图。
	出示： 世界各国人口的增长率示意图，回答以下问题： 人口增长率最高的是哪些国家或地区？人口增长率最低的是哪些国家或地区？发展中国家和发达国家，哪个人口增长速度更快一些？	学生读图讨论。 得出结论：世界各国人口增长地区差异很大，可以看出发展中国家增长速度超过了发达国家。	通过读各国人口增长率示意图，了解各国人口增长率状况，并能进行归纳分类。

承转：我们一起走入人类从无到有、从少到多的历史长河，认识了世界人口数量随时间增长变化的规律。那么，在空间上，世界人口的数量又是如何分布、变化的呢？

课标要求	教师活动	学生活动	设计意图
学生应能了解人口密度的含义，学会通过面积和人口数量计算一地的人口密度。	过渡： 我们要准确地了解和说明世界上各个国家、各个地区人口分布的特征，就要先知道什么是人口密度。 出示练习： 投影展示练习，反馈学生对"人口密度"的理解及计算的结果。	1. 根据练习中人口密度的概念和举例，写出人口密度的计算公式。 2. 指导学生根据练习中所提供的资料，计算人口密度，并把计算所得的数据填入表中。	通过练习了解人口密度的含义，并掌握人口密度的计算方法。
运用有关等值线图阅读是已经形成的技能，阅读世界人口分布图，在世界人口分布图上，说出世界人口分布的特点，简单分析形成这些特点的原因。	投影展示"世界人口的分布"图。 提出问题： 1. 指出图中世界人口分布的稠密地区和稀疏地区及其分布规律。 2. 分析世界人口分布的特点及原因。 教师先说明图中人口密度在每平方千米200人以上的地区，是世界人口稠密的地区，然后引导学生在世界人口分布图上找出人口稠密地区及其分布规律。 教师再说明图中人口密度在每平方千米1人以下的地区，是世界人口稀疏的地区，然后引导学生先在世界人口分布图上找出人口稀疏地区，并让学生注意观察这些地区分别有哪些特殊的纬线穿过，继而让学生对照"世界地形图"，列举实例说明人口稀疏地区及其分布的规律。	学生读图思考问题。 让1~2名学生上讲台指图说明。	通过阅读世界人口分布图，掌握世界人口分布状况；并能结合地形图，简单分析人口分布原因。

续表

课标要求	教师活动	学生活动	设计意图
	过渡：从时间上看，世界人口增长速度加快；从空间分布上看，沿海地区人口稠密；那么，从人种来看，同学们估计哪类人种的人口总数最多呢？		
	在小学阶段我们已经学习过有关人种的知识，我们先复习一下。 用多媒体展示三大人种的图片。	学生填写三大人种的外貌特点。	通过展示三大人种的图片，帮助学生复习在小学曾经学过的三大人种的知识。

三大人种的外貌特点

人种	皮肤	眼睛	毛发	鼻子	嘴唇	面庞
_____种人						
_____种人						
_____种人						

课标要求	教师活动	学生活动	设计意图
说出世界三大人种的特点，并在地图上指出三大人种。	提出问题： 1. 这些不同特点是由什么造成的呢？（指明：绝不能把人种按优劣进行划分） 2. 读世界人种分布图，指图说明三大人种的分布。	学生读图、思考、回答。	通过讨论，得出世界三大人种外表特征的差异，是人类长期适应不同的地理环境形成的，进而得出结论：三大人种的分布地区不同。通过读世界人种分布图，说明三大人种分布地区。
	提出问题： 继续观察世界三大人种分布图和世界人口分布图，比较三大人种哪个占世界人口的比重大，哪个占的比重小？	学生读图、思考、回答。	通过读图观察，得出三大人种占世界人口的比重。
	教师引导。	学生总结： 从人种角度看：白色人种占世界人口的比重大，其次为黄色人种，再次为黑色人种。	通过对世界三大人种占世界人口的比重的比较，复习旧知识、巩固新知识，同时加强学生的读图训练。
	总结过渡：从人种角度看，白色人种占世界人口的比重大，其次为黄色人种，再次为黑色人种。继续观察世界各国人口的增长率图，大家可以发现白色人种、黄色人种、黑色人种的自然增长率是怎样变化的呢？未来世界三大人种占世界人口的比重会怎样变化呢？		
通过小组讨论，学生能够结合生活实例说明人口问题对社会、经济产生的影响。	提问： 一个地区的人口增长快好呢，还是慢好呢？ （提出讨论要求：结合具体实例。）	学生以小组讨论的形式，分析人口增长速度对社会经济产生的影响，并以举例说明的形式，说明小组讨论的结果。	通过小组讨论的方式，使学生能够结合生活实例说明人口问题对社会、经济产生的影响。

续表

课标要求	教师活动	学生活动	设计意图
—	教师引导学生总结本节课： 从本节课，我们可以看出世界各国都存在不同程度的人口问题，同学们有什么好办法阻止地球"爆炸"呢？	学生总结： 人口的增长速度应与社会、经济发展相协调，否则就会产生相应的人口问题。	—

板书设计

第一节　地球要"爆炸"了

世界人口
- 数量上：　2004年64亿
- 时间上：　整体增速加快，各国有差异
- 分布上：　沿海稠密
- 人种上：　白最多、黄居中、黑最少

→ 人口问题

❋ **案例分析**

讨论：教学目标及重难点的设计是否合适？你有怎样的建议？

案例 6

亚洲的位置和范围

（来源：国家基础教育资源平台）

【教学目标】

知识能力目标：

(1)初步掌握亚洲气候特征；

(2)能运用气候类型分布图、气温曲线和降水量柱状图及相关资料分析亚洲的气候特征及主要影响因素；

(3)理解亚洲东部和南部的降水与夏季风的关系以及对农业的影响；

(4)初步学会从位置、河流、气候等方面归纳一个大洲的自然环境特征。

情感态度目标：

(1)通过学习亚洲气候与位置、地形、农业的关系，分析气候特征的影响因素，逐渐形成追根求源的探索意识；

（2）引导学生积极参与读图分析、讨论竞赛等活动，发展学生的逻辑思维、培养其创新与合作意识。

【活动】

导入新课：

你知道世界上最大的大洲是哪一个吗？

你知道世界上人口最多的大洲是哪一个吗？

你知道世界陆地的最高点在哪吗？在哪一个大洲？

你知道世界陆地的最低点在哪吗？在哪一个大洲？

你知道中国在哪一个大洲吗？

对，以上所有的答案都在我们生活的这个大洲——亚洲。

从这节课开始，我们学习的对象将由上学期通观全球，转向距离我们周边的世界越来越近的地理环境，从某一大洲，深入到某一地区，再具体到某一国家。

讲授新课：

一、世界第一大洲

认识一个大洲，先要从"在哪里"入手，也就是明确位置，搞清楚范围、边界。

那么，应当如何描述亚洲在世界中的位置呢？

[活动1]：P3

（1）读图6.1"亚洲在世界中的位置"，描述亚洲在东、西半球，南、北半球中的位置。（绝大部分在东半球、北半球）

（2）读图6.2"亚洲的范围"，找出亚洲的纬度位置。

[教师利用"亚洲地形"挂图进行确认]

①最北：81°N；最南：11°3′S。

②最东：169°40′W；最西：26°3′E。

（3）读图6.2、图6.3，你可以从哪些方面说明亚洲是世界第一大洲？

[小组讨论]

①计算：

a. 跨纬度数（约92°，大部分在北半球，跨寒、温、热三带）；

b. 地球上纬度相差1度，距离约110千米，则亚洲南、北距离为10 120千米；

c. 跨经度数（约164°，大部分在东半球）；

d. 比较亚洲和其他大洲的东、西距离。

②读图6.3"七大洲面积比较"，亚洲面积是多少？相当于几个欧洲和几个南极洲面积之和？（相当于3个欧洲和1个南极洲面积之和）

得出结论：为什么说亚洲是世界第一大洲？

a. 跨纬度最大（跨寒、温、热三带）；

b. 东、西距离最大；

c. 面积最大（4 400平方千米）。

［活动2］

(1)角色扮演——亚洲的邻居(读图6.2"亚洲的范围")

前后7人为一小组,以中心课桌为亚洲,确定教室的北方,请该课桌周边的同学依据地图,说明自己应扮演哪一大洲或哪一大洋,并报出自己的方位,并按与亚洲的相邻关系调整前、后、左、右的距离。

(2)读图6.2"亚洲的范围",仍由周边同学说出自己所扮演的大洲与亚洲的分界线。

亚欧分界:乌拉尔山—乌拉尔河—里海—大高加索山脉—黑海—土耳其海峡。

亚非分界:苏伊士运河。

亚-北美分界:白令海峡。

(3)通常,亚洲按照地理方位还可以划分为6个区域。

读图6.4"亚洲地理分区",结合图6.5"亚洲地形、政区",回答问题:

①新加坡、马来西亚、泰国属于亚洲的哪个地理分区?

②世界第二人口大国——印度属于亚洲的哪个地理分区?

③阿富汗属于亚洲的哪个地理分区?

④北亚部分属于哪个国家的领土范围?

⑤哈萨克斯坦属于亚洲的哪个地理分区?

⑥中国属于亚洲的哪个地理分区?这个地理分区还包括哪些国家?

区域地理特征的学习通常分为自然和人文两方面。下面我们就要看看亚洲最重要的自然特征有哪些。

二、地形和河流

［播放歌曲《亚洲雄风》,提问］从这首熟悉的歌曲里,你听到亚洲的大自然里有什么了吗?你感受到了亚洲的骄傲在哪里了吗?

［复习地形图的阅读方法］地形图是依据什么来分层设色的?每种颜色各代表什么高度?(读海深陆高表)基本地形有哪5种?

［活动3］P5

结合图6.5和P5阅读材料,全班分成两组作一次亚洲之旅:

说出你沿途将经过哪些国家?哪些地形区?其大致海拔是多少?你有可能见到什么样的自然景观?有哪些世界之最或亚洲之最的地形?

(1)请一组同学沿东经80°,从北向南旅行,另一组同学沿北纬30°,从东向西旅行(前、后、左、右同学可"结伴而行")。请沿途记录所经过的国家、地形区,所见到的地貌环境和地形特征(地名、海拔、景观等)。

(2)每组学生依次上前指挂图描述所经地区名称、景观及海拔。全班对描述最全面、语言最流畅的同学予以掌声鼓励。

(3)"造型活动"。

教师课前准备好以上地区的名称卡片,平原、高原、山地分别采用不同的颜色,如绿色、红色、黄色。以上同学手拿卡片依次站成南北向和东西向两排,交叉成"十"字。教师提出"造型要求":

每人以膝盖处为海平面,腰部为海拔2 000米,头部为海拔4 000米,请以上同学将手中的地形卡片放在最合适的位置。

从同学们的描述及演示，能否得出亚洲地形大势有什么特点？（地形复杂多样，地势中间高，四周低。）

[引导学生阅读地形剖面图]

同学们演示的地形高低起伏，即地势状况，大家一目了然。如科学地按垂直坐标和水平坐标标注在图上就成为沿北纬30°和沿东经80°的地形剖面图（见P6的图6.7）。

[提问]亚洲河流众多，依据以上特点，亚洲的河流大多应从哪个方位发源？流向哪里？（呈辐射状，由中心流向四周。）

总结：

(1)地形大势：中部高，四周低，河流呈放射状。

(2)主要地形区：西西伯利亚平原、东北平原、华北平原、恒河平原、印度河平原、青藏高原、帕米尔高原、伊朗高原、德干高原。

(3)主要河流：

太平洋——长江、黄河、湄公河；

印度洋——印度河、恒河、伊洛瓦底江；

北冰洋——鄂毕河、叶尼塞河。

板书设计：

一、世界第一大洲

1. 跨纬度最大（跨寒、温、热三带）

2. 东西距离最大

3. 面积最大（4 400千米）

二、地形和河流

1. 地形大势：中部高，四周低，河流呈放射状

2. 主要地形区

案例 7

青藏地区

（祁素梅，陈经纶嘉铭分校）

一、教学背景分析

(一)对课标的理解

1. 课标要求

(1)举例说明青藏地区内自然地理要素的相互作用和相互影响。

(2)根据资料，分析、对比和归纳青藏地区内的主要地理差异。

(3)分析青藏地区的主要环境问题及其造成的后果，说明在西部大开发中保护生态环境的重要意义。

2. 对课标的理解

青藏地区虽然离我们很遥远，但它是我国领土的一部分，也是我国西部大开发战略的

重要组成部分。青藏地区独特的自然环境，无不是人们关注的焦点，认识青藏地区独特的自然环境以及增强环境意识，对学生终身的发展有着重要的意义。

（二）学生情况分析

本节课是选自初二上半学期的内容，学生在初一下半学期已经学习了中国地理的总论部分，对中国地理有了初步的认识，同时也掌握了一定的学习方法和分析方法。青藏地区对于学生来讲并不陌生，但其自然要素之间的相互影响和相互作用以及区域内部的差异等复杂的关系，学生还是比较难以理解的。怎样引导学生通过阅读资料和观看相应的图片，把看似不相干的地理要素有机地整合起来，从形象到抽象、从单一到综合，拓展综合分析问题的能力，是本节课的一个重要任务。

（三）教材内容分析

本节课选自八年级北京版教材（上册）中第九章"中国的区域差异"第二节的内容，属于区域地理，是综合前面所学的中国地理总论部分的实际应用，同时，也是对中国地理的再认识和总结。本章之后，将开始世界地理的学习。因此，在"区域差异"一章中，中国的自然地理分区只选择了两个很具特色的区域，一个是华北地区，一个是青藏地区，青藏地区与华北地区形成了鲜明的区域差异，本节课的重点是理解青藏地区地理环境的独特性，各地理要素之间的相互作用和相互影响的关系和区域内部的差异。地理位置不侧重于分析，侧重于评价。

二、教学方式、方法和教学手段

本节课采用的教学方法是启发式的讲授法。根据自然地理的教学特点，各地理要素的呈现是比较枯燥、比较死板的，并且是通过读图，在图上认识完成的，因此，这些自然地理要素的认识是要通过教师的有效设问以及引导才可以更好地落实。同时，各地理要素之间的相互影响和相互作用的关系以及其内部的差异也要通过教师情景设计，让学生通过感受、对比，来进一步理解。所以，作为自然地理的教学，用启发式的讲授法一步一步引导学生认识地理要素，培养学生从图像和资料里摄取和分析信息的能力，从而拓展学生的思维。

本节课采用的教学手段是多媒体教学。自然地理的教学是比较程序化的，位置、范围、地形、气候等内容都比较枯燥。因此，在课程设计中借用"青藏铁路"，将各个自然地理要素巧妙地融合在一起，并通过歌曲、图片等多种媒体资料，充分调动学生的多种感官，既激发了学生的学习热情，也将一些比较复杂、难以理解的地理关系进行简化，增强了教学的实效性。

三、教学目标以及教学重点和难点

教学目标：以青藏铁路为线索，通过阅读资料和相关地图，知道青藏铁路修建的目的和意义以及修建青藏铁路所克服的困难，并通过比较的方法，认识青藏地区独特的地理位置、独特的自然环境以及区域内部的地理差异。

教学重点和难点：分析、归纳青藏地区的自然地理特征及区域内部的差异。

四、教学过程设计

教师活动	学生活动	设计意图
【引入新课】让我们乘着一辆崭新的列车，开始一次神奇的旅行。 【展示Flash，提问】这趟列车穿越的是什么地区？这条铁路线的名称是什么？它是何时通车的？	观看Flash，欣赏美丽的景观，进入学习情境中。	激发学生兴趣，引入新课。

续表

教师活动	学生活动	设计意图
引导评价地理位置的特点 【展示华北地区图，提问】青藏地区的地理位置有什么特点？	读图，对比华北地区和青藏地区的位置，说明青藏地区的位置特点。	通过对比，明确区域特征。
【展示资料】《天路》 【过渡转折】青藏铁路被人们深情地称为"天路"，成为世界铁路建设史上的一大奇迹。它到底遇到了怎样的问题呢？和自然环境有什么关系？	学生从资料中分析出青藏铁路在修建中遇到的三大难题。	引导学生分析自然环境的特点，自然要素间相互影响、相互作用的关系。
【出示上海的气候直方图，引导分析】这个地区怎么高？怎么寒？上海和拉萨纬度相当，他们的气候有什么差异？为什么会产生这种差异？	通过阅读和分析地图资料说明高、寒的地理特征和它们之间的相互关系。	
【过渡转折】青藏地区典型的地理特征就是高与寒，但在同样的高寒环境中，却出现了两种不同的景观，比较这两种景观有什么不同。为什么会产生这样的不同？	阅读图片，寻找差异。 通过阅读资料、气温曲线和降水量柱状图，说明藏北高原和藏南谷地的环境差异。	采用对比的方法，认识青藏地区内部的差异。
【小结】自然环境的各要素之间是相互影响、相互作用的，同时，自然环境与人类的活动也是相互影响、相互作用的，面对如此恶劣而又脆弱的自然环境，注意环保是我们的责任。	观看资料，体会青藏地区环保的重要性。	对学生进行环境保护的教育。
【转折并过渡】面对这巨大的险阻，10万筑路工人以大无畏的精神翻雪山、穿隧道，创造了"天路"的奇迹，请问，这值得吗？它有怎样重大的意义呢？	阅读资料，说明青藏铁路的建设意义。	对学生进行爱国主义、民族团结等思想教育。
【承上启下，结束本课】青藏地区是藏族人民世代生活的地方，他们不仅创造了灿烂的文化，还辛勤地创造着美好的生活，让青藏铁路帮藏族人民走向更富裕的明天。	观看《天路》MTV。	总结全课，并进行思想教育。

案例 8

多变的天气

（来源：国家基础教育资源网）

教学目标

(1)知道天气的含义，能区别天气与气候。

(2)能够看懂简单的卫星云图，熟悉常见的天气符号。

(3)用天气预报图预报天气。

(4)知道空气质量与污染指数有关，培养学生保护环境的意识。

重点难点

识别各种常用的天气符号。

教学活动

一、引入新课

今天你感觉外面怎么样？阴？晴？冷？暖？这些都是描述天气的词汇。让我们来学习"多变的天气"。

板书：第一节　多变的天气(1分钟)

二、出示学习目标(1分钟)

(1)天气的概念

(2)天气的特点是什么？怎样与气候区分？

学生阅读，由后进生回答，优生补充。(6分钟)

(1)人们经常用"阴""晴""风""雨""冷""热"等来描述天气。

(2)天气有两个重要特点：第一，天气反映一个地方短时间里的大气状况，这是经常变化的；第二，同一时刻，不同地方的天气可能差别很大。

(3)天气与气候的区别：天气表示的时间短，而气候表示的时间长(季节性的，或一年、十年的)。

三、出示学习目标(1分钟)

(1)明白天气预报的制作过程，了解天气预报的具体内容。

(2)熟悉常用的天气符号(怎样记住?)。

(3)能够看懂简单的卫星云图。

(4)空气质量与什么因素有关？

学生阅读有关内容并画出来。(3分钟)

请学生看书说一说天气预报的制作过程。

学生交流(8分钟)：天气预报要说明一日内阴、晴、风、气温和降水的情况。其中要知道降水概率、风向、风级和气温情况。

做幻灯片练习：

(1)认识卫星云图，看幻灯片完成上面的练习

(2)模拟天气预报主持人，播报天气情况。

找一个同学播报天气情况，后面由学生评价或者补充(4分钟)。要注意学生的播报是否有不全的地方。

步骤2：个人对照《标准》，为3个案例评等级(合格、良好、优秀)，并说明理由。

案例	等级	个人说明理由
案例6		
案例7		
案例8		

步骤 3：将每个人的评定在组内交流、商讨后，形成小组的统一意见，填写在下表中。

案例	等级	小组统一意见
案例 6		
案例 7		
案例 8		

五、考核要求

1. 研读"结果指标"

教学设计能力	教学过程设计能力	有效设计教学活动	研读课标，分析学生，制定合理的教学目标和重、难点。 围绕教学目标设计情境，有效激发学生的兴趣和动机。 选取恰当的活动方式，突破教学重点和难点。 设计过程性评价方案，有效落实教学目标。

讨论：对于上面的结果指标，需要如何将不同层次等级描述出来？

2. 考核说明

教学活动是教学设计中最重要的内容，也是进行教学设计时最能体现创新的环节，它直接影响着教学效果，因此在教学活动设计中，要综合考虑课标的要求、学生的情况，教材的内容以及教学目标的设定，重、难点的落实等，设计有效的教学情境，选取恰当的活动方式和评价方式，实现高效课堂。

(1)考核内容：

教师根据对前面的学习的理解和自己的教学风格、特点，在地理课程标准中，任选一个内容，完成一份教学设计。

(2)考核要点：

①研读课标，对所涉及的课标点进行分析解读。

②根据前面的学习，写出学情分析。

③制定合理的教学目标，要涵盖知识与技能、过程与方法、情感态度与价值观，并确定重、难点。

④写出教学活动设计，要有教学环节、教师活动、学生活动和活动设计意图 4 部分内容。

3. 结合"结果指标"，制定标准

根据上面的结果指标，尝试用精确的描述语言，制定出"合格""良好""优秀"三个层次的标准。

考核要素	合格	良好	优秀
教学目标的设定			
活动方案的设计			
活动的评价			

六、反思日志

题目	内容
本专题的学习要点	
实施好本技能的关键点	
通过训练后的收获和体会	

参考文献:

[1] 崔允漷. 有效教学[M]. 上海:华东师范大学出版社,2009.

[2] 谢立民. 教学设计应用指导[M]. 上海:华东师范大学出版社,2007.

[3] 夏家发,彭近兰. 教学活动设计[M]. 武汉:华中师范大学出版社,2010.

主题三 灵活选择教学策略

学习目标

了解：教学策略的重要性。

理解：灵活选择教学策略的意义和作用。

分析：教学策略的构成要素。

运用：选择教学策略的基本要求，评价教学策略的选择。

课程内容简介

本主题的内容是针对《标准》关于"灵活选择教学策略"的解读、理论学习技能训练、案例分析和要点解析。通过本主题内容可使学员了解选择教学策略的内容，理解选择教学策略的意义和作用，分析强化教学策略的构成要素，使学员在教学中能灵活选择教学策略，并对教学策略的选择能作出评价。

一、问题提出

活动 ①

在我们的教学生涯中，可能都有过这样的经历：原以为自己设计好的教学计划能达到教学目标，实际上过课后发现其实并不理想。课堂上没有出现期待中的师生互动和生生互动，没有出现生成性问题，在随后的课堂检测中没有呈现好的学习结果，学生对这节课所教的内容没有掌握。为什么会出现这样的现象呢？其实这是因为教学策略有问题。

步骤1 个人反思：根据前边所提到的现象，结合你自己在课堂教学初期的一个实际的教学片段，简要说明导致教学效果不理想的原因有哪些。

_____

_____

_____

步骤2　组内交流：在学员自检的基础上，分享自己的教学体会，利用实际的案例说明在选择教学策略时，出现的问题和比较成功的经验。

主要问题_____

主要经验_____

问题反思_____

二、标准解读

(一)理解标准

"灵活选择教学策略"检核标准如下：

能力要点	合格	良好	优秀
灵活选择教学策略	能够根据教学目标和内容进行板书、提问、媒体演示和评价等教学手段的设计	能够根据教学目标和内容，利用小组合作等学习方式突出教学重点、突破教学难点	能够根据教学目标和内容，设计教学策略并灵活运用各种教学手段

活动 2

标准解读

步骤1　个人理解：根据上面三个不同层次标准，尝试用自己的语言表达，将不理解、不清楚的地方用横线标出来，向组内其他老师提出问题，看能否得到帮助和解决，将小组没有解决的问题写在下表中。

序号	需要解决的问题
1	
2	
3	

步骤2　延伸思考：教学策略是否应贯穿于整个教学过程？怎样做才能体现其灵活性？

_____

_____

步骤3　等级评价：参照《标准》对下面的"灵活选择教学策略"能力给出等级。

案例 **1**

"认识亚洲"第一课时　教学设计（节选）

本课的教学重点（部分）：运用地图简述亚洲的纬度位置和海陆位置。

师：以前我们学过如何描述中国的地理位置，还记得有哪些方式吗？

生：经纬度位置和海陆位置。

师：对，还可以加上半球位置。

师：请观察"亚洲在世界上的位置"图和"东、西半球"图，说出亚洲的半球位置。

生：亚洲位于北半球、东半球。

师：出示亚洲地图。以小组为单位，在亚洲地图上描出轮廓，找到四至点，估算出亚洲最东、最西、最南、最北四个点的经度和纬度，并且展示亚洲的经纬度位置。

生：（小组活动）在地图上找到点，估算经纬度。

师：小组同学代表到地图前指出四个点并且说出其经纬度。

生：在前边展示。

师：倾听，随机提问和引导。归纳：最东：$169°W$；最西：$26°E$；最南：$11°S$；最北：$81°N$。

师：计算一下亚洲的东西跨度和南北跨度。

生：计算活动。

师：随时进行指导，提示注意事项。

生：展示结果：东西约跨$165°$，南北约跨$92°$。

师：请归纳出亚洲的经纬度位置

生：亚洲位于$26°E$～$169°W$、$11°S$～$81°N$之间，东西跨$165°$，南北跨$92°$。

师：板书（略）。

依据《标准》，将给出的"合格""良好""优秀"等级和评定的理由写在下表中。

等级	理由

（二）学习理论

1. 名词概念

教学策略是为了达到教学目标、完成教学任务，在清晰认识教学活动的基础上，对教学活动进行调节和控制，并选择运用恰当的教学媒体所使用的方法或方式的总称。

在《辞海》中，"策略"一词指"计谋策略"，而在较为普遍的意义上，策略涉及的是为达到某一目的而采用的手段和方法。国内外学者对教学策略有很多界定，这些界定既呈现出一些共性，又表现出一些明显的分歧，有以下3种观点：

"教学策略是指教师在课堂上为达到课程目标而采取的一套特定的方式或方法。教学策略要根据教学情境的要求和学生的需要随时发生变化。无论在国内还是在国外的教学理论与教学实践中，绝大多数教学策略都涉及如何提炼或转化课程内容的问题。"（施良方，1996）

"所谓教学策略，是在教学目标确定以后，根据已定的教学任务和学生的特征，有针对性地选择与组合相关的教学内容、教学组织形式、教学方法和技术，形成的具有效率意义的特定教学方案。教学策略具有综合性、可操作性和灵活性等基本特征。"（袁振国，1998）

"教学策略是为了达成教学目的，完成教学任务，而在对教学活动清晰认识的基础上对教学活动进行调节和控制的一系列执行过程。"（和学新，2000）

尽管对教学策略的内涵存在不同的认识，但在通常意义上，人们将教学策略理解为：在不同的教学条件下，为达到不同的教学结果所采用的手段和谋略，它具体体现在教与学的交互活动中。

2. 意义与作用

在教学实践中，教师采用教学策略是为实际教学服务的，是为了达到一定的教学目标和教学效果。有效的教学策略要求其必须是可操作的。没有可操作性的教学策略是没有实际价值的。任何教学策略都应该是针对教学目标中的具体要求而形成的，具备对应的方法技巧，从这个角度来说，教学策略就是达到教学目标的具体的实施计划或实施方案。教学策略具有应用实施的灵活性。教学策略是教学设计的重要组成部分，教学策略既有观念驱动功能，又有实践操作功能，是将教学观念、教学模式转化为教学行为的桥梁。教学设计和教学策略各有自身的内涵，在具体内容或编写环节上有交叉或重叠部分。教学设计是教学活动开展前的准备工作，是对整个教学活动的计划和安排。教学设计的结果或教学设计的文字表达形式是教学活动方案。而教学策略自然要在教学准备阶段进行设计、谋划，形成一定的方案。但教学策略不只是表现为方案，而是要在具体的教学活动中展开。教学设计时必然要考虑教学策略的制定、选择和运用。选择与运用教学策略时，又必须全盘考虑教学的整体设计。教学设计一旦完成就基本定型了，它可以是对整节课或整个单元的设计，也可以是对整个科目的设计。教学设计包括的范围比较广，而教学策略的运用范围和时空比较窄，一般主要集中在某一课时、某一内容的范围内，并且具有较强的灵活性。教学策略是一系列有计划的动态过程，具有不同的层级和水平。

三、技能训练

（一）技能概述

教学策略是为实际教学服务的，是为了达到一定的教学目标和教学效果。目标是教学整个过程的出发点。教学策略的选择行为不是主观随意的，而是指向一定的目标的。业已作出的选择行为在具体的情景中会遇到预测不到的偶然事件，为了达到特定的目标，教师

个体需要对选择行为进行反省，继而作出再选择，直到达到目标。（梁惠燕．策略本质教学新探[J]．教育导刊，2004(1)）

　　因此，教师在教学策略的制定、选择与运用的过程中要从教学活动的全过程入手和着眼，要兼顾教学的目的、任务、内容，学生状况和现有的教学资源，灵活机动地采取措施，保证教学的有效和有序进行。任何教学策略都指向特定的问题情境、特定的教学内容、特定的教学目标，规定着师生的教学行为。放之四海而皆准的教学策略是不存在的。只有在具体的条件下，在特定的范畴中，教学策略才能发挥出它的价值。当完成了既定的任务，解决了想解决的问题，一个策略就达到了应有的目的，与其相应的手段、技巧便不再继续有效，之后必须探索新的策略。

（二）构成要素

1. 学习准备

　　学习新的知识应该建立在原有知识的基础上，学生具备一定的基础知识才能保证在新的教学活动之后得到一定的学习效果，所以教学策略中包括对学习准备的测验、前提测评或者提问等相关程序。

2. 学习动机

　　具有学习的动机才能促进学习，教师通过各种方式激发学生的学习动机，采取的策略具有挑战性，促使学生相信自己能够成功，同时帮助学生端正学习态度。

3. 目标范例

　　制定教学策略不但要考虑教学目标，也应该尽量给学生展示一些经典的案例，这些案例能使学生对需要掌握的知识技能有理解的方向和模仿的榜样。

4. 内容组织和分块

　　恰当的教学内容呈现顺序能够使学生更容易完成学习任务，并能较容易理解知识和保持长久的记忆，这个过程可以根据相关的教学流程图完成，教师还应该将教学分块，分块的大小应根据内容的复杂和困难程度、学生的基础和特点以及学习的类型而定。

5. 适当指导

　　教师应当及时给予学生指导和提示，这种指导和提示应该随着教学过程的进展而逐渐减少，让学生有更多的自主权，引导学生在没有教师指导或者提示的情况下也能完成学习任务。

6. 积极反应

　　在教学过程中，教师要有意识地引导学生对所呈现的教学内容以各种方式作出反应，可以用提问的方式激发学生的思考，采取各种方式引起学生的积极反应。

7. 重复练习

　　在制定教学策略时，教师应该给学生提供各种练习机会，以重复表现其习得的知识和技能。经常性、定期地练习新学的知识和技能，可促进记忆和迁移，锻炼其应用能力。

8. 及时反馈

　　学生要及时了解自己的理解和反应是否正确，这些理解和反应是否对促进学习兴趣、树立学习信心有帮助作用。教师要及时对学生的学习成果进行反馈，可以给学生提供一种效果标准，以评定自己反应的正确性。当学生的理解不正确的时候，教师要及时告知正确的理解和反应。

9. 个别差异

学生的心理特征不同,学习的速度和方式也不同,教学活动的安排需要适应学生的个别差异。教师在制定教学策略时要设身处地以学生为出发点,尊重学生的独特认知、情感和人格特征,对于学习困难的学生更应该理解和尊重。

案例 2

"世界的海陆分布"的教学设计

(宋若梅,北京第八中学)

——《初中地理学科主题教学案例研究》节选

一、学习准备分析

1. 教材分析

本节课标要求:运用地图和数据说出全球海陆所占比例,描述海陆分布特点;运用世界地图说出七大洲、四大洋的地理分布和概况。本节课涉及半球位置、经纬度位置和海陆位置等空间概念的运用。本节课既是对初一地理知识的巩固,又是进行世界区域地理教学的基础,与未来的地理学习关系密切。但是,此内容与学生生活实际相距较远,需要学生有一定的空间想象能力和抽象思维能力,所以有一定的难度。

2. 学情分析

北京第八中学的学生生源较好,学生的学习态度比较积极,有初一地理学习的基础,有一定的读图、识图能力。学生的课外知识面比较宽,世界的海陆分布对学生来讲并不陌生。

二、教学目标

(1)通过运用世界地图、统计图表、数据进行计算和讨论,使学生能够准确说出世界海陆比重和海陆分布的特点。

(2)通过读图、识图、拼图和填图的训练活动,使学生了解七大洲和四大洋的地理分布和概念,建立世界海陆分布的空间概念,并多角度了解和分析地理空间分布的思维方法。

(3)通过了解人类对世界分布的认知历程,使学生感受人类不畏艰险的探索精神,培养学生求真务实的科学态度。

三、教学重点和难点

(1)知道并运用地图和数据说出地球表面的海陆所占比例,描述海陆分布特点。

(2)记住并运用地图说出七大洲和四大洋的名称、分界和分布状况。

四、教学过程

(一)导入

介绍从太空回到地面的第一位太空女游客安萨里,从太空欣赏地球外表。

观察提问:如果你是一位太空游客,从太空看到的地球是"水球"还是"陆球"?你知道世界海陆分布有怎样的比例关系吗?

人类探索地球表面历史的回顾：从"天圆地方"到新航线的开辟，从发现南极大陆到完整的世界地图的出现。

(二)"任务驱动"——探究学习世界海陆分布特征

活动1 "找一找"

(1)指图说出世界上有哪些大洲和大洋。

(2)七大洲和四大洋的面积大小和相对位置有什么特征？

(3)给出七大洲和四大洋的轮廓图，让学生按照面积大小排列。

(4)参阅世界地图，以小组为单位从西向东找出赤道穿过的大洲，从北向南找出本初子午线穿过的大洲。

(5)找出主要位于北(南、东、西)半球的大洲。

活动2 "我在哪"角色扮演游戏

以班里某位同学为已知的某大洲或者大洋，请她周围的同学回答自己对应的方位依次是哪些大洲或者大洋。

活动3 "比一比"——看谁填得快

(1)填世界海陆分布图。

(2)填以极地为中心的俯视图。

(3)填世界海陆分布几何轮廓图。

活动4 "拼一拼"

给出不同颜色、独立的大洲几何轮廓拼图教具(自制)，让学生在标明赤道，南、北回归线，本初子午线的空白世界地图板图上进行拼贴。

(三)归纳总结

我们今天了解了世界海陆面积比例，还通过活动，从海陆面积大小、轮廓、重要的经纬线、半球位置、相对位置等多种方法，了解和掌握了七大洲和四大洋的分布特征。可见，认识一个地理事物可以有不同的角度，以及不同的科学方法。希望同学们不仅学会运用世界地图，也在头脑中牢固地建立起一幅世界海陆分布图。

(四)延伸与拓展

1.拼图游戏

(1)以最短时间找出七大洲和四大洋。

(2)拼七大洲和四大洋的简笔几何图形。

2.看图填写

(1)赤道穿过的大洲、大洋有_____。

(2)北半球的大洲有_____。

(3)本初子午线穿越的大洲、大洋有_____。

(4)与太平洋濒临的大洲有_____。

(5)从上海到马赛走水路经过的大洲、大洋有_____。

■ 活动 ③

构成要素分析

以上教学设计，教师在选择教学策略上体现了哪些技能要素？

根据案例2，讨论交流后，归纳整理出"灵活选择教学策略能力"的构成要素，填写在下表中

序号	要素
1	
2	
3	
4	
5	

（三）操作要点

在下表所列出的操作要点之外，还有哪些？请填写在表中。

序号	操作要点
1	资料收集整理制作的工作
2	突出重点、突破难点所采取的媒体选择
3	强化重、难点的活动展示的时机和频次
4	准确发现反馈学生学习效果的行为
……	

（四）技能训练

■ 活动 ④

以"海陆变迁"一课为例，进行小组合作学习。

步骤1　个人学习、演练等：依据课标，以小组为单位分析"海陆变迁"一课（或片段）的教学策略。

步骤2　组内讨论：分析灵活选择各个环节教学策略的具体措施。

步骤3　总结提升：从各小组组员的展示中归纳灵活选择教学策略的基本要求（至少2点）。在组内交流的基础上选出代表，参加全班的总结归纳。

步骤4　全班分享：由各组代表在全班发言、分享，将要点填写在下表中。

序号	相关的基础知识
1	
2	
3	
……	

活动 ⑤

逆向思考：通过前面的学习活动，我们都知道了"灵活选择教学策略"的一些基本要求，反过来思考一下：在课堂教学中"选择教学策略"有哪些不应该出现的现象和问题呢？请填在下表中，以提示我们注意避免。

序号	不应当出现的情形
1	
2	
3	
4	
……	

（五）学会评价

活动 ⑥

模拟活动：每位学员选取一个教学片断，根据"灵活选择教学策略"能力的要求设计自己的教学方案。

步骤1：根据自己选择的教学片断，用10分钟写出采取的教学策略并说明选择这个策略的原因或者依据。

步骤2：在准备的基础上，各组派代表在全班进行讲解。

步骤3：按照《标准》给每组代表的"理解教材能力"进行评定等级，并将理由填写在下表中。

等级	理由

四、案例分析

阅读下面的案例，应用《标准》给出每个案例的等级和理由。

步骤1：阅读案例。

案例 3

"地图"教学片段（人教版）

新课导入：你知道有哪些类型的地图吗？

师： 通过前面的学习，我们已经知道利用平面图是向别人介绍自己位置的好办法。其实，地图能够告诉我们的不仅仅是位置，我们可以从地图上得到更多的信息。

【说一说】请同学们拿出自己搜集的地图，说说自己的发现。

（讲授新课）

【议一议】如果我们到南京去玩，身上却带一张世界地图，这样合适吗？为什么？

师： 可见，在日常生活中学会选择合适的地图十分重要。

【选一选】（出示一组地图：中国地形图、世界政区图、江苏省地图、中国台湾地区图、中国交通图、中国台湾人口分布图、中国气候图）如果你是小明同学，要了解台湾会选择什么图呢？

【比一比】将全班分成学习小组，观察课本插图，看看它们有哪些异同？看哪个小组回答得多。

归纳：A图表示的区域范围大，内容简单；B图表示的区域范围小，内容详细。

【想一想】为什么会产生这些不同？

引导学生发现：反映区域范围越大的地图，图上的内容越简单；反之，越详细。这是因为它们的比例尺不同，比例尺越大，范围越小，内容越详细。

【练一练】比较江苏省区划图和南京行政区划图的差异。

【小结】在教学中讲授"从地图上获取信息"时，首先读中国地图和北京市略图，然后分小组讨论下列问题：

(1)比较这两幅地图，哪幅地图表示的地区范围更广？

(2)哪幅地图表现的内容详细一些？

(3)哪幅地图的比例尺大？

(4)从上述回答中可得出什么结论？

❋ 案例分析

(1)地图是地理知识的承载体，是地理学科特有的一种表达形式，地图是地理教学中不可缺少的地理学习工具。如果掌握了读图和运用地图学习地理知识的技能，不仅能帮助学生有效的理解、记忆地理知识，而且能够培养学生分析、判断、推理、概括、综合等多种思维能力。因此，要培养学生的识图、读图、析图、绘图等地图学习能力。

(2)上述案例中，虽然教师注意从学生的生活实际出发设计教学环节，但设计的三个环节活动基本上是一个缺乏层次感的活动。反复停留在同一幅图的不同位置上，教学过程设计重复，缺乏对知识进一步探究的动力。

该案例被评为"合格"。

案例 4

《地理》(人教版)七年级第一章第二节"地球的运动"教学片段

【展示】教师播放课件中的动画：地球的自转。

【教师】请同学们认真观察并思考：地球是绕什么在不停地自转？地球自转的方向怎样？

【学生】地轴，自西向东。(在学生回答的基础上教师加以归纳，并讲述自转的周期。)

【教师】这儿有一个地球仪，哪位同学上来给同学们演示地球的自转？

(两名学生在讲台前演示，学生演示自转方向是正确的，但是由于把地球仪拿在手上，所以忽视了地轴的方向，没有保持相对稳定，并倾斜指向北极星方向，老师也没有及时纠正。)

【提问】日出日落现象是怎么产生的？日月星辰为什么不是西升东落？

【学生】由于地球的自转，因为自转是自西向东的。

【演示】教师用手电筒照射地球仪，演示昼夜的产生，并讲解产生的原因，然后转动地球仪，演示昼夜交替，并讲解原因。

【提问】地球自转一周，地球表面就完成一次昼夜交替，其经历的时间是多少？

【学生】大约是 24 小时。

【活动】把全班同学分成若干小组，每组 4 人，每组一个地球仪，一个手电筒，完成：

任务 1： 正确演示地球自转，注意昼夜怎样交替的。

任务 2： 在图上找到中国北京、美国纽约、日本东京，并在地球仪上作好标记后观察：

(1)当北京是白天时，纽约、东京，哪个是黑夜？哪个是白天？

(2)北京和东京哪个地方先见到太阳？这说明哪个地方时间早？

(3)东边的地方和西边的地方，哪个时间早？

❋ 评价分析

在这个教学片段中，教学的策略是比较恰当的，教学过程中教师的讲与学生的演示能结合在一起，学习策略和动手演示的策略都符合教学要求。但是教师对学生的关注和反馈还有待加强。学生学习的指导和实施略显不足。

学生上台演示的时候，教师一定要密切关注学生的一举一动，及时作出表扬或者提示的反馈。对做的不好或者不对的操作应该及时制止或者终止。学生在演示时没有注意到地轴与赤道平面有 66.5° 夹角的问题，这很容易引起学生操作的随意性，影响演示结果，虽然课标不对黄赤交角作要求，教师还是应该告诉学生演示时要注意科学性，这也是扩展学生知识的机会。同学们能理解地球仪是地球真实状态的模拟，做实验的时候就应该尽量保持真实的地球状态。这也是为后面的地球公转的演示做好准备。

综上所述，本案例达到的级别是"良好"。

案例 5

"海陆变迁"(北京版)的教学设计

教学内容	本节内容是八年级《地理》第十章第一节第三课时的内容,主题是海陆变迁,涉及板块构造学说的基本知识。本节课内容不多,但是理论性强,板块运动的内容是难点。与前两个课时联系密切。
学生情况	班级学习气氛较好,学生的学习基础较好,但对地理相关知识不够重视,学生个体差异大。
教学方式	讲授法、读图分析法。
教学手段	多媒体课件、地图册。

教学目标

1. 通过讲解、阅读资料和地图使学生了解人类对地球表面变化的认识过程,说明地球表面是不断运动的。

2. 运用地图和资料说出板块构造学说的基本知识。

3. 在有关地图上指出火山地震带的分布,说明其与板块运动的关系。

4. 提高学习兴趣,感受科学探索和唯物主义教育。

教学重点	理解并举例说明地球表面的海洋和陆地处在不断的运动和变化之中。 知道板块学说的基本观点。 运用地图说出阿尔卑斯山脉、喜马拉雅山脉和科迪勒拉山系及地中海-喜马拉雅火山地震带、环太平洋火山地震带与板块运动的规律。
教学难点	理解并举例说明地球表面的海洋和陆地处在不断的运动和变化之中。 板块构造学说的基本知识。
学法指导	进一步增强对地理事物的好奇心,提高学习意识;正确读板块分布图,获取有用信息。

教学过程

教学阶段	教师活动	学生活动
一、导入	出示图片。 讲故事:沧海桑田。 展示图片,提问: 1. 我国东部海底发现古河道; 2. 喜马拉雅山脉发现海洋生物化石; 3. 荷兰国土面积不断扩大。 这些证据都说明了什么问题? 讲故事:沧海桑田的传说。	看图; 学生讨论回答。
二、讲授新课	点拨归纳:以上这些事例都说明从古至今人们都有这样的认识,就是地球表面的形态不是固定不变的。 展示图片:魏格纳和大陆漂移学说;介绍大陆漂移学说,出示相关证据图片(海牛、鸵鸟等)。 提问:大陆漂移学说为什么被质疑? 讲解:因为解释不了动力问题。 展示资料图片:海底扩张学说和板块构造学说的诞生。 出示地图板块分布图。 讲解:动力问题(肢体语言)。	认真听; 希望有学生能讲讲这个故事; 体会科学求真的精神; 配合肢体语言展示; 学生看图回答; 海陆变迁的练习题。

续表

教学阶段	教师活动	学生活动
二、讲授新课	讲解：板块构造学说的基本观点。 (1)全球分为六大板块。 (2)各大板块不断运动。 (3)板块内部稳定，板块交界地带比较活跃。 认真读图：说出六大板块的名称。 讲解：科学家进行了统计，将发生过地震的地区和火山的位置标注在图上，就得到了火山地震带分布图。 提问：仔细观察地图，找找火山地震带的分布与板块的关系。 应用这个理论解释日本为什么多火山、地震。 提问：我国处在什么样的位置？我国为什么也是地震多发的国家？ 资料：台湾海峡的变迁。 讲解：海陆变迁还能找到证据，回去自己查找资料求证一下。	认真听； 希望有学生能讲讲这个故事； 体会科学求真的精神； 配合肢体语言展示； 学生看图回答； 海陆变迁的练习题。
三、总结	今天主要介绍了地球表面形态是变化的，主要理论是板块构造学说，它说明了地球分为六大板块，板块与板块之间的交界地带很活跃，成为火山地震带。最著名的是环太平洋火山地震带。 检测练习：目标检测为 P17 5～9 题。	—

❈ 案例分析

(1)该教学设计的重点是理解并举例说明地球表面的海洋和陆地处在不断的运动和变化之中；知道板块学说的基本观点；运用地图说出阿尔卑斯山脉、喜马拉雅山脉和科迪勒拉山系及地中海-喜马拉雅火山地震带、环太平洋火山地震带与板块运动的规律。这个教学设计表现较好的地方是符合课程改革的理念，新课标的理念就是要改变过去那些不符合现代教育规律的做法。过去的学生属于被动学习，死记硬背，机械训练。本节课的教学设计倡导引领学生主动参与，乐于动手、勤于动手，学生获取知识的手段不断变更，在教学过程中注意观察。这份教学设计以小组为活动基础，学生在此过程中可以与他人进行合作学习，充分交流。

(2)该教学设计的另一个特点是将传说故事、地理知识和地理技能紧密结合，在教学过程中，通过肢体语言演示空洞枯燥的地理事物和理论，帮助学生理解，以尽快进入下一教学过程。

(3)该教学设计中目标的制定符合课标要求和学生的实际情况，注重培养学生的读图能力。

(4)该教学设计包括文字、图片，视频、示意图、地图等。丰富详细的资料有利于学生的自学。

综上所述该教学设计被评为"优秀"。

案例 6

"人类的居住地——聚落"（人教版）教学片段

过度：前面我们了解了聚落的形态，主要包括城市与乡村。但是自然界的地理事物处于不断的发展变化中，城市是在乡村的基础上发展起来的，随着社会的不断进步，将会有更多的乡村成为城镇。

聚落分布在世界各地，很不均匀。从前面的世界人口分布我们就可以知道，人口分布不均也反映了聚落的状况。

引导：我们当地的民居建筑有何特色？

总结：世界各地的民居风格不同，它们既能适应当地的自然环境，又与社会生活关系密切，体现了当地的文化习俗等。

承转：正因为不同地区、不同时期的聚落建筑风格各异，所以前人留下许多独具特色的文化遗产。

教师展示各类文化遗产的照片，边介绍边引导。

讲解：世界文化遗产是人类的宝贵财富，它体现了不同历史时期的某个城市、某个民族、某个国家的文化精神，反映出当时的社会制度、民俗风情、经济科技等的发展水平及其与环境的关系等。

读课文，看图片，小组合作学习并完成任务：

(1)聚落的发展与保护；

(2)聚落保护的意义。

随着城市的发展，人们对自然环境的改造越来越大，自然生态环境受到不同程度的破坏。

所以，我们更要关注城市的绿化。在城市建设中要注意人与自然的协调关系。

提问：有人在古代建筑上刻写"×××到此一游"。这种做法对吗？

小结：文化遗产是人类的宝贵财富，具有极高的历史价值。

评价与反馈：上边这个案例让小组合作完成任务。答案具有开放性，有一定的思维和探讨价值。但是最终各组回答也不一致，不能把小组合作学习简单地理解为教师放开手脚，让学生随意学习。教师不能面对课堂上学生的提问或者出现的争论表现得无所适从、束手无策，甚至置之不理。一句话，学生的小组合作学习离不开教师的帮助。

案例 7

"复杂的气候"（人教版，第二课时）

教学目标

(1)知识能力目标：

①初步掌握亚洲的气候特征；

②能运用气候类型分布图、气温曲线和降水量柱状图及相关资料分析亚洲的气候特征及主要影响因素；

③理解亚洲东部和南部的降水与夏季风的关系以及其对农业的影响；

④初步学会从位置、河流、气候等方面归纳一个大洲的自然环境特征。

(2)情感态度目标：

①通过学习亚洲气候与位置、地形、农业的关系，分析气候特征的影响因素，逐渐形成追根求源的探索意识；

②引导学生积极参与读图分析、讨论竞赛等活动，发展逻辑思维，培养创新与合作意识。

(3)重难点：

①重点是亚洲的气候特点及其主要影响因素。

②难点是对比不同城市的气温曲线和降水量柱状图，分析造成气候差异的主要原因。

教学过程

师生活动	教学提示与建议
导入：(从今日的天气等话题导入，密切联系生活实际。提示：冬、夏两季的气温差异和降水差别。) 根据自己的生活体验，想想我们广东的气候有什么特点？ 生：夏季高温多雨，冬季寒冷干燥。 引导：气候是自然环境的主要组成部分，对人类生活的影响很大。亚洲作为世界第一大洲，面积广大，地形复杂，气候差异很大。(展示"亚洲气候类型图"。) 师：亚洲主要有哪些气候类型？ 学生看图回答。 引导：全世界的主要气候类型有11种，仅亚洲就有9种，这说明了什么？ 生：亚洲气候类型复杂多样。 师：其中分布范围最广的气候类型是什么？主要分布在哪儿？ 生：温带大陆性气候，约占亚洲面积的一半以上，主要分布在亚洲中西部。 引导：距离海洋的远近如何？ 生：距海遥远，深入亚洲大陆内部。 (展示"亚洲气候类型图"，并在上面点出孟买和雅库茨克、乌兰巴托的位置。) 引导学生分析温带大陆性气候的特点，注意逻辑层次，由简到难，由分到总，讲述气候的两大要素：降水和气温，分析上述城市的气温和降水季节变化特点。 学生分析讨论。 小结：温带大陆性气候的特点是全年温差大，冬冷夏热，降水少且集中在夏季。 过渡：降水对于人类的重要性不言而喻，陆地上的淡水主要来自大气降水。 (展示"亚洲气候类型图"。) 引导：亚洲降水比较多的气候类型除了位于赤道附近马来群岛的热带雨林气候外，还有集中季风气候。全年降水量相对比较多的是哪几种气候类型？主要分布在哪儿？ 生：热带季风气候、亚热带季风气候、温带季风气候，主要分布在亚洲的东部和南部。 教师简单解释什么是季风气候，在图上画箭头简单示意，补充3种季风气候的降水季节分配图和降水年际变化图，帮助学生分析季风气候降水的特点。 小结：降水与夏季风的关系是：夏季风强大，降水多；反之，降水少。 继续启发：降水过多或过少会造成什么后果呢？ (展示有关干旱和洪涝的视频、图片。)	

续表

师生活动	教学提示与建议
学生看材料分析旱涝灾害对农业的巨大影响。 小结：在亚洲东部和南部季风区内，由于夏季风的影响，易发生旱涝灾害。 引导：根据以上分析，从气候类型及分布范围看，亚洲的气候主要有什么特点？ 学生分析得出结论：气候复杂多样、季风气候显著、温带大陆性气候分布最广。 过渡：为什么会形成这么复杂的气候？其主要受了哪些因素的影响？ 以亚洲的几个城市为例，提示回忆上册学过的"影响气候的主要因素"，引导学生总结出气候与位置的关系及气候与地形、地势的关系。 小结：影响亚洲气候的因素，除了纬度位置和海陆位置外，还有地势及其他因素，但主要的是纬度位置和海陆位置。 引导：用以上分析做练习（培养学生的综合分析能力）。 （展示非洲气候图。） 提问：在图中，非洲的气候分布有什么特点？分析主要的影响因素。 总结：赤道穿过非洲中部，以热带气候为主，热带雨林气候和热带草原气候分布很广；气候类型以赤道为中心，南北对称。 影响因素：纬度位置、地势等。 总结本课要点。	

评价与反馈

_____

_____

_____

_____

案例 8

俄 罗 斯

教学目标：

（1）在地图上指出俄罗斯的地理位置、领土组成和首都。

（2）根据地图和资料，说出俄罗斯自然环境的基本特点，指出俄罗斯特有的自然地理现象和突出的自然灾害，并简单说明其形成的主要原因。

（3）根据资料和地图，说出俄罗斯交通运输的特点以及主要城市。

（4）根据资料和地图，说出俄罗斯的种族、民族、人口、宗教、语言等方面的概况。

重点和难点：

（1）根据资料和地图，结合俄罗斯自然条件的特点，列举其发展经济的实例。

（2）举例说明高新技术产业在俄罗斯经济发展中的地位和作用。

（3）举例说明俄罗斯与其他国家在经济、贸易、文化等方面的联系。

教学准备：

俄罗斯地图、自制 CAI 课件。

教学方法:

CAI教学(谈话、讨论、活动等)。

课时安排:

3课时。

教学过程:

师生活动	教学提示与建议
第一课时: [新课导入]猜一猜:这是哪个国家?(放教学准备1的资料) [板书]一、俄罗斯的自然环境 [活动一:读图训练] 1.指出俄罗斯的地理位置、领土组成和首都。 2.找出北冰洋、黑海、里海、贝加尔湖、太平洋、白令海峡。 3.找出俄罗斯的主要陆上邻国:芬兰、白俄罗斯、乌克兰、哈萨克斯坦、中国、蒙古、朝鲜,并说出这些国家分别位于俄罗斯的什么方位。 4.找出俄罗斯的主要地形区和主要河流:东欧平原、乌拉尔山、伏尔加河、叶尼塞河、勒拿河。 [活动二:读图理解] 1.俄罗斯大部分地区位于五带中的哪一带?以哪种气候类型为主? 2.分析俄罗斯的气温和降水从西到东、从南到北的变化趋势。 3.描述北半球"寒极"——雅库茨克的气候特征。 [板书]二、俄罗斯的工业 [活动三:读图练习] 1.找出库尔斯克铁矿、第二巴库油田、秋明油田、库兹巴斯煤矿。 2.找出俄罗斯的主要工业区,说出各工业区主要的工业部门或产品。 [活动四:讨论]根据下面两段材料,讨论俄罗斯工业的特点及形成因素。 材料一:俄罗斯主要工业产品产量在世界的地位(1997年)	

工业产品	在世界上的位次	工业产品	在世界上的位次
钢	第四位	发电量	第四位
煤炭	第四位	化肥	第五位
原油	第三位	天然气	第一位

材料二:关于俄罗斯工业的对话

爸爸要去俄罗斯出差了。爸爸说:"俄罗斯工业发达,许多产品产量居世界前列。它的核工业和航空航天工业在世界占有重要地位。"

爸爸刚从俄罗斯回来,给我带的衣服、食品和玩具都是从其他国家进口的。爸爸说:"俄罗斯这方面的工业部门比较薄弱,要想给你带俄罗斯本国生产的商品还真不容易。"

[小结]俄罗斯重工业发达,这与其资源状况、发展历史等有很大关系。

[反馈练习]收集图片、资料,介绍俄罗斯民族的文化特色和生活习俗。

第二课时:

[新课导入]复习上一节课的内容。

[活动五:读图讨论]

模拟俄罗斯旅行:暑假期间从内蒙古满洲里出境,乘国际列车经莫斯科抵达圣彼得堡,请讲述沿途所经过的主要城市及自然景观的变化。

续表

师生活动	教学提示与建议
[小结] 1. 俄罗斯交通发达。 2. 欧洲部分铁路网非常密集，以莫斯科为中心呈放射状。 3. 亚洲部分铁路网比较稀疏，但有一条非常重要的铁路，它横跨亚欧大陆，被称为亚欧大陆桥。 4. 除铁路外，公路、航空、内河、海洋和管道运输均很发达。 [活动六：阅读] 五海通航。 第三课时： [活动七：学生展示] 用课前准备的图片、资料介绍俄罗斯民族的文化特色和生活习俗。 [活动八：图片欣赏] 俄罗斯军事图片。 [反馈练习] 讨论：举例说明中国与俄罗斯的相互关系以及发展友好睦邻关系的意义。 在课堂上完成地理填充图册内容。 [板书设计] 第一课时 一、俄罗斯的自然环境 1. 国土辽阔 2. 地形特点——平坦，东高西低、南高北低 3. 气候特征——复杂，以温带大陆性气候为主；冬季漫长严寒，夏季短促凉爽 4. 河湖——伏尔加河、贝加尔湖等 二、俄罗斯的工业(略)	

评价与反馈

_____
_____
_____
_____

步骤2：个人对照《标准》，为3个案例评等级(合格、良好、优秀)，并说明理由。

案例	等级	个人说明理由
案例6		
案例7		
案例8		

步骤3　将每个人的评定在组内交流、商讨后，形成小组的统一意见，填写在下表中。

案例	等级	小组统一意见
案例 6		
案例 7		
案例 8		

五、考核要求

1. 研读"结果指标"

教学过程设计能力	选择教学策略的能力	灵活选择教学策略	能够根据课程标准和教材选择合适的教学策略； 能够根据学生情况选择恰当的教学策略； 能够根据课堂上变化的学情及时调整教学策略。

讨论：对于上面的结果指标，需要如何将不同层次的等级描述出来？

2. 考核说明

主要针对教学设计中确定教学目标之后，选择恰当的教学策略，保证在教学过程结束时达成教学目标的能力。

（1）考核内容：

学习者设计一个教学片断，其中包括教学目标、学情分析、教学策略。

（2）考核方法：

通过微格教学、教学设计方案、录制微课、说课等形式考核。

（3）考核要点：

①能够按照《标准》的要求规范教学设计；

②通过高效的方式方法突出重点、突破难点；

③积极主动地根据课堂出现的生成问题及时调整策略，提高学习效率。

3. 结合"结果指标"，制定标准

尝试用精确的描述语言，制定出"合格""良好""优秀"三个层次的标准。

考核要素	合格	良好	优秀
准确			
高效			
灵活			

六、反思日志

题目	内容
本专题的学习要点	
实施好本技能的关键点	
通过训练后的收获和体会	

参考文献：

[1] 张伟婧. 学习策略方法教学问题诊断与引导[M]. 长春：东北师范大学出版社，2013.

[2] 北京教科院基础教育教研中心. 初中地理学科主题教学案例研究[M]. 北京：首都师范大学出版社，2014.

[3] 王宝珊. 朝阳区教师教学基本能力检核标准(解读)[M]. 北京：北京出版社，2010.

主题四 营造良好学习环境

学习目标

了解： 营造良好学习环境在地理课堂教学中的重要性。

理解： 营造良好学习环境在地理课堂教学中的意义和作用。

分析： 营造良好学习环境的构成要素。

运用： 营造良好学习环境的基本要求；如何评价营造良好学习环境。

课程内容简介

建构主义学习理论认为，知识的获得不是通过教师的灌输得到的，而是学生在一定的情景，即社会文化背景下，借助其他辅助手段（包括教师和学习伙伴及其他学习工具），利用各种工具和必要的信息资源（如文字材料、书籍、音像资料、CAI 与多媒体课件以及 Internet 上的信息等），通过意义建构的方式获得的。学生是学习和发展的主体，学生的自主学习才是对所学知识实现意义建构的"内因"，学习环境只是一个支持和促进学生主动建构的知识意义的外部条件，是一种"外因"。外界施加的信息只有通过学生的主动建构才能变成自身的知识，这就需要我们积极营造一个良好的学习环境，以促进学生主动健康地发展。

课堂一直是学生成长与发展的主阵地，是社会文明传承的舞台。为了发挥课堂的导向、激励、陶冶、益智等正向功能，我们应关注课堂，构建一个促进学生健康成长的环境，营造良好的课堂氛围。课堂教学环境，主要指班集体在课堂教学过程中形成的一种情绪、情感状态。它是在课堂教学情境的作用下，在学生需要的基础上产生的情绪和情感状态，其中包括师生的心境、精神体验和情绪波动，以及师生间的关系。它也反映了课堂教学情境与学生集体之间的关系。

一、问题提出

活动 ①

蒙眼作画

人人都认为睁着眼睛要比闭着眼画得好，因为看得见。是这样的吗？在日常工作中我们自然是睁着眼的，但为什么总有些东西我们看不到？当问题发生时，我们有没有想过借助他人的眼睛，试着闭上眼睛？也许当我们闭上眼睛时，我们的心就敞开了。

步骤 1　准备工具：眼罩、纸、笔，所需时间为 10～15 分钟。

步骤 2　开始活动：用眼罩将所有成员的眼睛蒙上，每人发一份纸和笔。要求成员蒙着眼睛将他们的家或指定的其他东西画在纸上，完成后让成员摘下眼罩，欣赏自己的作品。

步骤 3　活动反思：请每位成员写下各自的反思。

_____

_____

_____

二、标准解读

（一）理解标准

"营造良好学习环境"检核标准如下：

能力要点	合格	良好	优秀
营造良好学习环境	经过思考，营造学习环境	经过思考，营造学习环境，有利于学生理解和掌握学习内容	营造学生获得成功体验的学习环境

活动 ②

标准解读

步骤 1　个人理解：根据上面三个不同层次的标准，尝试用自己的语言表达，将不理解、不清楚的地方用横线标出来，向组内其他老师提出问题，看能否得到帮助和解决，将小组没有解决的问题写在下表中。

序号	需要解决的问题
1	
2	
......	

步骤 2 延伸思考： 在平时备课中，你曾经思考过要营造良好学习环境吗？

_____

_____

步骤 3 等级评价： 参照《标准》，对下面的"营造良好学习环境"能力给出等级。

_____

_____

_____

案例 1

中国的行政区划

【教学过程】

教学环节	教师活动	学生活动
创设情景导入	同学们，今天我送大家一款电子地球仪——谷歌地球，我们一起在该地球仪上找出我们美丽的玉溪五中所在地。 （教师点评） 寻找学校所在地是一个由大范围到小范围的过程，中国—云南省—玉溪市—红塔区—玉兴路街道办事处—玉溪五中，这就是我们要了解的中国行政区划。	1. 学生说出寻找玉溪五中的过程。 2. 讨论：从该过程可以看出中国的行政区划可以分为几级？ 3. 说出行政区划的意义及中国的现行行政区划。 4. 自学了解中国历史行政区划。

依据《标准》，将给出的"合格""良好""优秀"等级和评定的理由写在下表中。

等级	理由

（二）学习理论

1. 名词概念

学习环境，是指供学习者学习的外部条件。学校学习环境，是指学校的校舍、师资、教学条件、教学手段、校风、学风等。课堂学习环境主要指班集体在课堂教学过程中形成的一种情绪、情感状态。它是在课堂教学情境的作用下、在学生需要的基础上产生的情绪、情感状态，其中包括师生的心境、精神体验和情绪波动，以及师生间的关系。它也反映了课堂教学情景与学生集体之间的关系。《标准》在营造良好学习环境中主要围绕课堂教学环境展开，又将课堂教学环境简要划分为物化环境和心理环境。

地理教学环境是地理教学活动中一个重要的因素。地理教学环境是地理教学活动赖以进行的物质依托和舞台，其各种构成因素本身就具有教育意义。因此，教育导向功能仍是地理教学环境的基本功能。从教育学的角度来说，地理教学环境的教育导向功能是指通过地理教学环境自身各种环境因素的作用，引导学生主动接受一定的价值观和行为准则，使他们朝着教育者所期望的方向发展。因此，在营造和布置地理教学环境时，可把各种教育意图寓于生动形象的地理教学环境中，通过有形的物质环境因素熏陶和感化学生，产生"随风潜入夜，润物细无声"的教育效果。

2. 意义作用

（1）地理教学环境设计有利于发挥其教育功能。

地理教学环境具有多方面的功能，对学生的地理学习活动、地理审美情趣、身心健康、思想品德，对地理教学活动的顺利进行和地理教学质量的提高，都有深刻的影响。在地理教学实践中，地理教学环境设计直接影响着这些功能的发挥。由于地理教学环境是一个育人的场所，并具备地理学科的特殊性，地理教学环境设计不同于一般的环境设计，也与其他学科的教学环境设计有所不同，因此，地理教学环境设计除了遵循一般教学环境设计的基本规则之外，还应该体现地理学科的特点，将地理学科的价值渗透在地理教学环境设计中，从而发挥地理教学环境育人的基本功能。

（2）地理教学环境设计有利于教学活动的顺利进行。

地理教学环境设计的过程实际上是为教学活动制定蓝图的过程。通过地理教学环境设计，教师可以对影响地理教学活动的各种环境要素进行统筹安排，创设良好的地理教学环境，进而整体把握教学过程，选择适当的教学方法或教学策略，采用有效的教学手段，保证地理教学活动的顺利进行。

（3）地理教学环境设计有利于教学目标的达成。

地理教学环境与地理教学目标的达成密切相关。一个有利于学生身心健康、有利于教学活动顺利开展的教学环境，能够推进教学目标的达成。

三、技能训练

（一）技能概述

学习环境是指学生在追求学习目标和问题解决的环境中，可以使用多样的工具和信息资源并相互合作和支持的场所。美国科罗拉多大学教育技术系教授威尔逊(Brent·G Wilson)在《建构主义学习环境：教学设计的案例》(1995)中归纳了3种学习环境：计算机微观世界、基于课堂的环境和开放的虚拟环境。

(二)构成要素

(1)地理教学的"硬环境"是由学校内外各种物质的、物理的要素所构成的一种有形的"环境"。它由地理教学设施、地理教学信息载体等构成。地理教学设施包括：校园、地理专用教室、地理园、图书馆、地理实验室、地理实验仪器、地理图书资料、地理教具等。地理教学信息载体包括：多媒体地理教室、计算机网络教室等。

(2)地理教学的"软环境"是由地理教学信息、地理教学组织、教学形式、课堂氛围、教学情境等构成的。

案例 2

农业的区位选择(节选)

(贾丽娟，清华附中朝阳学校；宋波，教研中心)

资料1：

人教版教材中：图3.1"泰国湄南河平原的水稻种植"、图3.2"澳大利亚牧场"，如下所示：

图3.1 泰国湄南河平原的水稻种植 图3.2 澳大利亚牧场

(1)读图，概括什么是农业生产(尝试给农业生产下定义)，根据农业生产对象的不同列举农业的不同种类。

【设计意图】提供材料，增加学生对农业生产的感性认识，在此基础上对农业生产进行抽象概括，形成概念。

【思路解析】图片中的种植水稻和放牧牛羊可概括为栽培植物和饲养动物，它们都离不开土地，根据不同的生产对象，农业可分为种植业、畜牧业、林业、渔业等类型。

【答案】人们利用土地的自然生产力，栽培植物或饲养动物，这就是农业生产活动。根据农业生产对象的不同，农业可分为种植业、畜牧业、林业、渔业等类型。

(2)为什么人们在湄南河平原和澳大利亚东南部从事的农业生产活动不同？说明农业区位的含义。

【设计意图】通过两幅地理景观图片的对比，提出问题，引出农业区位的概念，并引发学生思考农业区位选择的原因。

【思路解析】从两幅图片显示的信息可读出两地位置、地形、土壤、植被、劳动力等方面的差异，进一步可推出气候、机械化水平等信息。两地的农业生产活动不同，是多种因素共同作用的结果。农业区位不仅指某种农业生产所在的地理位置，还包括农业与所在的地理环境各因素的相互联系。

【答案】由于两地的位置不同，地形、气候、土壤、植被、劳动力等方面都存在差异，所以人们从事的农业生产活动不同。农业区位有两层含义：一是指农业生产所选定的地理位置，二是指农业与地理环境各因素的相互联系。

资料2：

水稻喜高温、多湿、短日照，对土壤要求不严，水稻土最好。幼苗发芽、分蘖、抽穗，适宜温度在日均20 ℃～40 ℃，低温严重影响生长。相对湿度以50％～90％为宜，每形成1千克稻谷约需水500～800千克。水稻的育秧、栽插、分蘖、开花、抽穗、灌浆等生长环节对田间肥水管理要求高，需投入大量劳动力，任何环节出现问题都会影响产量。水稻一般亩产500千克左右，袁隆平研制的杂交稻亩产可达700～800千克。

小麦是一种温带长日照作物，适应范围较广，喜欢在温暖、干旱的环境中生长。理想的生长气温是20 ℃～22 ℃，温度太高就会疯长枝叶，不容易接穗。传统小麦种植方式需三道工序——深耕（旋耕）、耙平、播种，其便于大规模的机械化耕作。现在小麦亩产量为250～400千克。

（3）结合资料1、资料2，列举影响农业区位选择的主要因素，归纳出自然因素和社会经济因素。

【设计意图】不同地区，有的适合发展种植业，有的适合发展畜牧业，即使同为种植业，由于环境差异，适合种植的作物也不相同。在问题2的基础上，进一步提供水稻和小麦的习性及种植过程的相关资料，学生通过阅读材料，理解小麦和水稻的生产习性，从而分析影响区位选择的主要因素。通过列举和归纳，学生对农业区位因素的认识更具体、深入，从而构建农业区位因素的知识框架。

【思路解析】通过材料可解读出气候因素具体包括光照、热量、降水，此外还有自然要素中的水源，以及社会经济因素中的劳动力、科学技术、机械化水平等。在充分列举区位因素的基础上分类归纳，形成农业区位因素知识框架。

【答案】列举区位因素（略）；影响农业区位选择的主要自然因素有气候、地形、水源、土壤等，社会经济因素主要有市场、政策、交通运输、科技、劳动力等。

资料3：

河套平原素有"塞上米粮川"之称，在那里流传着这样一首民歌——"敕勒川，阴山下，天似穹庐，笼盖四野。天苍苍，野茫茫，风吹草低见牛羊。"［注：敕勒川（土默川）平原是河套平原的一部分］

长久以来，由于当地不断扩大耕地面积，侵占草场，并采取大水漫灌的方式，使土壤沙化、盐碱化非常严重。近10年来，土默川平原实施退耕还草工程，畜牧业得到较好的发展，使这一地区成为中国"乳都"呼和浩特的核心奶源基地。

(4)依据资料3，列举河套平原发展种植业的有利自然条件，指出其主导区位条件。

活动 ③

构成要素分析

营造良好教学环境

根据案例2，讨论交流后，归纳整理出"营造良好教学环境能力"的构成要素，填写在下表中。

序号	要素
1	
2	
3	
4	
……	

（三）操作要点

阅读下表所列出的操作要点。除此之外，还有哪些？请填写在表中。

序号	操作要点
1	对影响地理教学活动的各种环境要素进行统筹安排
2	使用多样的工具和信息资源
3	将地理学的价值渗透在地理教学环境设计中
4	
5	
……	

（四）技能训练

活动 ④

看谁得到的笑脸最多

步骤1：（个人学习、演练等）小组内学员展示自己最得意的营造良好教学环境的教学设计，不写姓名，展示在教室中。

步骤2 组内讨论：小组讨论哪个教学设计营造良好教学环境最好，给选出的教学设计画笑脸。

步骤3 总结提升：统计哪个教学设计得到的笑脸最多，将笑脸最多的教学设计陈列在教室中。

步骤4　全班分享：由各组代表在全班发言、分享，将要点填写在下表中。

序号	相关的基础知识
1	
2	
3	
……	

活动⑤

逆向思考

通过前面的学习，我们都知道"营造良好教学环境"的基本要求和要素。反过来，请大家思考一下：在课堂教学中，营造良好教学环境时有哪些不应该出现的情形？

序号	不应当出现的情形
1	
2	
3	
4	
……	

（五）学会评价

活动⑥

模拟活动

运用示意图，说出水循环的过程和主要环节，说明水循环的地理意义。

步骤1：根据给出的课标和考试说明，用15分钟准备水循环的教学设计。

步骤2：在准备的基础上，各组派代表在全班进行讲解。

步骤3：按照《标准》给每组代表的"营造良好教学环境"能力进行评定等级并说明理由，填写在下表中。

等级	理由

四、案例分析

阅读下面的案例，应用《标准》给出每个案例的等级和评级理由。

步骤1：阅读案例。

案例 3

地形特征和主要地形区

(北京市十八里店中学，冯秋华)

课题	第三章　中国的自然环境 第一节　地形特征和主要地形区	课型	新授课
教材分析	地形是自然环境的重要组成部分，本节内容是第三章"中国自然环境"的第一节"地形特征和主要地形区"，主要学习中国地形特征，学会运用读图分析归纳法。这是中国自然地理环境中地形的学习方法。		
学情分析	通过前面对地形类型知识的学习，学生已具备一定的读图、识图的能力，在读图的基础上可以形成一定的认识，但还是缺乏对中国地形系统、具体的了解。		
教学目标	1. 观察各种地形景观图感知我国地形种类，学会运用中国地形分层设色地形图和五种地形面积比重图，用自己的语言进行描述与概括并通过计算得出我国地形种类特征。 2. 学会阅读地形剖面图、中国地势三级阶梯示意图，知道我国地势三级阶梯界线山脉的名称和位置，了解各阶梯的主要地形区名称和分布，说出我国的地势特征。 3. 正确评价地形，理解人类与自然的关系。		
教学重点	学会运用中国地形图和五种地形面积比重图描述中国地形种类特征；运用地形剖面图描述中国地势特征。		
教学难点	用地形剖面图，描述地势特征。		
教学方法	启发式讲授、小组合作学习。		
教学手段	多媒体课件、地图册。		

	教师活动	学生活动	设计意图
导入	暑假的时候，我开车去青岛旅游，我喜欢出行带辆折叠自行车，以便在市区出门购物，但是到了青岛，我发现自己的自行车几乎用不上了，同学们知道为什么吗？（原来青岛在山东丘陵上，地势起伏较大，哪里几乎都是高高低低的路，蹬自行车特费力。不像北京，路较平，适合骑自行车。） 投影：中国五种地形类型景观图。	学生回答(略)。 复习思考，完成学案。	由城市地形的不同，引入新课。

	教师活动	学生活动	设计意图
读地形图，找地形区，识种类，说特征	投影：中国地形图、五种地形面积比重图。 一、中国地形特征 1. 读中国地形图，观察中国地形有哪几种？ _____、_____、_____、_____、_____ 通过对地形类型的认识，可以得出结论：地形_____。 2. 山地、丘陵和高原统称为山区。我国山区面积占中国五种地形类型面积比重的三分之_____，得出结论：_____面积广大。	阅读课本 P47～48 和地图册 P20 ～ 23 的相关内容。 小组合作完成。	读图、析图，自主学习，归纳地形种类特征。
读剖面图，找山脉，看地势，说高低	投影：36°N 地形剖面图、中国地势三级阶梯示意图。 二、中国地势特征 1. 看中国地形图，36°N 穿过的地形区：_____高原、_____高原、_____平原。 2. 沿 36°N 中国地形剖面图，自西向东海拔有何变化？ 自西向东，中国大致分为几级阶梯？ 看图得出结论：中国地势_____高_____低，大致呈_____分布，几个阶梯之间的分界线分别是_____。 三、地势特征的影响： （1）对河流的影响：河流多自_____向_____流； （2）对气候和水汽的影响：_____。 （3）在阶梯交界处，利于_____产生。	根据教师的学习学法指导，学会读地形剖面图。	用图、辨图、巩固、深化。 析图、论图、拓展、提升。
作业	目标检测 P34。		
小结	中国地形特征：地形多种多样，山区面积广大；地势西高东低，大致呈阶梯状。		
板书设计	第三章　中国的自然环境 第一节　地形特征和主要地形区 地形图 地形剖面图 分析得出结论 中国地形特征 地形复杂多样 山区面积广大 （种类和比例） 利：多种农业发展 弊：耕地面积小，交通不便 地势西高东低 大致呈阶梯状 （地势变化） 海洋水汽输送 大河自西向东 沟通内陆和沿海 水能丰富		

案例 4

常见天气系统

【课标要求】

(1)运用简易天气图，简要分析锋面、低压、高压等天气系统的特点。

(2)以某种自然灾害为例，简述其发生的主要原因及危害。

【教材结构分析】

本节内容由3个主干知识和2个案例组成。

主干知识包括：锋与天气，低压(气旋)、高压(反气旋)与天气。这三部分知识的结构顺序大体相同：基本概念—天气系统—天气系统的影响—活动题。

2个案例是：台风和寒潮。这2种灾害性天气是本节所学常见天气系统下的2个天气实例，它们的发生机制和活动规律与本节所学的天气系统密切相关。

活动题设计主要是简易天气图的识读与分析，是对学生掌握主干知识情况的检测。

【教学目标】

一、知识与技能

(1)了解气团(冷气团、暖气团)的概念；了解锋的概念与分类；了解低压(气旋)、高压(反气旋)、高压脊、低压槽的概念。

(2)从气温、气压、湿度、降水、风等几个方面分析各种天气系统的形成及其气流特点，并能综合分析各种天气系统控制下的天气状况。

(3)能运用简易天气图，说明天气系统的活动特点及对各地天气的影响。

二、过程与方法

(1)让学生阅读和简单分析天气图，解释天气变化现象。

(2)用案例说明气象灾害发生的原因和危害。

(3)结合我国常见的天气系统说明其对人们生产和生活的影响。

三、情感态度与价值观

(1)激发学生探究科学的兴趣和动机。

(2)培养学生的唯物主义认识观，培养求真、求实的科学态度。

【教学重点】

(1)冷锋和暖锋的形成及其天气过程。

(2)气旋和反气旋的形成，气流特征及其天气特点。

【教学难点】

(1)冷锋与暖锋的判断，理解冷锋天气与暖锋天气。

(2)气旋与反气旋在南、北半球不同的旋转方向。

(3)天气系统图的分析，特别是理解锋面气旋。

【教具准备】

多媒体课件。

【学法指导】

(1)用导读法、图示法、练习法、列表比较分析法等，让学生学会给予静态图中的动态分析，加深对本节知识的理解。

(2)课前、课后要求：收看天气预报，了解本地近期的天气状况，结合实际生活中的感受，思考天气系统的影响；收集各种气象报告、台风、寒潮相关消息，了解气象灾害的危害及防护措施；收集天气谚语。

【课时安排】

第1课时(共2课时)。

【教学过程】

课前准备：连续一周收看天气预报或搜集一周的天气预报资料，了解近期的天气状况；收集与寒潮相关的资料；收集1～2条天气谚语。

【新课导入】

电脑动画播放：一个小学生走在放学回家的路上，蹦蹦跳跳，边玩边走。突然狂风大作，顷刻间就下起大雨来。小学生飞奔回家，结果还是被淋得湿透，气得大喊一声："怎么搞的，这是什么鬼天气！"

师：天气是指一个地方短时间内的阴晴、冷热、雨雪等大气状况，它是不断变化的，不仅同一地点不同时间的天气有晴、阴、雨、雪等变化，而且同一时间、不同地区的天气也不相同。这其中的原因就与我们今天要学习的课题有关——"常见的天气系统"。

[板书]第三节　常见的天气系统

引导同学们一起查阅教材中的框题。

教师概括：常见的天气系统主要有锋、气旋和反气旋三大类。

[板书]锋、气旋、反气旋

一、锋与天气

电脑展示：问题导读板块。

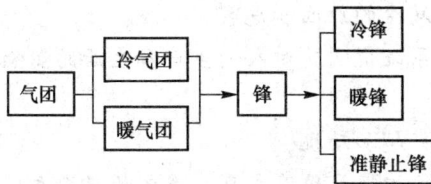

图1　锋的形成与类型

要求学生结合导读板块的提纲，阅读教材第一部分"锋与天气"。

师：好，大部分同学已经阅读了教材，下面请大家解释导读板块中的各个名词，并简要说明它们之间的联系。

学生发言，教师引导学生作出小结：水平方向上温度、湿度等物理性质分布比较均一的大范围空气，叫作气团。按照气团间的相对温度，气团分为冷气团和暖气团两类。冷、暖气团相遇，就形成了锋。按冷、暖气团所占地位的主次，锋又分为冷锋、暖锋、准静止锋3种类型。

[板书]冷锋、暖锋、准静止锋

电脑展示：问题探究板块。

(1)锋是怎样形成的？

(2)锋面有哪些特点？（倾斜方向，范围，冷、暖气团的位置，温度，湿度，气压等状况）

(3)为什么说冷暖气团相遇易形成大风、云、降水天气？

(4)单一冷气团或单一暖气团控制下的天气特征是怎样的？

(5)锋面会移动吗？怎么移动？怎样区分锋前和锋后？

(6)你能找出冷锋天气系统和暖锋天气系统的区别有哪些吗？

学生讨论后发言，教师引导学生作出回答(略)。

教师结合学生的回答强调以下几点：

(1)气团是"大范围空气"，指气团由空气组成，"性质均一"意味着气团内部的一致性。因此，单一气团控制下的天气是晴朗稳定的。

(动画演示)锋的形成——冷、暖气团相遇。

(2)锋面两侧的冷、暖气团的温度、湿度、气压明显不同，暖气团的温度高、湿度大、气压低，冷气团的温度低、湿度小、气压高。那么不同性质的气团就不会稳定存在了。冷、暖气团相遇，就要变天了。

(动画演示)锋面附近天气。

(3)锋面附近是个天气变化剧烈的地带，锋面附近会有一系列的云、雨、大风、降水等天气。

[板书]锋面附近：云、雨、大风、降水等。

(4)锋面降水雨区位置主要在冷气团一侧。要特别注意：云、雨、大风等天气现象只出现在锋面附近。

师：下面我们一起来体会一下冷、暖锋天气带来的影响。

(动画演示)冷、暖锋动态移动过程。

师：在锋面移动过程中，根据冷、暖气团所占的主次地位的不同，可以将锋分为冷锋、暖锋和准静止锋。甲、乙两图(见图2)中冷气团和暖气团的运动方向有什么不同？其结果如何？

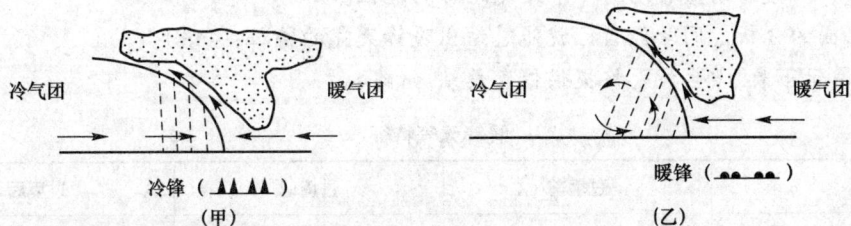

图 2　冷、暖锋的形成

生：甲图中冷气团强大，主动向暖气团移动，形成冷锋。乙图中暖气团强大，主动向冷气团移动，而冷气团被迫回旋后退，形成暖锋。

师：暖空气沿锋面作上升运动，气温下降，水汽凝结，会形成云雨天气。以锋线为界，按前向方向看，冷锋降水区域主要发生在锋后，暖锋降水区域发生在锋前。无论是冷锋还是暖锋，锋面降水雨区位置主要在冷气团一侧。

（动画演示）冷锋动态移动对城市天气的影响过程。

让锋面定格在某一瞬间位置（见图3），老师提问，学生合作讨论，探究回答。

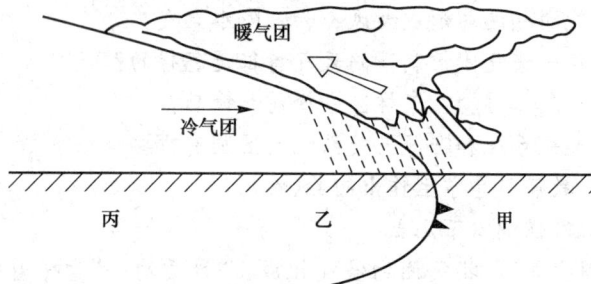

图3　冷锋移动对城市天气的影响

（1）师：假设图中的甲、乙、丙为三个不同的城市，此时此刻，三个城市的天气有什么不同呢？

生：在这种假设下，甲城市是冷锋过境前的状态，还在单一暖气团的控制下，气温高、气压低、天气晴朗；冷锋正好移动到乙城市区域，即乙城市正在经历冷锋过境时的天气，应为阴天、刮风、降温，还可能伴有雨雪天气；丙城市则处于冷锋过境后的状态，由于冷气团占据了原来暖气团的位置，此时受单一冷气团控制，因此丙城市气温下降，气压上升，天气转晴。

（2）师：假设甲、乙、丙为同一城市在连续三天里与该锋面系统的相对位置的变化情况，那么这个城市这三天里将经历怎样的天气变化过程呢？

生：在这种假设下，甲时刻是冷锋过境前，该城市在暖气团的控制下，气温高、气压低、天气晴朗；乙时刻是冷锋过境时，该城市应出现阴天、雨雪、刮风、降温等天气；丙时刻是冷锋过境后，原来的暖气团被冷气团替代，该城市气温下降，气压上升，天气转晴。

板书小结：（略）。

（动画演示）暖锋动态移动对J市天气的影响过程。

根据上面的分析，同学们自己就能总结出暖锋天气的特征：（略）。

（电脑展示下表）学生按表格提供信息总结：（略）。

暖锋天气特征

	过境前	过境时	过境后
暖锋天气特征			

师：通过上面的分析学习，你发现了冷暖锋的哪些不同特点呢？

一边在黑板上绘出剖面示意图，一边总结不同处（剖面示意图：冷气团的运动、雨区、空间倾斜坡度、移动速度、天气特征等）。

师：刚才我们认识了冷气团主动向暖气团移动而形成的冷锋，以及暖气团主动向冷气团移动而形成的暖锋。如果冷、暖气团势力相当，又会形成什么样的锋呢？它会带来什么样的天气呢？

学生七嘴八舌：（略）。

师：当冷、暖气团势力相当的时候，会形成准静止锋，锋面就会在一个地区停留或来回摆动，会给当地带来连续性的阴雨天气。

［板书］准静止锋与天气：冷、暖气团势力相当，带来连续性的阴雨天气。

（动画演示）准静止锋的形成和对我国长江中下游、贵阳一带的影响。

对电脑展示材料进行案例分析：

案例一：中央气象台今天早晨六点钟继续发布寒潮橙色警报，未来两天，新疆东部，西北大部，华北、东北地区，黄淮，江淮，江汉，江南北部将刮起5～7级偏北风，江南中南部、华南以及四川盆地北部将有4～6级偏北风，上述地区的江河湖面风力可达6～8级。

冷空气过后，西北地区北部和东部，内蒙古东部，华北、东北地区，黄淮，江淮，江汉等地的气温将先后下降8～12 ℃，其中，西北地区东部偏北地区、华北东部和南部、东北地区中南部、黄淮、江淮中东部等地降温可达14 ℃以上；江南、华南大部、西南地区东部等地的气温将先后下降6～10 ℃，局部地区降温可达12 ℃以上。今天白天到夜间，辽宁东北部、吉林东部、黑龙江东部等地的部分地区有大雪，局部地区有暴雪。

案例二：1998 年，长江流域发生特大洪涝灾害，造成了巨大经济损失。专家分析，1998 年夏季长江大水是由于降水量过大造成的。期间，长江以南地区降雨量较往常偏多，暴雨日数多、强度大，降雨持续时间长、范围广。究其天气成因，专家们指出：在全球大气环流异常的背景下，副热带高压异常强大且位置偏南偏西，夏季风显著偏弱，中纬度地区冷空气不断东移南下，冷、暖空气频繁在此交汇，形成 4 个持续性暴雨和大暴雨时段，酿成了这场洪水。

案例三：中央气象台 2009 年 4 月 24 日 06 时继续发布沙尘天气预报。受蒙古气旋和冷空气影响，预计 24 日白天到夜间，内蒙古中西部、甘肃中西部和东部偏北地区、宁夏、陕西中北部、山西西部和北部以及南疆盆地等地将有扬沙或浮尘天气，其中，内蒙古中部、甘肃西部、宁夏北部、陕西西北部和南疆盆地东部的部分地区有沙尘暴。

师：冷锋天气是影响我国天气的一种非常常见的天气系统。而暖锋和准静止锋对我国不同地区的天气也产生着重要影响。因此，民间有很多谚语也都与我们今天学到的这三种锋有关。课前你们搜集到的谚语中有和锋有关的吗？一起来跟大家分享一下吧。

生：（略）。

课堂小结：今天我们学习了三种锋，冷锋、暖锋和准静止锋。它们的成因不同，形成的天气也不同。下面大家用填表的方法一起来回顾一下本课知识。

（学生自己完成，教师巡视，发现问题及时点评。）

项目	冷锋	暖锋
概念	冷气团主动向暖气团移动的锋	暖气团主动向冷气团移动的锋
冷气团的运动特点	冷气团长驱直入	冷气团被迫回旋后撤
暖气团的运动特点	暖气团被迫抬升	暖气团主动爬升

续表

项目		冷锋	暖锋
剖面示意图			
符号		▲▲—	●●—
空间坡度		较陡	较缓
雨区		主要在锋后	主要在锋前
天气特征	过境前	单一的暖气团控制，气温高，气压低，天气晴朗	单一的冷气团控制，气温低，气压高，天气晴朗
	过境时	伴随着大风、雨雪、降温天气	多云，形成连续性降水或雾
	过境后	单一的冷气团控制，气温降低，气压升高，天气转好	单一的暖气团控制，气温上升，气压下降，天气转晴
天气实例		北方冬春季节沙尘暴、寒潮天气	一场春雨一场暖

板书设计：

案例 5

中外著名旅游景观欣赏

(裴翠丽，首师大大兴附中)

[教学目标]

(1)通过观看视频、阅读教材与资料，概括黄山风景区和澳大利亚大堡礁风景区的景观特点。

(2)读材料分析景观成因；学会从外观结构和形成原因两方面欣赏旅游景观。

(3)通过旅游欣赏、感受自然美的特点，陶冶地理审美情趣。

[重点与难点]

黄山景区和澳大利亚大堡礁景区的景观特点及成因分析。

[教学方法]

案例分析法、小组合作学习。

[课堂教学实录]

师：(展示图1所示澳大利亚大堡礁的美景图片)请同学们来欣赏一组美景，看到这么美的景色，同学们想不想去旅游？

图1 澳大利亚大堡礁

生：想。

师：那么我们上节课都学习了哪些旅游景观欣赏的方法？

生：选择观赏位置、把握观赏时机、把握景观特点、领悟自然与人文的和谐、以情观景。

师：好，带着这些旅游景观欣赏方法，我们今天就来进行中外著名旅游景观一日游。请同学们打开教材第43页，拿出学案迅速浏览学案上的学习目标和重点难点，明确本次旅游的任务。

(板书)3.3中外著名旅游景观欣赏。

师：(结合袁枚的诗句，展示图2所示黄山的怪石和日落景观)请同学们先观看一组图

片，猜一下这次旅游的第一站是哪里。你的判断理由是
什么？

生：是黄山，因为黄山观日落。

（板书）一、黄山风景名胜区。

师：黄山位于我国哪个省区？简称是什么？

生：安徽省，简称"皖"。

师：（展示安徽省地图和中国的气候类型分布图，如
图3和图4所示），在游览黄山之前，我们应该查阅相关

图2 黄山的怪石和日落

资料，全面了解黄山景观，以便抓住景观特点，获得更高的旅游满意度。请同学们运用安
徽省地图和中国气候类型分布图，结合教材第43～44页，完成学案上黄山风景名胜区（一）
基础知识准备1～5题。

（学生根据教材和相关地图，完成学案上的相应题目，教师走下讲台进行个别指导。）

图3 安徽省地图

图4 中国的气候类型分布

师：同学们基本完成了学案，哪位同学来和大家分享一下你的答案？

生：（举手。）

（1）位置：黄山位于我国安徽省南部，地处亚热带季风气候区，有36个大峰，有36个
小峰，三大主峰分别是莲花峰、天都峰、光明顶，海拔均在1 800米以上。

（2）1990年，黄山被正式列入世界文化与自然遗产录。

（3）黄山由花岗岩构成，岩体垂直，节理发育充分。

（4）景观特征：黄山以"奇松、怪石、云海、温泉"四绝著称。

（5）人们往往将迎客松作为黄山的标志与象征。

师：非常好！下面再请同学们和老师一起，在黑板上梳理以下这几个知识点。

（师生一起梳理知识点，老师板书。）

师：（播放黄山景观视频。）下面请同学们开始我们的黄山之旅，观看视频《黄山》，注意
黄山"四绝"是否在视频中都有体现。

（师生一起观看视频。）

师：同学们欣赏了黄山的秀丽风光，刚才的这段视频展示了黄山"四绝"中的哪些著名景观？

生：奇松、怪石、云海。

师：黄山以"四绝"闻名天下，同学们在视频中欣赏了黄山的奇松、怪石和云海，还有黄山的温泉古城汤泉、朱砂泉，传说中华民族的始祖轩辕黄帝曾在此沐浴，之后皱纹消除、白发转黑，返老还童，温泉因此名声大振，被称为"灵泉"。温泉终年喷涌，水温平均为42℃，含有钠、钙、镁、碳酸根等以及多种微量元素，有一定的治疗和保健效果，且水质纯正、可饮可浴。

（教师展示黄山温泉的图片并讲解，学生听讲、理解。）

师：为了能够更好地欣赏黄山"四绝"，领略黄山迷人的风光，我们来分组探寻它们的形成原因。同学看学案上"（二）景观成因探索"中的4个探究问题，试用最简洁的语言作出回答。

问题1：黄山"无峰不石、无石不松、无松不奇"，松和石相互依存而形成绝妙佳境。

（第一组同学）试结合教材第44页分析黄山松之奇与哪些生存环境和自身特点有关。

问题2：（第二组同学）阅读教材第44页内容和资料Ⅰ（学案上）。

（1）构成黄山秀丽风光的物质基础——花岗岩，按成因分属于＿＿＿＿＿。

（2）说出黄山的怪石怪在何处。它是如何形成的？

问题3：（第三组同学）读教材第44～45页，试从自然环境要素的相关方面分析黄山多云海的原因。

问题4：（第四组同学）读教材第45页，分析黄山温泉是如何形成的。

（学生拿出学案结合教材做题。小组之间讨论，大约8分钟。教师走下讲台，到同学中指导答案。观察大部分学生都做完后，请小组代表作出回答，交流展示问题探究的成果，并在教材上指明问题的答案所在，以便其他小组参考借鉴。）

师：请各小组选派代表与大家交流一下答案。看哪个小组的效率高，答案准确。注意语言表达尽量简洁明了，并在教材上指明问题的答案所在，以便其他小组参考借鉴。

生：（第一组同学拿着学案和教材，展示自己的作业。）黄山松的生存环境是：生长在海拔800米以上悬崖峭壁上，岩石坚硬，土壤贫瘠。其特点是：根部释放的酸性物质能够溶解花岗岩。

师：（展示图5"黄山的迎客松和探海松"。）请问在上述条件下就一定能够形成迎客松、探海松这样的独特景观吗？它们都侧向一边，还有没有其他影响因素呢？

生：（同组同学补充。）有，生存环境中还有山谷风的影响，自身植物有向阳的特性。

师：非常好，答案完全正确。下面请第二组同学展示问题2的探究答案。

生：（第二组代表）黄山的怪石属于花岗岩，花岗岩按成因属于岩浆岩；黄山的石怪在"有一石皆可名一物"、有"移步换形，移目焕彩"之妙；黄山的怪石是在奇峰的基础上，通过外力的风化和侵蚀作用而成的。

师：（展示图6"黄山的怪石"。）很好，答案准确而简练，那么我们应该如何欣赏黄山的怪石呢？

生：选择特定观赏点观赏。

图5   黄山的迎客松和探海松

松鼠跳天都

图6   黄山的怪石

师：很好。下面请第三组同学攻克问题3的这个难关。

生：（第三组代表）黄山地处亚热带季风气候区，雨量充沛；山高谷深，植被茂盛，日照时间短，湿度大，水汽多，温差大，山谷风大。

师：不错，请问自然地理环境要素主要包括哪些？

生：地形（地貌）、气候、土壤、水文、植被。黄山云海的形成与地形（地貌）、气候、水文、植被有关，而和土壤关系不大。

师：分析得非常到位！下面我们来看最后一组：分析黄山温泉的成因。

生：（第四组代表）地表水或者地下水受热后，变成热水或蒸汽，沿断层或裂隙上升到地表形成温泉。

师：很准确！既然热水或蒸汽可以沿断层或裂隙上升到地表，我们来推断一下，黄山按照山地的形成原因属于什么山地？

生：断块山。

（适时提出问题，引发学生全面思考，科学地分析问题）

师：请同学们迅速把答案归纳落实在学案上。

（学生在学案上整理落实知识点。）

师：我们欣赏了闻名天下的中国黄山"四绝"，下面我们来到澳大利亚，欣赏世界七大自然奇迹之一——澳大利亚大堡礁。（展示澳大利亚地形图和大堡礁景观图，如图7和图8所示。）首先让我们来寻找大堡礁的准确位置。

（板书）二、澳大利亚大堡礁风景名胜区。

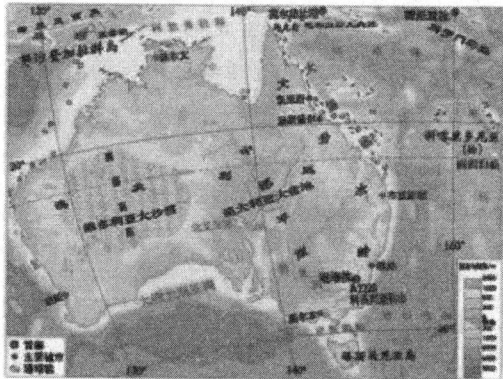

图7   澳大利亚地形图

图8   大堡礁景观

生： 大堡礁位于澳大利亚东北部海岸外。

师： 请同学们读图7，找出大堡礁主要位于五带中的哪个温度带。

生： 热带。

师： 对。澳大利亚大堡礁主要位于热带海域，水温的垂直变化和季节变化都比较小，海水清晰度高，水面较平静，适合珊瑚虫的生长。珊瑚虫死亡后，遗体堆积形成五彩缤纷的珊瑚(礁)。下面请同学们欣赏视频《澳大利亚大堡礁》。

师： (展示图9"大堡礁的形成示意"。)澳大利亚大堡礁是世界上最大的珊瑚礁，那么它是怎么形成的呢？请学生们结合视频、图9和教材讨论思考，用最简短的语言归纳落实在学案上。

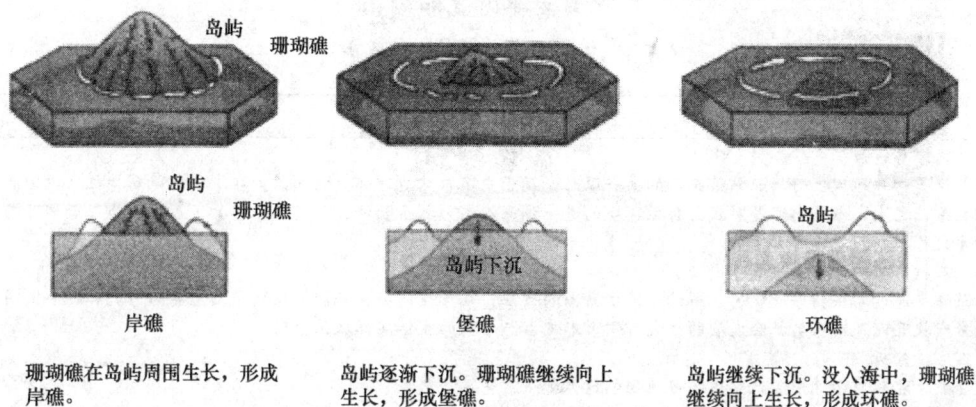

岛屿　珊瑚礁

岛屿　珊瑚礁

岛屿

岸礁

堡礁

环礁

珊瑚礁在岛屿周围生长，形成岸礁。

岛屿逐渐下沉。珊瑚礁继续向上生长，形成堡礁。

岛屿继续下沉。没入海中，珊瑚礁继续向上生长，形成环礁。

图9　大堡礁的形成示意图

(学生结合教材做学案，大约5分钟。教师走下讲台，到学生中指导答题。观察大部分学生都做完后，请学生交流展示问题探究的成果。)

生： 大堡礁的成因分为两方面：一是海域环境适合珊瑚虫繁衍，二是地壳缓慢下沉，珊瑚虫骨骼堆积形成珊瑚礁。

师： 答案简单扼要！澳大利亚大堡礁主要位于热带海域，海域环境适合珊瑚虫生长繁衍，同时，大堡礁一带在地质历史上是缓慢的沉降地带，大堡礁正是在地壳缓慢的下沉过程中，由一代一代的珊瑚虫骨骼堆积而成的，大堡礁的形成过程大致经过岸礁、堡礁、环礁三个过程。从图9可以看出，大堡礁美丽的珊瑚景观主要位于水下，那么游客如果要亲身体验美丽的海中奇观，可以选择哪些旅游景观欣赏的方法？

生： 参加潜水活动。

生： 乘坐具有透明船底的出海游船进行观赏。

生： 近距离观赏。

生： 登山涉水，求知求真……

师： 很好，在大堡礁景区，除了众多美丽的珊瑚礁外，还有哪些旅游资源吸引着世界各地的游客？

生： 具有热带风光的大陆性岛屿、热带海滨风光、当地的土著部落文化等。

师： 大堡礁景区的旅游资源体现了旅游资源的哪些特性？

生： 多样性、非凡性、永续性。

师：同学们，旅游的时光是快乐的，世界很大，迷人的旅游景观更是数不胜数，我愿更多地陪伴大家去欣赏美景，从地理的视角去探究美的成因。但遗憾的是，我们只能在短暂的课堂上学习，俗话说"百闻不如一见"，众多旅游景观等待着我们亲临、近观，去感受美和美的来源。

（师生一起整理课堂知识结构并板书，略。）

案例 **6**

中国主要河流和湖泊

（辛欣，北京工业大学附属中学）

教材分析
一、内容与地位 　　本节课是初一地理上册第三章第三节的第一课时，属于中国自然地理部分的知识。在中国的地形特征、中国的气候特征的基础之上，本节内容是对我国自然环境的进一步深入。为之后长江、黄河的学习打下基础，为以后学习其他地区的水文特征打下基础。 二、教材内容对课标要求的体现 　　本节课是通过学法指导使学生了解读中国水系图的方法，让学生能够在地图上找到中国主要的河流和湖泊，明确它们的分布状况以及对人类社会发展的巨大作用。本内容与学生的生活实际联系紧密。 三、学情分析 　　我执教于北京市示范中学，学生学习地理的情况如下： 　　1. 已有的知识和能力储备 　　学生对学习地理有兴趣和热情，愿意通过组织活动的方式获得知识，通过前面的学习已经对自然环境的要素（地形、气候）有所了解。 　　2. 新讲知识和以往容易出现的问题 　　自然环境各要素在学生的头脑中还都比较抽象和笼统，学生也没有深入思考和分析自然环境和人类生产生活的关系，没有真正树立人地关系的思想。在以往的教学中，学生在学习本节内容时，感觉比较抽象，学生只是被动地接受，往往是直接通过教材中的文字得出中国水资源分布的特点，没有结合所学习的地图获取信息，忽略了知识间的联系，没有结合以往所学的知识要点进行分析，并且分析问题时往往不深入，没有依据，弱化了地理学科的特点。 　　3. 解决方法 　　播放景观图片，提出问题，引出新课；通过白板技术使学生理解多种基本概念，感受中国水资源分布的特点，进而采取小组合作学习的方式分析原因；采用问题引导，说出中国水系分布的特点、内外流河、内外流区分布以及湖泊的分类等，让学生体会到自然环境对人类活动的影响，帮助学生树立正确的人地关系。 　　四、教学方法 　　主要采用探究式教学法和启发式讲授法。 　　以学习指导法为主结合讲授法进行本节的教学。教学中要注意读图环节，以白板放大镜功能凸显要素信息。由于河湖的分布、河流的走向、水文特征等是在地形和气候要素的影响下形成的，因此，除要充分利用本章节的各种地图外，还要引导学生查阅"中国地形图""三级阶梯示意图""我国降水量分布图""气温曲线降水量柱状图"等，即通过阅读本章的地图，归纳得出现象和特征；通过阅读前两章的相关地图，分析得出这些现象和特征的成因，从而帮助学生建立知识间的内在联系和因果关系，逐渐掌握学习地理的方法。 　　五、学习方法 　　比较分析法、白板互动。 　　六、教学手段 　　白板师生互动、生生互动。 　　七、技术准备 　　白板软件、投影。 　　八、教学资源 　　中国地形图、内外流区分布图、中国水系图。 　　河流和湖泊的图片：额尔齐斯河、塔里木河、黄河、长江、黑龙江、珠江、洞庭湖、鄱阳湖、太湖等。 　　主要河流的长度和流域面积对比数据。 　　主要湖泊面积比较数据、淡水湖成因示意图、咸水湖成因示意图等。

续表

教学目标
(1)通过读图、白板描画领会干流、支流、水系、流域、分水岭、内外流河、内外流区等河流的基本概念，从发源地和注入海洋等方面了解阅读水系图的基本方法。 (2)通过对水系图的阅读，能够在地图上找出我国的主要河流，归纳我国内外流河的分布特征。 (3)在了解河湖状况的过程中初步感受河流与人类活动的关系。

教学重难点
依据课标和学生的认知程度，本节课的重、难点设计为： (1)了解阅读水系图的基本方法，并且能够用该方法了解河流和湖泊的基本概况。 (2)在中国水系图中找出我国主要河流，归纳出外流河主要分布在东南部，内流河主要分布在西北部。

教学过程					
主要环节	教师活动	学生活动	设计意图	技术应用	时间安排
前言	同学们好！	集中注意力。	首次接触，营造良好氛围。	—	1分钟
导入	在中国的自然环境中，我们已经了解了地形、气候等自然要素，今天要接触哪一个自然要素呢？	尽快进入新知识的学习。	承前启后。	在黑板上写标题。	
河流与人类的关系	河流是自然地理环境的重要组成部分，对人类的生活和生产有着非常重要的意义。你能说说在我们的生产生活中，它们发挥了哪些重要的作用吗？	思考并回答。	使学生理解自然环境与人类活动之间的相互关系，知道了解河流的意义。	利用白板的拉幕功能、探照灯功能，出示相关图片。	3分钟
	我们需要了解河流，合理利用河流，才能让河流更好地为我们服务。	—	—	在黑板上写板书。	1分钟
相关概念的学习	(出示"中国水系模型图"。) 从地理的角度了解一条河流，首先要找到河流的发源地和流入的海洋。 (以长江为例，展示其干流、支流、水系。)	观察"中国水系模型图"。	明确干流、支流、水系的概念。	利用白板放大镜功能显示发源地和流入海洋。	4分钟
	(出示"流域示意图"。示意流域、分水岭；展示长江的流域、分水岭。)	观察理解。	明确流域、分水岭的概念。	利用白板放大镜功能，凸显流域、分水岭。	3分钟
	(相关概念板书。)	总结归纳。	归纳梳理。	利用白板画笔功能完成。	1分钟
	(以一片叶子为例，说明干流、支流、水系、流域、分水岭。)	形象记忆。	加深理解。	拖动画笔功能完成。	3分钟
	请大家打开地图册第26～27页，在"中国水系图"中描出黄河的干流、一条支流、流域。	查找描绘。	实际演练，巩固理解。	利用绘画功能展示一个学生的成果。	4分钟

续表

主要环节	教师活动	学生活动	设计意图	技术应用	时间安排
过渡	（出示"中国水系图"。）你最深刻的感受是什么？	回答问题。	从对概念的理解转入河流分布。	板书。	1分钟
我国河湖的分布及影响因素	这么多的河流，在分布上有什么特点呢？ （出示"中国水系图"。）思考： （1）找出黑龙江、长江、黄河，观察这些河流最终流向哪个大洋。 （2）还有哪些河流与它们一样，最终流入相同的大洋？ （3）有没有流入其他大洋的河流？它们主要分布在我国的哪些地区？ （4）这些河流的流向受什么因素影响？ （5）找出塔里木河、弱水，这两条河流最终流到哪里？	观察"中国地形模型图"上的中国水系。思考问题。	探究河流的分布特征。	利用白板探照灯功能完成河流的寻找。	5分钟
	你能描出塔里木河的干流吗？ 表示塔里木河和黄河的图例有什么不同？	对比分析。	探究内、外流河的差异。	利用白板拖放功能完成。	2分钟
	（出示"中国内外流区分布图"。） 我们把这些最终流入海洋的河流，叫作外流河。外流河的集水区域称为外流区。最终未流入海洋的河流，叫作内流河。内流河的集水区域称为内流区。（板书。）	聆听理解。	明确内、外流河，内、外区的概念。	利用白板探照灯功能显示内、外区分布。	3分钟
	（出示"我国内流区和外流区分布图""我国降水量分布示意图"和"季风区和非季风区分布图"。） 内流区和外流区的分界线与我们讲过的哪些气候分界线位置相近？这说明什么？	观察"我国内流区和外流区分布图""我国降水量分布示意图""季风区和非季风区分布图"，思考并回答。	思索内、外流区分布与气候的关系。	利用白板擦除功能显示界线，凸显三条界限的对比。	3分钟
	（出示"内、外流区水量、面积对比图"。） （1）看图说出内流区和外流区水量和面积的对比关系。 （2）为什么内流区分布在我国西北部，外流区分布在我国东南部？	思考并回答。	了解内、外流区的面积和水量差异，明确分布与气候相关。	利用白板探照灯功能显示内、外流区的水量与面积	3分钟

续表

主要环节	教师活动	学生活动	设计意图	技术应用	时间安排
总结	今天我们接触到了大量的图表，了解了有关河流的一些基本概念；重点分析了河流的分布特点，明确了河流深受地形、气候、植被等自然要素的影响。 　　在今后的学习中，我们要利用河流的这些特征，进一步了解怎样才能趋利避害，使河流为人们的生产和生活发挥更大的作用。	总结概括。	梳理思路，提升主题。	拖动画笔功能完成板书总结。	3分钟
效果评价	5分钟检测。			—	5分钟

板书设计

第三节　主要的河流和湖泊

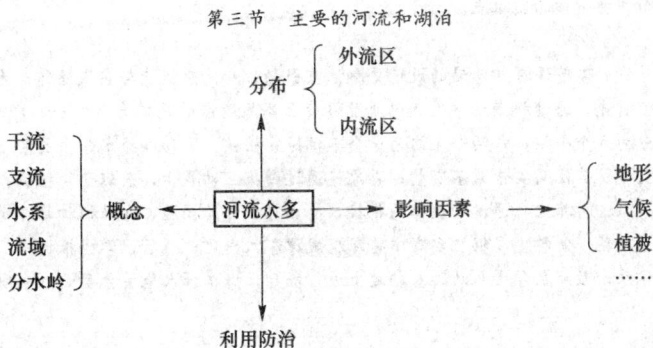

案例 7

黄土高原

（李姗姗，人大附中朝阳学校）

教学背景分析

一、教材分析

1. 教材的地位和作用

"黄土高原"是七年级下册第八章"认识中国的地理区域"的第一节"北方地区"的重要部分。该区域的水土流失问题是典型的人与自然关系的体现，凸显了各种自然要素综合作用的结果。通过黄土高原典型环境问题的学习和人与自然关系的探讨可以为其他地区环境问题的学习提供借鉴，同时渗透人地关系的地理学科理念。

2. 教材处理

保留：本节课对于教材内容的处理保留了本节课中所学习的黄土高原的基本自然概况，主要是地理位置等基本自然环境的材料和相应位置突破。

改动：将教材环境问题部分的黄土高原水土流失和黄土高原部分的水土流失进行重新的编排与设计，侧重黄土高原容易受流水侵蚀的原因及人类在其中的作用。

教学背景分析

　　新增：新增黄土高原在我国的位置和黄土水土流失的数据，通过数据说明该区域环境问题的典型性；在分析水土流失的原因后，新增小流域综合治理的具体措施，即人类能够改变的要素，突显人与自然相互作用的关系，对于其他区域有更好的借鉴意义。

　　二、学生情况分析

　　1. 已有的知识能力储备

　　从知识层面看，本节课是在学生学习了中国的地形、气候等自然要素的基础上进行的关于黄土高原地区地理环境特征的探究性学习活动，因此学生可以比较容易地理解和分析黄土高原地区各种自然要素的特征；从学习方法来看，区域地理部分北方地区的学习也使学生了解了基本的学习地理区域的思路，在此可将大区域的学习方法迁移到小区域的学习中。从学生的心理特点来看，初一年级的学生整体思维比较活跃，动手能力强，对于感兴趣的事物愿意进一步探究。

　　2. 存在的问题与困难点

　　本节课的主旨在于通过认识黄土高原地区存在的环境问题，了解客观自然规律，把握人与自然之间的相互关系，理解人与自然和谐相处的可持续发展理念，这需要在已有知识和能力储备的基础上，通过教师的引导、学生的参与，进行情感的提升。这是本节课要突破的困难点。

　　3. 解决措施

　　针对本节课的教学困难点，本节课教学活动的设计更加注重引领性和情感提升与实践操作。为了培养学生的情感价值观，采取了如下措施：首先，通过视频使学生直观地了解黄土高原地区的基本自然特征，即水土流失严重；其次，通过小组合作，将全班分为六个小组，每两个小组为一个单位探究植被、地形和降水三个要素与水土流失的关系，其中每一个单位探究一个变量，其他两要素为不变量；再次，通过白板互动展示，全班研讨植被、地形和降水三个要素与水土流失环境问题的关系；再其次，通过对规律的把握，提出可操作的措施，即植树种草，通过白板互动，模拟小区域环境问题治理的具体措施，使学生能够在实践中将客观规律深入内化；最后，学生根据本节课所学习的关键词语总结归纳本节课的知识体系，教师在学生归纳的基础之上进行提升，概括到人地关系层面，共同完成情感态度与价值观的提升。

　　三、教学方式

　　1. 教法

　　以小组合作探究为主，以问题探究及启发讲授为辅。

　　2. 学法

　　小组合作探究、白板互动。

　　3. 教学手段

　　白板师生互动、生生互动。

　　4. 技术准备

　　白板软件、投影。

教学目标(内容框架)

　　一、教学目标

　　(1)白板描画黄土高原范围边界，并展示黄土高原在我国的位置，通过描绘地理事物的过程，初步形成描述一个地区范围和位置的方法。

　　(2)以小组合作的方式分别从地形、降水、植被及人类活动等方面探究各要素与水土流失的关系，并以白板展示交流的形式综合分析黄土高原水土流失严重的原因。

　　(3)了解区域内环境问题产生的原因并探究人类活动在其中的作用，领悟到人类活动与自然环境的关系，树立人与自然和谐相处的理念。

　　二、教学重点

　　说明黄土高原的地理位置；探究黄土高原水土流失的原因；了解水土流失治理的主要措施。

　　三、教学难点

　　理解人类活动与自然地理要素之间的关系，即人与自然和谐相处的理念。

续表

教学内容与流程

理念　内容　步骤　目的

```
理念                内容               步骤                目的

认识地         黄土高原          播放黄土         了
理概况         概况              流失视频         解

把握要素       植被、地形、      小组探讨：设定两个   实
关系          降水要素分        要素为不变量，探讨   践
                              变量与水土流失的关系

提出解决       小区域环境        白板演示         内
措施          治理措施          白板操作植树种草    化

形成人         归纳总结，        给出关键词，学生自主
地和谐         情感提升          生成板书
价值观                         教师归纳，进行情感
                              提升，生成板书
```

情感提升与知识迁移

教学过程					
教学环节	教师活动	学生活动	设计意图	技术应用	时间安排
新课导入	播放视频《黄土高原》，向学生提出相应问题。	带着问题观看视频。	通过观看视频的形式使学生直观感受黄土高原的自然环境，进一步引出关于该地区自然环境的探讨。	用白板窗口播放器播放视频。	3分钟
落实：地理位置	结合视频，请学生分析这是哪里。结合学生的回答，引出黄土高原。请学生描述黄土高原的位置和范围。展示黄土高原位置图。介绍黄土高原是世界上黄土范围最广、最厚的地区。	思考，回答。思考，从哪几个角度描述一个区域的地理位置。读图，结合参考地理事物，描述黄土高原的位置和范围。	结合视频中自然环境的特点引出黄土高原的位置；复习区域地理学习的一般思路，学会分析某一地区的地理位置，同时通过对位置的了解为下文自然环境特点的分析打下基础。	用白板画笔勾画功能描绘地范围。	5分钟

续表

教学环节	教师活动	学生活动	设计意图	技术应用	时间安排
了解：地貌特点	展示黄土高原地表景观图片，请学生描述黄土高原地表特点。 概括：支离破碎、沟壑纵横。 请同学思考这些独特地貌是怎样形成的。	观察图片，概括黄土高原地区地表形态特征。 仔细观察三张图片，分别描述每一种地形的特点。 结合视频内容进行思考。	通过图片的形式使学生直观地了解黄土高原的地貌特点，从而引出水土流失的严重性。	用白板放大镜功能，凸显黄土高原地表。	5分钟
探究：水土流失的原因	水土流失导致该区域形成了独特的地貌形态，并且带走了大量的泥沙。（呈现数据。） 提出问题：哪些原因导致该区域严重的水土流失现象？可以从哪些角度进行分析？ 总结完善学生的回答，归纳出几个主要影响因素，即植被、地形、降水。 将全班分成6组，给每组指派一个要素进行讨论。 请各组结合各要素进行总结。	观察数据，了解该区域水土流失的严重性。 思考哪些因素可能导致水土流失。 分组，根据各个相应要素完成讨论，总结每个要素对水土流失的影响。	通过数据的形式说明黄土高原水土流失问题，引导学生思考该地区哪些因素导致了水土流失，通过各组成员之间的相互交流与讨论探究答案。	用拖动克隆功能完成不同情况讨论；利用画笔旋转图形改变坡度。	15分钟
提升：人地关系思想渗透	结合黄土高原的实际情况，总结上述三种要素与水土流失的关系。 引导学生思考：对人类影响最大的是哪个要素。 引出黄土高原水土流失治理的重要措施：植树种草。 引导学生互动：给出黄土高原地貌图，请学生利用白板选择在适宜的地形处植树造林。 简要介绍水平梯田、打坝淤地等措施。	思考，人类活动对水土流失的影响。 思考在哪一种地貌形态处植树造林，说明理由。 了解人类活动对地形、降水等要素的影响。	使学生理解自然环境与人类活动之间的相互关系。 利用白板与学生进行互动，增强趣味性与直观性。	用拖动克隆功能完成植树位置的选择。	12分钟
总结	总结本节课内容。 给出本节课所学习的关键词语。	利用白板将本节课的关键词语梳理成知识框架。	考查学生对本节课所学习知识的掌握程度，师生共同生成板书。	用拖动、画笔功能完成板书总结。	

右上角：续表

板书设计
1. 学生依据关键词自主建构知识框架板书(以初一(7)班为例) 教师给出关键词语，学生利用白板技术的拖拽功能将关键词语进行组合，并加注括号、箭头等说明它们之间的关系，从而生成板书。 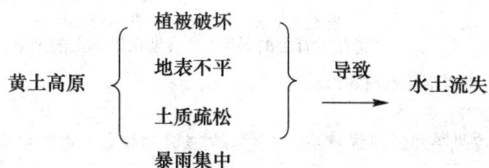 2. 教师生成性板书 (1)人类活动影响自然环境。 (2)自然环境也会影响人类活动。 (3)二者的关系是一个闭合循环，可以看成一个"口"，也可以看成一个圆形地球。 (4)地球表面多一些树木，多一片绿色，环境会更好。 (5)在美好的自然环境中可以种植禾苗作物，满足"人口"的粮食需求，人与自然这种平衡的关系即和谐的"和"。 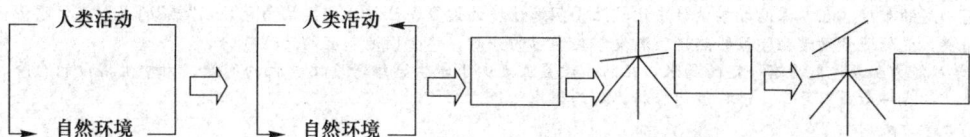

案例 8

澳大利亚

（王玉洁，人大附中朝阳学校）

教学背景分析
一、教材分析 1. 教材的地位和作用 本节课是在"认识大洲"和"认识几个区域"之后开始"认识几个国家"的学习的一部分。相对于之前的大洲和区域的学习，国家部分的学习内容更加细致。教材选取的5个国家——日本、美国、澳大利亚、巴西和俄罗斯，它们在地位上属于并列的关系。国家部分除了基本的自然环境学习外，主要是以国家特色经济发展为核心来进行编排。"澳大利亚"一节，是教材中涉及较少的南半球的国家之一，又是大洋洲的主体。教材在编排上没有面面俱到，而是突出它特有的自然环境特征及经济发展特征。 2. 教材处理 "澳大利亚"一课中，共有三大知识模块：独占一块大陆、独特的自然景观、发达的农牧业和工矿业。从课程标准的要求和教材的内容来看，知识的难度不大，重点是要突出澳大利亚的特色。其中澳大利亚特有的古生物及其生存环境是它与其他国家的最大区别，进而突出其独占大陆的特点；教材中呈现的澳大利亚的经济则以畜牧业中的养羊业和工矿业中的采矿为例，重点突出了因地制宜发展经济的理念。本节课侧重选择畜牧业中的养羊业作为典型案例进行编排。

续表

教学背景分析

逻辑联系：
（独占一个大陆）
地理位置 → 自然环境特点

古老生物

发达的牧业　　　　发达的工矿业
（骑在羊背上的国家）　（坐在矿车上的国家）

世界活化石博物馆

二、学生情况分析

初二(10)班，班级氛围活跃，学生单纯、活泼好动。学生之间差异比较大，有的学生不善于主动发表个人观点，点名回答可以完成得很好。

1. 学习能力表现

在学习过日本、美国两个国家的内容后，学生对于描述地理位置的方法和总结自然环境特征的方法有了一定的基础，能够简单地通过读图标注地理事物，并且初步具备了阅读地图、分析归纳资料的能力。

2. 不足之处及解决策略

(1)学习基础薄弱，比较胆小，害怕说错。由于班级管理注重情感方面的熏陶，学生对于情境教学非常感兴趣，能够迅速地融入教学情境进而消除紧张感，在情境教学中表现非常出色。

(2)本次教学中针对具体的经济案例，需要学生联系自然环境特征分析经济发展的有利条件，对于10班的学生来说这具有一定的难度。在本课的教学设计中比较注重问题情境的设置，让学生们更换角色，以"羊"的思维换位思考进入学习情境，更好地带动学生学习的热情，激发学生学习的兴趣，体会因地制宜的地理观念。

(3)学习能力和表达能力有一定的局限，在问题设置上减少了学生思维跨度比较大的问题，为学生搭设的台阶相对比较低，一步一步地引导学生进行成因分析，从而得出结论。

三、教学方式

1. 教法

启发式讲授法、情境体验、案例分析。

2. 学法

合作探究、读图分析法。

3. 教学手段

多媒体教学、电子白板、PPT。

4. 技术准备

电子白板设备(教鞭、白板配套笔和橡皮)、音响设备。

教学目标(内容框架)

一、教学目标

(1)通过在地图上标注澳大利亚的位置并总结位置特征，了解澳大利亚独特的地理位置。

(2)通过"羊村迁址"活动，小组结合地图资料进行合作，分别从地形、气候、水源的角度分析澳大利亚自然环境的特点。在此基础上通过圈画"最适合羊村搬迁的范围"活动，分析养羊业发展的优势条件，进而感知因地制宜的发展理念。

(3)通过"动物分类"活动及学生介绍动物环节，了解澳大利亚动物的独特性。

二、教学重点

(1)澳大利亚的自然环境特征。

(2)以养羊业为例，说明澳大利亚因地制宜发展经济的优势条件。

三、教学难点

通过地图和资料，学生能够联系澳大利亚的地形、气候特征说明其发展养羊业的优势条件。

教学过程

教学环节	教师活动	学生活动	设计意图	技术应用	时间安排
导入创设情境	课前准备：播放动画片《喜羊羊与灰太狼》主题曲。	课前准备。	营造轻松愉快的课堂氛围。	用窗口播放器播放音频。	3分钟
	情景设置：羊村村民观看澳大利亚"奔羊节"视频。问题：别开生面的"羊羊运动会"是在哪里举办的呢？	观看视频后回答问题：澳大利亚布洛瓦小镇。	创设学习情境，为引出"羊村迁徙"考察作铺垫，从而激发学生的学习兴趣。	用窗口播放器播放视频。	

续表

	教学过程				
教学环节	教师活动	学生活动	设计意图	技术应用	时间安排
环节1：澳大利亚概况	(1)展示：七大洲四大洋分布图和澳大利亚地图。 难点：圈出大洋洲的范围，提示学生分析澳大利亚的位置有何特征。 (2)展示：澳大利亚的面积、人口数据资料。	在白板上标注位置信息：印度洋、太平洋、大洋洲。 分析：独占大陆。 分析数据总结特征：地广人稀。	落实基本概况知识	用笔盒勾画。	2分钟
过渡	澳大利亚有一种动物，它的数量是人的数量的9～10倍，你们猜猜是哪种动物？ (出示动物数量表格。)	学生猜测回答。 分析图表。	学习基础课堂反馈。 印证答案。	—	1分钟
总结	澳大利亚地广人稀，羊比人多。澳大利亚本来没有羊，后来欧洲人登陆后带去29只绵羊，到目前为止，澳大利亚的羊总数为2亿只。				
情境设置	角色转换："羊村"成员。 设定：将学生的性格特征与动画片中羊羊们的性格特征对应，为学生重新分配角色，比如"懒羊羊"。	猜测个人角色。	加强情景设置，使学生顺利进入角色，活跃课堂气氛。	聚光灯。(点名。)	1分钟
环节2：以养羊业为例分析因地制宜发展经济的有利条件	1."搬迁"计划 (1)为了壮大羊村，村长准备"举村搬迁"，派出考察队考察羊村迁往澳大利亚的有利条件。 问题：从羊的角度分析迁往澳大利亚需要考察哪些方面。 (2)下发材料：羊村搬迁要求。 我要运动！我喜欢宽敞的运动场！ 我要积极准备参与：奔跑吧，兄弟！ 太湿热的环境很不舒服！我喜欢较干燥的环境，皮肤会很清爽！ 嘿嘿，我要吃青草汉堡、三明治、泰草养生汤！最好无限量供应！流水饮料全免费！哇哦！！！ 我要让羊村发展壮大成为羊镇、羊市！喜洋洋精神发扬光大！	回答问题：地形、气候、水源、植被、天敌。 分角色朗读材料，勾画明确要求。	回顾自然环境要素组成。 训练分析材料，提取信息的能力。 归纳分析自然要素特征及影响。	—	18分钟
	2. 小组考察活动 (1)根据所给资料进行环境特征分析。 (2)在某一环境特征的基础上，圈画出适合羊村搬迁的位置范围。	小组合作：总结某一自然环境特征，提供"羊村"选址参考信息，并说明理由。		时钟计时器。(用笔盒勾画。)	
	3."羊村"选址 (1)综合考虑自然因素叠加选址区域，画出"羊村"新址。 (2)(呈现澳大利亚农业分布图。)"美利奴羊"生活的地方。	(1)将"羊村"新址呈现在白板地形图上并说明理由。 (2)验证小组选址是否合适。	综合信息解决问题。	利用拖动克隆功能与笔盒完成。	3分钟

续表

		教学过程			
教学环节	教师活动	学生活动	设计意图	技术应用	时间安排
过渡	在考察自然环境的基础上，"羊村"的新址选好了。 《喜羊羊与灰太狼》在澳大利亚上映后遭冷遇，豆瓣点评创历史最低：3分（理由：我们生活了这么久，狼长什么样都不知道！真是胡编乱造，我们的生活不是这样的！）				
环节3：澳大利亚的古老生物	(1)活动：辨认动物。（呈现各种动物图片。） （呈现袋鼠、鸸鹋、鸭嘴兽、鸸鹋图片。） (2)学生介绍动物特征。 (3)问题：澳大利亚的动物的共同特征是什么？	拖拽澳大利亚特有动物图片到指定位置。 倾听、总结动物特征：没有大型凶猛动物，有古老生物，对羊不造成威胁。	提取信息，总结澳大利亚特有动物的特征。 培养学生的表达能力。	用拖拽克隆的功能和放大镜完成。	3分钟
过度	适合的自然环境，缺少天敌，使得澳大利亚的羊迅速发展。"羊羊们"比较关心的是在澳大利亚"羊族"会有什么样的待遇呢。				
环节4：发达的养羊业	(1)"羊羊"的待遇：羊节、免费理发、住豪宅、羊羊运动会。 "羊羊"对社会有哪些贡献呢？ （出示：澳毛数据资料。） (2)数据资料：图表资料。 实例："躲羊羊"； 联系生活：UGG品牌。 (3)问题：澳大利亚羊的数量是人的9~10倍，居民都在放羊吗？ （提示"奔羊节"视频的细节。）	感受澳大利亚羊的生活。 羊毛、羊肉、羊奶制品。 感受养羊业的发达。 分析回答问题：不是。 机械化、现代化牧场。	感受澳大利亚发达的养羊业，感受因地制宜发展经济的成果。 联系生活实际，分析问题。	—	3分钟
总结	优越的自然环境、缺少天敌、牧业机械化程度高，是澳大利亚养羊业发达的原因。 澳大利亚被称为"骑在羊背上"的国家。				

板书总结：本节课主要通过学生总结影响澳大利亚养羊业发达的自然要素，在此基础上教师总结提升，提出因地制宜的发展理念。

发达的养羊业："骑在羊背上"的国家

地形平坦　气候适应　水源充足　植被茂盛　没有天敌

因地制宜

拓展延伸：思考：澳大利亚政府计划"引狼入室"，你如何看待这件事情？

步骤2：个人对照《标准》，为其中3个案例评等级（合格、良好、优秀），并说明理由。

案例	等级	个人说明理由
案例 3		
案例 4		
案例 5		
案例 6		
案例 7		
案例 8		

步骤 3：将每个人的评定结果在组内交流、商讨后，形成小组的统一意见，填写在下表中。

案例	等级	小组统一意见
案例 3		
案例 4		
案例 5		
案例 6		
案例 7		
案例 8		

五、考核要求

1. 研读"结果指标"

教学实施能力	激发动机能力	营造良好教学环境	地理教学组织有效；营造良好的课堂氛围；良好的课堂应变技能。

讨论：对于上面的结果指标，需要如何将不同层次的等级描述出来？

2. 考核说明

(1)考核内容：

本项针对"营造良好教学环境"这一技能，考核激发动机能力。

(2)考核方法：

学员对他人评价和学员自我评价相结合。

①学员选取自己的一段教学视频(15 分钟之内)，根据录像，进行自我评价，其他学员根据录像，并结合营造良好教学环境标准进行评价，全班交流评价结果。

②考核要点：

a. 体现地理的教育功能。从教育学的角度来说，地理教学环境的教育导向功能是指通过地理教学环境自身各种环境因素的作用，引导学生主动接受一定的价值观和行为准则，使他们朝着教育者所期望的方向发展。

b. 激发学生内在学习动机的功能。良好的地理教学环境具有很强的凝聚力，它可以通过自身特有的影响力，使学生产生归属感和认同感；同时，良好的地理教学环境中的各种环境因素还可以成为调动师生积极性的动力。

c. 地理信息传播的功能。现代信息技术、多媒体计算机技术和网络通信技术等现代化地理教学环境为地理学习提供了良好的平台，使地理教学媒体、地理教学内容等方面实现整合。

d. 地理美育的功能。地理教学环境的美育功能，是指良好的地理教学环境有利于激发学生的美感，培养学生正确的审美观和高尚的审美情趣，丰富他们的审美想象，提高他们感受美、鉴赏美和创造美的能力。

3. 结合"结果指标"，制定标准

尝试用精确的描述语言，制定出"合格""良好""优秀"3个层次的标准。

考核要素	合格	良好	优秀
地理教学组织	教学活动和安排基本合理	教学活动和安排合理	教学活动和安排恰当有序
课堂氛围	营造了学习的课堂氛围	营造了学生积极学习地理的课堂氛围	营造了良好的课堂氛围，适合学生学习
地理教学情境	营造了地理教学情境	营造了学生学习地理教学情境	营造了地理教学情景，体现了学科特点

六、反思日志

题目	内容
本专题的学习要点	
实施好本技能的关键点	
通过训练后的收获和体会	

参考文献：

[1] 张勇. 营造良好学习环境，促进学生主动发展[J]. 现代语文：理论研究，2004（4）.

[2] 曾玮. 地理教学论[M]. 北京：科学出版社，2014.

[3] 陈澄. 新编地理教学论[M]. 上海：华东师范大学出版社，2007.

主题五 恰当运用教学媒体

学习目标

了解：恰当运用教学媒体在教学中的重要性。

理解：地理教学媒体的类型和优缺点。

分析：恰当运用教学媒体技能的构成要素。

运用：依据课标和教材进行多种媒体选择和优化组合的基本要求；如何恰当运用教学媒体。

课程内容简介

本主题内容主要是通过各种活动和案例分析让教师体会如何能够运用教学媒体更加有效地为教学目标服务。从地理学科出发，结合标准解读、案例和技能训练帮助教师学会从学习目标的角度进行教学媒体的选择，形成多样的选择方法，转变传统教学的模式，从观点上和行为上彻底转变，从而更好地驾驭课堂教学，为学生提供多样的形式，帮助学生攻克学习上的重点和难点，同时不以此为表演的形式，而是将高效作为选择的前提，以促进教学目标的达成。

一、问题提出

活动 ①

热身活动——头脑风暴

不论是初中教师还是高中老师，在教学中都会遇到关于"地球运动"的教学内容。我们选取"地球"来做一个教学上的思考。

您可以如何介绍"地球"？

步骤1 个人思考：你如何介绍"地球"？

_____

_____

_____

步骤2 组内交流：在小组交流中将介绍方法进行归纳，并整理出来。

_____

_____

_____

步骤3 全班分享：各区代表将本组归纳要点在全班发言，老师发言要点记录在下表中。

序号	各组代表发言要点	备注

　　在教学过程中，教师需要关注教学效果的达成，并且选用不同的教学媒体来帮助教学目标的达成，在媒体的选择效果达成的同时，还要兼顾学生的接受能力，比如对于初中孩子来说，可能更多的描述就难以形成正确的感知，而对于高中学生来说，他们不喜欢平庸、淡然无奇、没有挑战的知识。

　　随着现代教学技术的发展，教学媒体也在由传统向现代转变。作为储存和传递教学信息的一种工具，地理教学媒体的种类很多，按照教学媒体的先进性，一般将其分为两类：传统教学媒体和现代教学媒体。传统教学媒体就是一根粉笔、一块黑板，具体而言，即地理标本、模型、实物等直观教具，还有图片、地图、图表等示意教具。现代教学媒体可以分为视觉媒体，比如幻灯、投影灯；听觉媒体，如录音、广播、激光唱盘等；视听媒体，如电影、电视、录像、视频等；还有以计算机辅助教学系统为主的系统媒体。

　　地理这门学科不像数、理、化这些学科，地理的很多内容是要靠想象来了解书中所描绘的情景的，这需要学生有相应的知识经验，而有些课文中涉及的风俗文化、其他国家和地区，学生是没有看到过的，甚至连间接经验都没有。这时教师可以利用多媒体配上一幅制作精美的图片、一组恰如其分的镜头、一段恰到好处的音乐……这些都能创设一种情景、氛围，让学生先有感性的了解，或把他们引入到所创设的意境中来，这样可以弥补学生在知识或生活阅历方面的不足，同时也能帮助学生理解深奥的地理原理和规律，以便于应用。

恰当运用多媒体指的是教师在进行课堂教学时不仅使用单一媒体进行教学，而且根据教学目标和教学内容的需要，选择、设计、评价和组合运用多种媒体，以达到教学效果的优化。值得注意的是，多种媒体的组合并非多种媒体的随意凑合，它是根据教学的需要进行科学的有机组合，使媒体组合在地理教学中切实发挥作用。

二、标准解读

（一）理解标准

"恰当运用教学媒体"检核标准如下：

能力要点	合格	良好	优秀
恰当运用教学媒体	能够根据教学目标和内容选择运用教学媒体	能够根据教学目标和内容合理选择并恰当运用教学媒体	能够根据教学目标和内容合理改进并综合运用教学媒体

活动 2

标准解读

步骤 1　个人理解：根据上面三个不同层次的标准，尝试用自己的语言表达，将不理解、不清楚的地方用横线标出来，向组内其他老师提出问题，看能否得到帮助和解决，将小组没有解决的问题写在下表中。

序号	需要解决的问题
1	
2	
……	

步骤 2　延伸思考：你认为有哪些教学媒体可以应用在教学中？从教学中任选一个具体实例来说明。

_____

_____

_____

_____

步骤 3　等级评价：参照《标准》对下面的"恰当运用教学媒体"能力给出等级。

案例 **1**

中国的气候（初中地理教材）

（张月华，团结湖三中）

教学过程				
教学环节	教师活动	学生活动	技术设备选用	设计意图
引入	播放歌曲《我爱你中国》片段，展示图片和部分歌词，并提问："根据图片用词语描述两区域气候特征"。	结合学习经验和图片信息，思考、回答问题，并由指定学生记录大家的结论。	1. 歌曲《我爱你中国》片段。 2. 用 PPT 展示歌词"……我爱你碧波滚滚的南海，我爱你白雪飘飘的北国……"，并结合这两句歌词展示黑龙江省某地雪景图片和海南某地海滨风光图片。	引入新课，引起学习的兴趣。 让学生直观地看到"北国"与"南海"的景观图片，并且根据图片描述两区域的气候特点。
承转	用多媒体展示"气温曲线和降水量柱状图"，并阐述"我们描述一个地区的气候不能仅仅依靠图片和经验，最科学的结论是通过分析数据得出的。'气温曲线和降水量柱状图'就是我们的好工具。这类图不仅记录数值，还暗含着地理语言，描述着区域的气候特征。那么如何读图分析气候特征呢？看看你们的学长是如何理解的吧"。	说出"气温曲线和降水量柱状图"这一重要名称。	用 PPT 展示"北京气温曲线和降水量柱状图"。	引出"气温曲线和降水量柱状图"对气候特征描述的重要作用。
新课讲解	播放微课。利用白板绘图分析并概括重要步骤。	学习如何根据"气温曲线和降水量柱状图"说出冬、夏季气温特点和降水量特点，并能够进行归纳总结，进而描述气候特征。	(1)由初三(3)班王乾坤录制的微课《以北京为例，根据"气温曲线和降水量柱状图"分析气候特征》。 (2)用白板展示"北京气温曲线和降水量柱状图"，并绘图分析概括重要步骤。	学习新课。 本内容为重点、难点，且教材中没有给出具体方法。为避免重复传统课堂的教学模式，提高学生的学习兴趣，采用微课的形式，而且微课由学生身边的人录制，对他们的吸引力更强。
学生活动(1)	(1)宣布任务：阅读"气温曲线和降水量柱状图"，描述抽取的城市的气候特征。 (2)提出要求：全员参与。 (3)过程性指导。	(1)领取任务单。 (2)按要求分工合作，组内讨论，分析"气温曲线和降水量柱状图"，写出结论。 (3)结论展示。	用白板展示海口、上海、北京、乌鲁木齐、拉萨的"气温曲线和降水量柱状图"，其中北京图由老师分析痕迹和作出结论。	根据"气温曲线和降水量柱状图"，描述气候特征。 结合白板技术把学生的思维过程和结论展示出来，加深理解，突破重难点。
结论展示问题解答	(1)疑难问题解答。（预设为海口和拉萨两城市的冬季气候特征） (2)给出气候类型的名称。	采用白板绘图方式，分组展示结论和分析过程。	(1)在白板上对海口、上海、乌鲁木齐、拉萨四城市的"气温曲线和降水量柱状图"进行绘图分析，并写出结论。 (2)用 PPT 展示海口和拉萨两城市 1 月普遍服饰。	增强自学和合作探究能力。 增强语言表达能力。

续表

教学过程				
教学环节	教师活动	学生活动	技术设备选用	设计意图
检测与小结	(1)在黑板上设计填空。 (2)随机指定学生上台完成填空。 (3)阶段小结，完成第一个学习标准。	小组合作完成填空。 阶段小结，完成第一个学习标准。	用PPT展示学习标准"根据气温曲线和降水量柱状图，说出气温与降水量随时间变化的特点"。	—
承转	(1)展示五种气候类型的名称。 (2)简单提示名称与特征之间的联系。		用PPT展示学习标准"运用资料，说出影响我国气候的主要因素"。	—
学生活动(2)	(1)画出空白的我国气候类型分布模式图。 (2)请各组随机抽取气候类型名称并粘贴在适当位置。 (3)给出第二个学习标准。 (4)提问：请说明理由，说出影响气候分布的因素。	讨论，完成任务，并解释理由，归纳影响因素。	—	总结第一个学习标准的分析方法。 熟记气候类型的名称，在地图上找到分布区，说出气候的影响因素，完成第二个学习标准。
总结	还记得刚才我们听过的歌、看过的图片、说过的话吗？看看我们根据图片信息和生活经验概括的"北国""南海"气候特征是否准确？ 本节课我们学习了如何科学地分析某区域的气候特征。我们是怎么做的呢？下面让我们一起总结一下。 我们根据1种类型的图："气温曲线和降水量柱状图"； 了解气候由"气温"和"降水"2个要素构成； 区域的气候特征需要描述"季节""气温特征"和"降水特征"3方面的内容才会准确； 这样，我们分析了我国共5种不同的气候类型，并准确地概括出了它们的分布规律，发现主要有4个因素影响了这些气候的分布和特征。 1－2－3－4－5，中国的气候就是这么神奇，这么有魅力，你学会了吗？	(1)用PPT展示歌词"……我爱你碧波滚滚的南海，我爱你白雪飘飘的北国……"，展示黑龙江省某地雪景图片和海南某地海滨风光图片。 (2)用PPT展示本节课的两个学习标准："根据气温曲线和降水量柱状图，说出气温与降水量随时间变化的特点"和"运用资料，说出影响我国气候的主要因素"。	—	回扣引入环节，首尾呼应。 培养学生科学严谨的学习态度，进一步增强对地理现象的好奇心，提高地理学习兴趣。 用PPT给出学习标准有利于学生明确学习目的，抓住学习重点。

板书设计

中国的气候

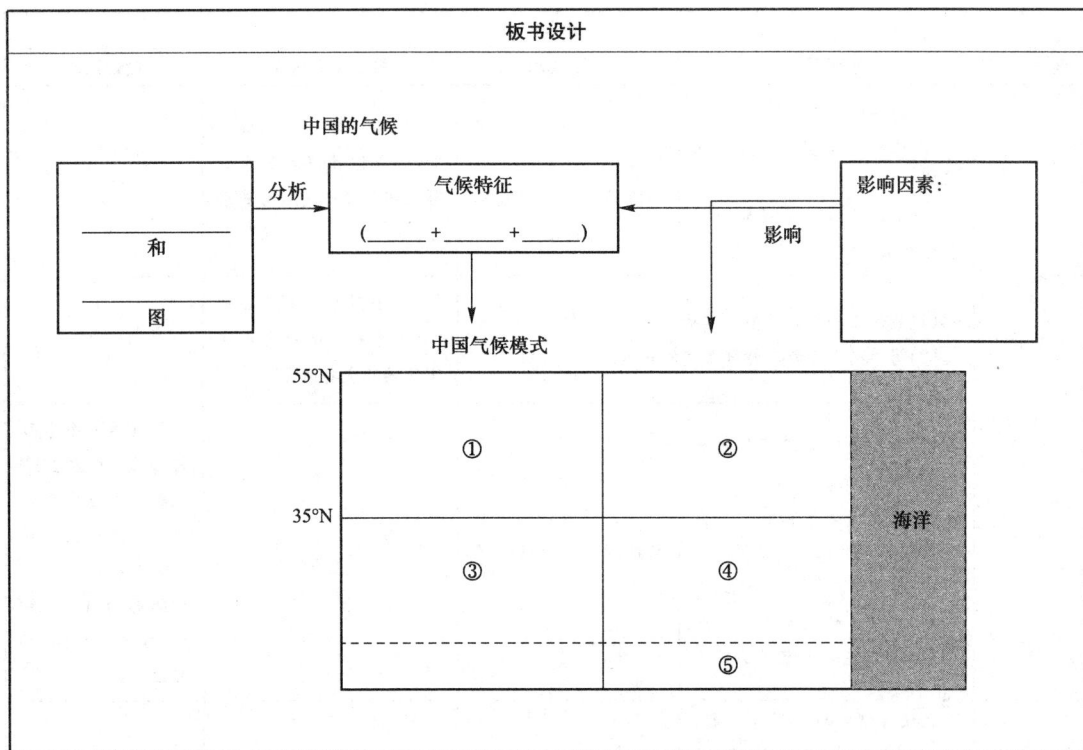

选出教学设计中应用的教学媒体，并依据《标准》，将给出的"合格""良好""优秀"等级和评定的理由并写在下表中。

等级	理由

（二）学习理论

1. 名词概念

"媒"是"女"字旁，《诗·卫风·氓》中有"匪我愆期，子无良媒"之句，古语又讲"天上无云不下雨，地上无媒不成婚"。可见，很早之前，"媒"主要是在男女婚嫁中起传情达意的中介作用。

媒体（media）一词来源于拉丁语"medius"，音译为媒介，意为两者之间。媒体是指传播信息的媒介。它是指人用来传递信息与获取信息的工具、渠道、载体、中介物或技术手段；也可以把媒体看作实现信息从信息源传递到受信者的一切技术手段。媒体有两层含义，一指承载信息的物体，二指储存、呈现、处理、传递信息的实体。

多媒体（multimedia）是多种媒体的综合，一般包括文本，声音和图像等多种媒体形式。在计算机系统中，多媒体指组合两种或两种以上媒体的一种人机交互式信息交流和传播媒体。使用的媒体包括文字、图片、照片、声音、动画和影片。

多媒体是超媒体（hypermedia）系统中的一个子集，而超媒体系统是使用超链接（hyper-link）构成的全球信息系统，全球信息系统是因特网上使用 TCP/IP 协议和 UDP/IP 协议的应用系统。二维的多媒体网页使用 HTML、XML 等语言编写，三维的多媒体网页使用 VRML 等语言编写。许多多媒体作品使用光盘发行，以后会更多地使用网络发行。

简单来说，媒体就是信息的载体，也称为媒介。多媒体就是"多重媒体"的意思，可以理解为直接作用于人的感官的文字、图形、图像、动画、声音和视频等各种媒体的统称，即多种信息载体的表现形式和传递方式。

这里所提到的多媒体技术，就是利用电脑把文字、图形、影像、动画、声音及视频等媒体信息数字化，并将其整合在一定的交互式界面上，使电脑具有交互展示不同媒体形态的能力。它极大地改变了人们获取信息的传统方法，符合人们在信息时代的阅读方式。

教学媒体是教学内容的载体，是教学内容的表现形式，是师生之间传递信息的工具，如实物、口头语言、图表、图像以及动画等。教学媒体往往要通过一定的物质手段来实现，如书本、板书、投影仪、录像以及计算机等。教学媒体的发展经历了四个阶段，具有共同特性和个别特性。它们根据不同标准，可以划分为不同类别。科学运用教学媒体，才能真正发挥其效用。

地理多媒体教学，是指在地理教学过程中，根据教学目标和教学对象的特点，通过教学设计，合理选择和运用现代教学媒体，并与传统教学手段有机组合，共同参与教学全过程，以多种媒体信息作用于学生，形成合理的教学过程结构，达到最优化的教学效果。

2. 作用和意义

（1）作用。

自 20 世纪 90 年代以来，多媒体技术迅速兴起，并蓬勃发展，其应用已遍及国民经济与社会生活的各个角落，正给人类的生产方式、工作方式乃至生活方式带来巨大的变革。

因为多媒体具有图、文、声并茂，甚至有活动影像的特点，具有许多对教育、教学过程特别宝贵的特性与功能，这些特性与功能是其他媒体（例如幻灯、投影、电影、录音、录像、电视等）所不具备或不完全具备的。多媒体技术是以计算机为中心，把语音处理技术、图像处理技术、视听技术集成在一起，而且把语音信号、图像信号通过模数转换变成统一的数字信号，之后，计算机就可以方便地对它们进行存储、加工、控制、编辑、变换，还可以查询、检索。充分发挥多媒体教学的优势，对培养学生的创造思维具有重要作用。

(2)意义。

首先，可以改变学生的主动参与度。

众所周知，在传统的教学过程中一切都由教师决定。教学内容、教学策略、教学方法、教学步骤，甚至学生做的练习都是教师事先安排好的，学生只能被动地参与这个过程，即处于被灌输的状态。而在多媒体交互式学习环境中，学生则可以按照自己学习的基础、学习兴趣来选择自己想要学习的内容，可以选择适合自己水平的练习。如果教学软件编得好，连教学模式也可以选择。比如，可以用个别化教学模式，也可以用协商讨论的模式，使计算机像学习伙伴一样和你进行讨论交流。也就是说，学生在这样的交互式学习环境中有了主动参与的可能，而不是一切都由教师安排好，学生只能被动接受。按认知学习理论的观点，人的认识不是外界刺激直接给予的，而是外界刺激与人的内部心理过程相互作用所产生的，必须发挥学生的主动性、积极性，才能获得有效的认知，这种主动参与性就为学生的主动性、积极性的发挥创造了很好的条件。

其次，可以改进教师的教学效率。

在传统的地理课堂中，教师最常用的辅助手段是板画、板图和教学挂图。教师在教学准备方面较为简单，虽可以概略地展示地理事物的一般变化规律，但其在精确性、针对性、交互性、快捷性等方面有着一定的局限性。同时，地理教学所要求的解自然界的发展、演变的规律以及世界各地的生产发展、人文特征等问题大多远离学生的生活实际。只有借助多媒体技术，才可以将这些问题及其发展状况很好地展现出来，这有利于学生进行进一步思考与分析。因此，多媒体技术丰富了地理课堂的教学手段，合理使用 PPT、Flash 和录像等多媒体技术是提高地理课堂效率的有效途径。

此外，通过多媒体的运用，可以更好地达成教学目的，分解教学难度，突出教学重点，拓展教学内容，促进地理知识过程的细化。

人机交互、立即反馈是多媒体技术的显著特点，是任何其他媒体所没有的。多媒体计算机进一步把电视机所具有的视听合一的功能与计算机的交互功能结合在一起，产生一种新的图文并茂、丰富多彩的人机交互方式，而这种方式可以立即反馈。这种交互方式对教学过程具有重要意义，它能够有效地激发学生的学习兴趣，使学生产生强烈的学习欲望，从而形成学习动机。交互性是多媒体计算机所独有的，正是因为这个特点，多媒体计算机不仅是教学的手段方法，而且成为改变传统教学模式，乃至教学思想的一个重要因素。

3. 优势

相比传统的教学方式而言，多媒体教学的优势可以表现在以下几个方面：

(1)直观性，能突破视觉的限制，多角度观察对象，并能够突出要点，有助于概念的理解和方法的掌握。

(2)图、文、声、像并茂，多角度调动学生的情绪、注意力和兴趣。

(3)动态性，有利于反映概念及过程，能有效地突破教学难点。

(4)交互性，学生有更多的参与机会，学习更为主动，并能够创造反思的环境，有利于学生形成新的认知结构。

(5)通过多媒体实验实现了对普通实验的扩充，并通过对真实情景的再现和模拟，培养学生的探索、创造能力。

(6)可重复性，有利于突破教学中的难点和克服遗忘。

(7)针对性，使针对不同层次学生的教学成为可能。

(8)大信息量、大容量性，节约了空间和时间，提高了教学效率。

(9)强大的信息存储功能、强大的变化显示功能、强大的模拟仿真功能、强大的逻辑分析功能为教学提供了广阔的前景。

三、技能训练

（一）技能概述

"恰当运用教学媒体"指教师凭借教学资源和教学主体，运用多种媒体的方式，帮助学生掌握知识和学习方法，分解教学重点，理解教学难点，从而形成相关能力并获得积极学习的情感体验。这也是实现有效学习的一种教学行为。

"恰当运用教学媒体"是教师对学生进行学习能力提升、思维品质训练的重要手段之一。通过多媒体的恰当运用，可指导学生掌握一定的教学知识和学习能力，从而提高学生的思维能力。在多媒体选取过程中还可以给学生提供多种图片以让其获得足够的感官享受，从而提高其学习能力。

在多媒体运用这个方面要特别关注两个技能。

1. 正确选用多媒体

首先，在选用多媒体时，要清楚地认识到：现代化教育手段只是辅助教学、提高教学质量的一种重要方式，而不是教学的根本内容。教学的根本内容是传授各科知识、培养科学思维方式、提高分析和解决问题的能力。因而在使用现代化教育工具上，绝不能本末倒置，把内容和形式的位置颠倒，不考虑学科特点，滥用现代化教育手段；更不能只重视教学的形式，为电教而电教，搞得花里胡哨，实际上华而不实。

现代教学媒体的应用，并不是对传统媒体与教学的绝对取代，而是将现代教学媒体与传统教学媒体有机地结合起来，形成多媒体组合教学的各种模式。所谓多媒体教学，具体地说，是指在班级授课形式的课堂教学中，继承传统教学手段中的合理成分，恰当引进现代化的教学手段，并使二者有机地结合，各展其长，相辅相成，教学的现代化并不是对传统教学方式的完全否定，传统教学的好方法完全可以继承，结合实际情况，清楚每个媒体的优缺点，并能够恰当运用现代化教学用具，扬长避短，真正提高教学质量。

因此在选用多媒体的时候要注意学生的思维习惯和学习特征，要特别关注教学内容的实质，考虑如何具体去体现这样的内容最恰当。同时还要关注教学难点和重点的突破方式。

2. 熟悉多媒体制作

清楚地选择了多媒体种类后，对所选用的多媒体要有一定程度的了解，比如最常见的是 Powerpoint，在用 Powerpoint 制作课件时，要注意内容与教学一致，不要花俏；要补给学生的视角，不要混淆；图片要清晰，不要模糊；布局要简洁，不要凌乱。同时在选择了相应的动画或者视频的时候，要注意这些链接的位置。

网上的微课、动画、视频都已经很丰富，可以及时收集并积攒作为资源库的一部分，这样也会提高效率。

（二）构成要素

案例 2

地形图的判读

（朱丽珍，北京陈经纶中学保利分校）

教学过程				
教学环节	教师活动	学生活动	设计意图	技术支持
描界线，建联系	出示：分层设色地形图。 问题：分层设色地形图上的颜色系列有哪些？颜色与高度之间有什么特点？ （低海拔以绿色为主，高海拔以黄色为主。）	在此模式图上，描出颜色界线。	通过描颜色界线，体验分层设色地形图与等高线地形图的联系。 同时初步认识颜色与高度的关系。	学生利用电子书上的画图板功能，描出颜色界线，直观感受到等高线地形图与分层设色地形图之间的对应关系。 教师在巡视过程中投影学生活动。
观模型，认地形	利用等高线地形模型认识地形。 问题： (1)平原和高原的异同点是什么？ (2)丘陵和山地的异同点是什么？	结合模型，观察平原、高原、丘陵、山地的高度和地表起伏特点。 通过对比说出地形的特点。	直观观察并对比，初步认识五种地形。	—
	出示：五种地形的景观图。	将景观图、特点与名称连线。	从立体模型到平面景观，认识五种地形。	学生在电子书画图板中连线，在连线中总结五种基本地形的特征。 学生投影自己的作品。
观察等高线识地形	出示：等高线地形图。	将景观图拖放到相应的位置。 拖放后，进行归纳。	建立从直观地形到抽象的地形图之间的转换。 借助等高线地形图上已有的技能，归纳出识别五种基本地形的方法。	利用电子书中的拖放功能，帮助学生从形象景观图到抽象的地形图之间建立联系。 教师在巡视过程中投影学生活动。 学生投影自己的作品。

续表

教学过程				
教学环节	教师活动	学生活动	设计意图	技术支持
对比地形，图识地形	将等高线地形图和分层设色地形图进行上下出示。 问题： 在分层设色地形图中如何区分高原和平原？如何区分丘陵和山地？ （预设：平原是大片绿色，高原是大片黄色；山地是深色，丘陵是浅色）	观察对比两种地形图，将五种地形在分层设色地形图上找出，并说出每种地形的表示方法。 对比观察，找出平原和高原、山地和丘陵的识别方法。	将已知的等高线地形图与陌生的分层设色地形图进行一一对应，初步认识五种地形的表示方法。 从宏观上初步识别五种地形。	在电子书上进行拖放，帮助学生建立从等高线地形图到分层设色地图之间地形的联系，截屏提交。 教师在 iteach 上发布白板。
圈画地形区，认地形	出示不带注记的中国地形图。	分组，在中国地形图上，分别找出平原、高原、丘陵、山地和盆地，并说出识别方法。	通过在中国地形图上进行地形的识别，巩固在地形图上识别地形的方法。	利用电子书的圈画功能，帮助学生掌握在分层设色地形图上识别地形的。 截屏提交。 教师发布白板。
观察地形，图说特征	出示中国地形图。 问题：同样是高原的内蒙古高原和云贵高原，其地表特征有什么不同？ 出示：两个高原的景观图，进行验证。	小组合作观察。 找出两种高原在地形图上反映的地表差异。 （从颜色深浅和变化进行描述）	在地形图上不但能够识别地形，而且能初步学会描述地形区的特征。	利用电子书对局部细节的放大功能，学生可以从微观局部观察地表起伏与深浅颜色变化的关系。 教师投影学生的活动。 学生投影汇报。
总结方法，出板书	在地形图上识别五种基本地形的方法的依据是什么？ 在学生总结时出示板书。	学生回忆总结。	引导学生系统归纳，加深对本节课内容和方法的理解。	黑板。

板书设计

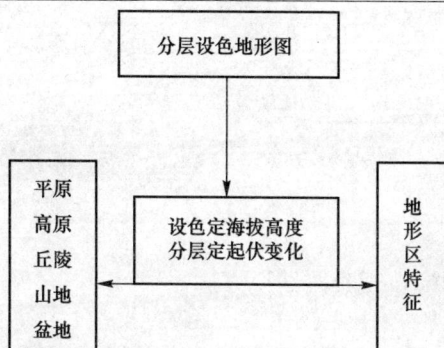

材料附件：

活动材料 1：（在等高线地形图上画出颜色界线）

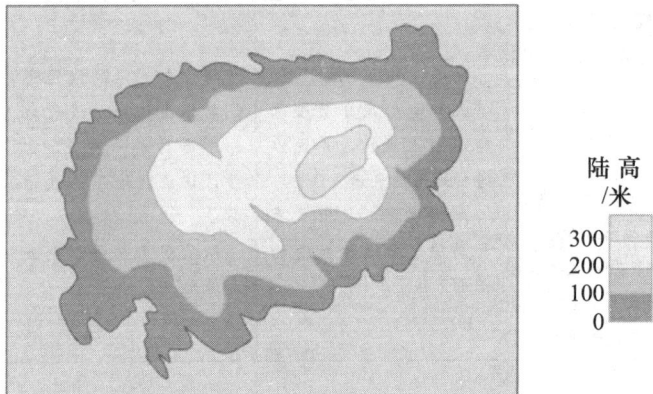

陆　高
/米

300
200
100
0

活动材料 2：（将地形景观与名称连线）

山地　　　　　　丘陵　　　　　　平原　　　　　　高原　　　　　　盆地

活动材料 3：（将地形景观拖放到相应的位置）

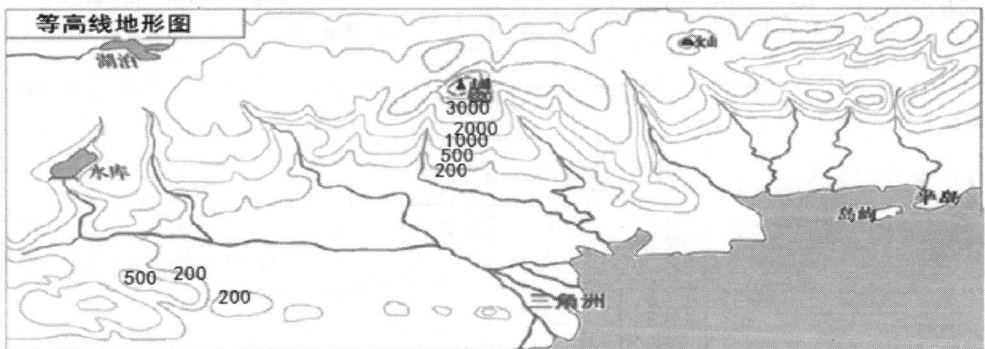

活动材料 4：（地形图对应，观察归纳说方法）

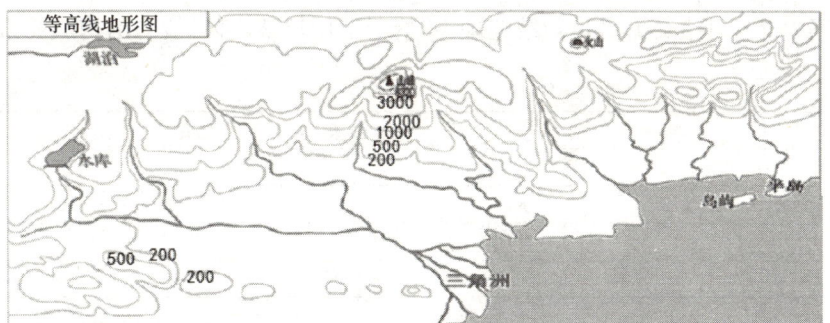

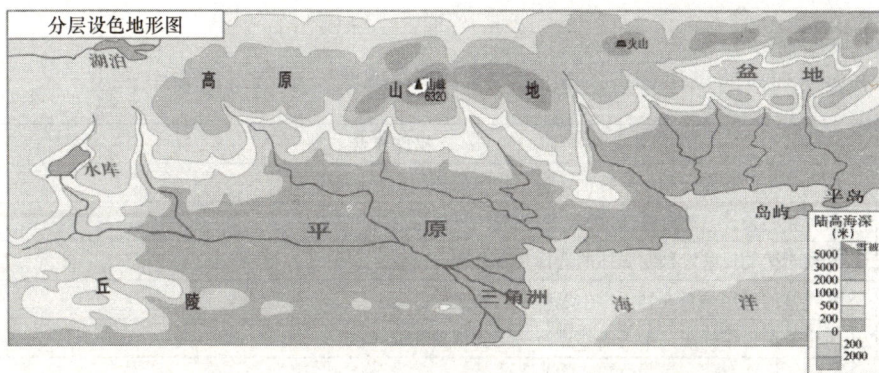

地形图的识别

活动材料 5：（分小组在图上圈画出不同的地形类型）

活 动 ③

构成要素分析

　　分析以上教学案例，说明教师在完成教学目标的时候主要运用了哪些多媒体，这些教学媒体运用是否恰当。

根据案例 2，讨论交流后，归纳整理出"恰当运用教学媒体"能力的构成要素，填写在下表中。

序号	要素
1	
2	
3	
4	
......	

（三）操作要点

阅读下表所列出的操作要点。除此之外，还有哪些？请填写在表中。

序号	操作要点
1	结合学生已有知识和学段特征，提供相应的视频、音频等资料。
2	教师精心设计，结合教学内容，将相应的媒体结合应用。
3	观察学生的反映，判断媒体的选择是否合理。
4	多媒体的使用是否有利于学生思维框图的建构。
5	学生借助思维框图，是否能够进行一定的创新和演绎。
......	

（四）技能训练

活 动 ④

以经纬网为例，进行小组联合作战。

经纬网的课标要求：

(1)说出经线与纬线、经度与纬度的划分。（初中课标）

(2)用经纬网确定任意地点的位置。（初中课标）

步骤 1　分组设计：依据课程标准，以小组为单位，对经纬网进行不同学段、不同类型教学媒体的设计。

步骤 2　组内讨论：在展示自己的教学目标的过程中，说明选择不同教学媒体的理由。

步骤 3　总结提升：从各组的展示中，提出"恰当运用教学媒体"应该满足哪些(至少两个方面：教师行为和学生行为)基本要求，并在组里交流，由发言代表进行总结、归纳。

步骤 4　全班分享：由各组代表在全班发言、分享，将要点填写在下表中。

序号	相关的基础知识
1	
2	
3	
......	

■ 活 动 ⑤

逆向思考

通过前面的学习，我们知道"恰当运用教学媒体"应当满足的基本要求。反过来，再思考一下，在课堂教学中，"恰当运用教学媒体"有哪些不应该出现的现象和情形？请列在下表中。

序号	不应当出现的情形
1	
2	
3	
4	
……	

（五）学会评价

■ 活 动 ⑥

模拟活动

每位学员选取一个微格片段，根据教学内容作一次教学媒体运用的设计。

_____

_____

_____

步骤 1：根据微格片段，用 10 分钟设计一下自己进行课堂教学时选择不同媒体的方案。

_____

_____

_____

步骤 2：在准备的基础上，各组派代表在全班进行讲解。

_____

_____

步骤 3：按照《标准》给每组代表的"恰当运用教学媒体"能力评定等级，并说明理由，填写在下表中。

等级	理由

四、案例分析

阅读下面的案例，应用《标准》给出每个案例的等级和评级理由。

步骤1：阅读案例。

案例 3

洋流

（杨欢，北京市第八十中学）

教学过程			
知识与技能（三维度、四水平课堂教学目标），技术媒体的使用	活动与任务		反馈与评价
	学生	教师	
视频引入——漂流瓶的故事	观看视频，思考漂流瓶从中国东部漂流到英国苏格兰地区的原因。	提问，指导学生观看视频。	引起学生的注意和兴趣，导入新课。
手绘大西洋和太平洋的洋流分布图	课前预习，完成大西洋和太平洋的洋流分布图。	检查预习成果。	对比大西洋与太平洋洋流分布特点，为绘制洋流分布模式图作铺垫。
绘制洋流模式图	小组合作，绘制洋流模式图。	指导学生进行绘制，展示洋流模式图	锻炼学生的对比分析能力、归纳概括能力以及抽象思维能力。

续表

教学过程			
洋流对地理环境的影响	熟悉洋流名称，加深对寒暖流的认识。	从中国到苏格兰，漂流瓶可能顺着哪些洋流运动？	培养学生的观察能力和知识应用能力。
	练习使用洋流分布规律解决实际问题。	1492年，哥伦布第一次横渡大西洋，到达美洲，用时37天——A线。 1493年，哥伦布第二次去美洲，用时20天——B线。 问题：哥伦布为什么第二次去美洲所用时间短？ 引出用洋流分布规律解决实际问题的方法： 对线线→画圈圈→加箭头→标寒暖	洋流对地理环境的影响1：影响航行的速度。 训练使用洋流分布规律解决实际问题的能力。
	对洋流性质进行思考，推理出洋流对气候的影响。	漂流瓶的终点位于全年温和多雨的苏格兰，而比苏格兰纬度还低的俄罗斯海参崴冬季却非常寒冷，这是什么原因呢？引导学生思考。引出：苏格兰受到北大西洋暖流的影响，增温增湿，即暖流增温增湿，寒流降温减湿。	洋流对地理环境的影响2：暖流增稳增湿，寒流降温减湿。
	探究渔场形成原因	苏格兰附近的北海地区有美丽的北海渔场，北海是世界上四大渔场之一，鲜鱼的产量占世界的一半，附近各国沿海人民均以渔业为主要行业。为什么这个地方会形成巨大的渔场呢？	洋流对地理环境的影响3：寒、暖流交汇(离岸上升流)，饵料丰富，易形成渔场。 了解全球四大渔场(即北海渔场、北海道渔场、纽芬兰渔场和秘鲁渔场)的位置及成因。
	探究洋流对海洋污染物的影响	一艘油轮在墨西哥湾发生了泄露，会对苏格兰有影响吗？除了苏格兰外，它还会影响别的地区吗？	洋流对地理环境的影响4：有利于污染物的扩散和净化。
问题探究	海洋污染与海洋环境保护	介绍2010年墨西哥湾石油泄漏事件、2011年福岛核泄漏事件对海洋环境的影响。 面对海洋污染，我们还能采取哪些措施？	增强学生对海洋环境的保护意识。
板书设计			
课后作业	应对海洋污染行动计划，完成相应章节的目标。		

✽ 案例分析

(1)本课的导入是通过观看视频引出思考：漂流瓶从中国东部漂流到英国苏格兰地区的原因能够激发学生的兴趣，使其以足够的注意力进入本课的学习。

(2)在主体知识的分析过程中，选用了传统的绘图方式。绘图是高中必修地理课中经常用的一种传统的教学方式。在教学过程中，教师凭借自己的基本功，用简易的笔法把复杂的图形绘制成简单的板图，以帮助学生领会重点，学生在跟教师绘制的过程中也能够理解其原理。该方式生动形象、重点突出。

(3)与绘图同步的地理教学，有利于引导学生重视地图等图像，注意图文结合，落实重点到图像上，可以引导学生仿效做地理简画笔记，从而提高学生的空间观点，巩固地理原理的理解和应用。

案例 4

气候对生产和生活的影响

（胡天婵，北京陈经纶中学保利分校）

教学环节	教师活动	学生活动	设计意图	ipad 技术支持
从生活入手，切入主题	出示体现世界各地人们喜爱喝咖啡的图片。设问：这样一种风靡全世界的饮品，它的原料是否在世界各地都有分布呢？	倾听并思考。	通过生活中随处可见的咖啡饮品引发学生对世界咖啡分布的思考。	展示图片。
	引导学生完成活动一："火眼金睛"。根据学生的发言点评指导。问：世界上还有哪些地区适合种植咖啡？	根据咖啡的生长条件，读气温和降水分布图，分析并勾画出适合咖啡生长的城市。班级内进行交流。	以四个居民喜爱喝咖啡的城市为例，借助气候分布图，判断哪个城市适合种植咖啡，引导学生初步感知气候会影响咖啡的分布。	使用画图板勾出咖啡的产地，完成后截屏。
环节一：探究气候对生产的影响	引导学生完成活动二：探寻咖啡的分布。巡回指导。针对学生提交的结果进行指导并作出小结：受气候的影响，咖啡主要分布在南、北回归线之间。出示"世界咖啡的分布"图和适于咖啡生长的海拔资料，小结影响咖啡生长的因素。小结并形成板书。	分别在世界1月和7月气温分布图、世界年降水量分布图上圈画适于咖啡生长的区域，并将共同部分涂实，找出适合种植咖啡的区域。完成后截屏，通过iteach平台提交。倾听并思考。	以咖啡为例，引导学生掌握借助农作物的生长条件和各种气候资料探究农作物的分布的方法。以蓝山咖啡最适应的海拔为例进行思维拓展，引导学生对影响作物生长和分布的因素形成完整的认识。	借助 App 中的白板软件在不同图层的底图上分别圈画，然后涂出共同的区域。完成后截屏，并通过 iteach 平台提交。

续表

教学环节	教师活动	学生活动	设计意图	ipad 技术支持
环节二：探究气候对生活的影响	出示活动三的要求。巡视指导。选择 1~2 名学生进行展示交流。	结合自己的生活经历，用绘画的方式从民居、服饰、饮食、节日或其他方面展示气候在生活方式上形成的地域差异。完成后拍照，并通过 iteach 平台提交。借助资料包和网上信息查找。	引导学生以绘画的方式将生活中观察到的气候在生活方式上形成的地域差异展示出来，并运用上述总结出的方法分析。	绘制后运用相机功能拍照，并通过 iteach 平台提交。
巩固练习	通过 iteach 发布练习题。针对学生反馈的结果进行点评。	完成练习并提交。	巩固本节课所学知识。	通过 iteach 发布练习题，并统计结果。
板书设计				

(副板书)
学法指导：
气候生产和生活查阅资料
↓
分析气候
↓
探究影响

地 ⟷ 人

【材料附页】

活动材料 1：根据咖啡的生长条件，借助"世界年气均温分布图"(图 1)和"世界年降水量分布图"(图 2)，挑出适合种植咖啡的城市，并说明理由。

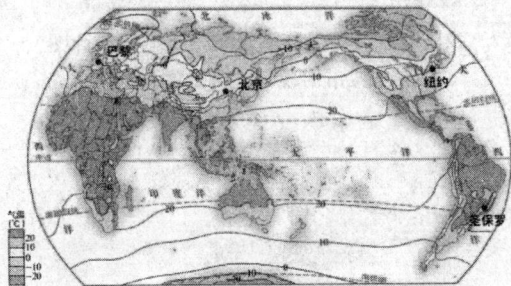

图 1　世界年平均气温分布图

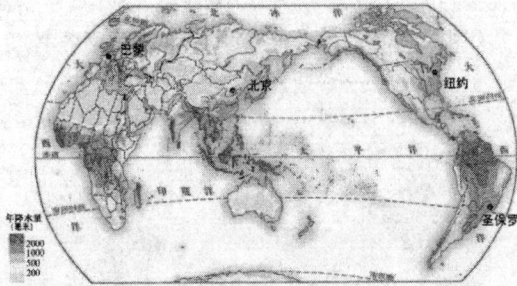

图 2　世界年降水量分布图

活动材料 2：根据咖啡的生长条件，分别在"世界 1 月气温分布图"(图 3)、"世界 7 月平均气温分布图"(图 4)和"世界年降水量分布图"(图 5)上用不同的颜色圈画出适合种植咖啡的范围，并用你喜欢的颜色涂出其共同的区域。

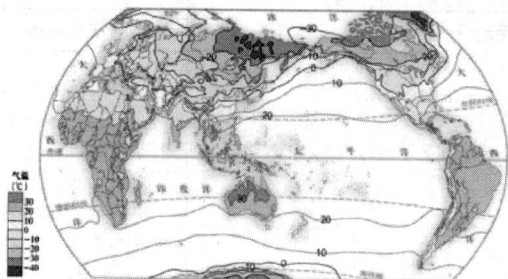

图 3　世界 1 月气温分布

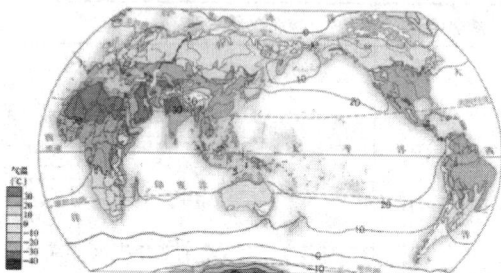

图 4　世界 7 月平均气温分布

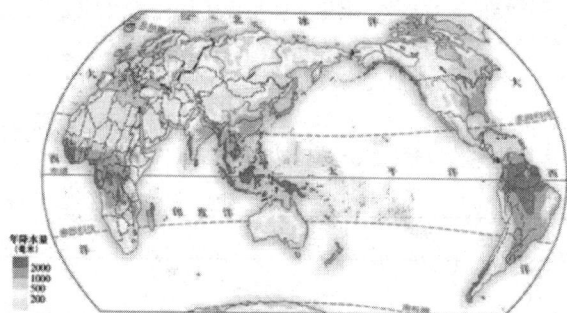

图 5　世界年降水量分布

活动材料 3：请你结合所学的知识和在生活中观察到的现象，用绘画的方式展示气候对人们生活的影响，并借助适当的气候资料说明理由(图 6～图 9)。

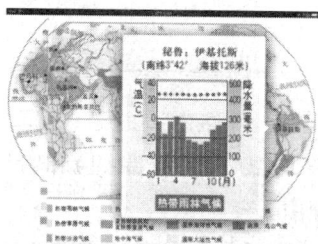

图 6　世界气候类型分布图及主要气候类型
（点击城市出现气候统计图）

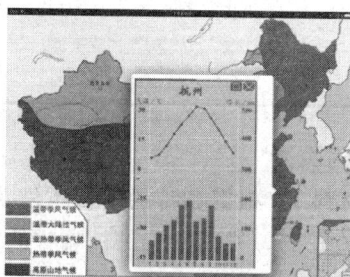

图 7　我国气候类型分布图及杭州市气候统计图
（点击城市出现气候统计图）

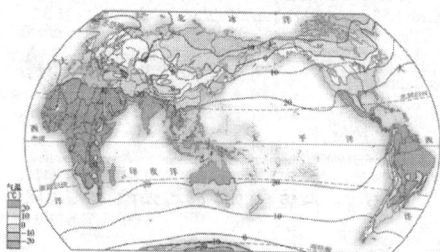

图 8　世界年平均气温分布图

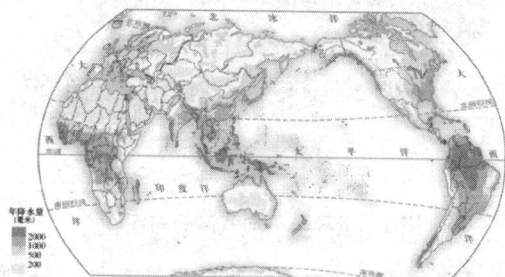

图 9　世界年降水量分布图

巩固练习：

1. 小明的爸爸计划 12 月份去地中海沿岸的希腊雅典开会，他应该准备(　　)。

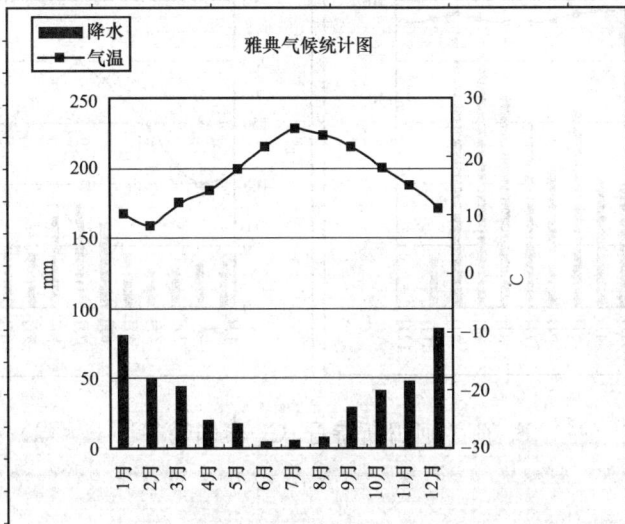

雅典气候统计图

A. 羽绒服　　　　　B. 遮阳帽

C. 雨伞　　　　　　D. 棉帽

2. 寒冷的冬季，农民利用塑料大棚种植了许多夏季才能吃到的蔬菜，塑料大棚改善了农作物生长所需要的(　　)。

A. 地形条件　　　　B. 气温条件

C. 肥力条件　　　　D. 抗病条件

能力拓展：

3. 水稻是一种喜高温、喜湿、短日照的作物。幼苗发芽最低气温为 10 ℃～12 ℃，成熟期适宜在温度为 25 ℃～35 ℃。请你根据水稻的生长条件，借助各地的气候统计图，判断以下哪些城市适合种植水稻。(　　)

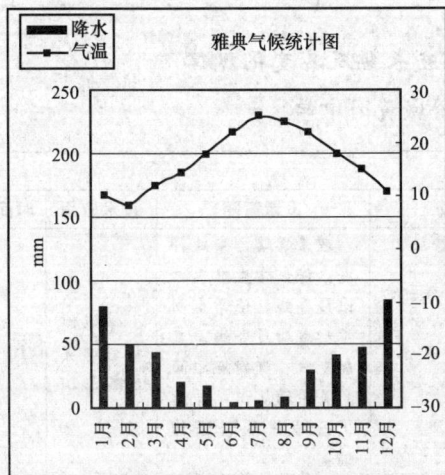

雅典气候统计图

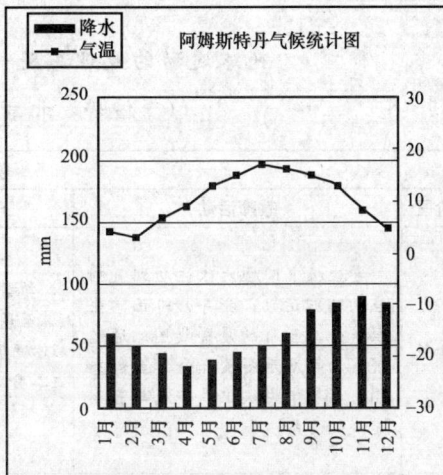

阿姆斯特丹气候统计图

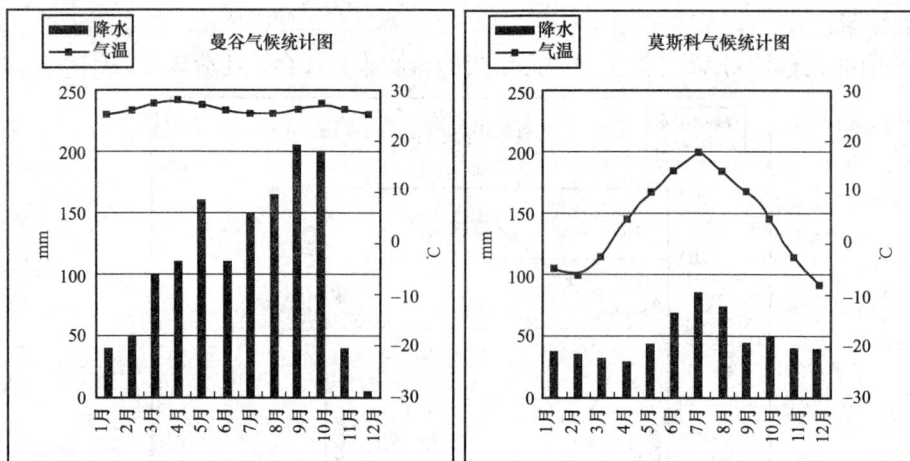

A. 希腊雅典　　　B. 荷兰阿姆斯特丹　C. 泰国曼谷　　　　　D. 俄罗斯莫斯科

❋ 案例分析

(1)本节课以咖啡为例，根据作物的生长条件，借助 App 中的白板软件综合分析多张气候图，探究气候对农作物分布的影响。

(2)以绘画的方式列举气候对生活的影响，然后借助资料包和 ipad 截屏、iteach 平台进行展示交流。

(3)这样设计出的教学活动会使学生耳目一新，增强了学生的学习兴趣，提高了学生的注意力，活跃了课堂的教学气氛。特别是白板对动画、视频、音频的随时暂停控制与标注使教师能够更加自主地应用现有多媒体教学课件，从而弥补了很多课件交互性较差的缺陷。

案例 ⑤

地球运动的地理意义——昼夜长短及其变化规律
（李俊婷，北京市华侨城黄冈中学）

教学过程					
教学阶段	教师活动	学生活动	设置意图	技术应用	时间安排
温故知新	学生板书回顾地球运动到直射点的回归运动；指导、纠正学生画二分二至日的晨昏线图；通过观察动画演示图及二分二至静态图，指导学生认识晨昏线与直射光线的关系。	学案完成：画二分二至晨昏线图，并通过观察图，填表。（二分二至全球昼夜长短情况）	理清思路，查缺补漏，保证学生准确画出晨昏线，使学生初步形成对晨昏线、直射光线、直射点之间的关系的认识，并为下一步讲授新课作铺垫。	多媒体课件，实物投影。	10分钟

续表

教学过程					
教学阶段	教师活动	学生活动	设置意图	技术应用	时间安排
新课讲解	探究一：9月25日，太阳直射点在_____半球，北京昼夜长短情况是昼_____，夜_____（长或短）。 5月1日，太阳直射点在_____半球，北京昼夜长短情况是昼_____夜_____（长或短）。 总结：直射点在哪个半球，该半球昼_____夜_____（长或短）。纬度越高，昼越_____（长或短），极点附近有极_____（昼或夜）。 指导学生观察动画演示。 总结直射点的位置与昼夜长短的关系。 探究二：9月25日以后的几天，直射点向_____移动，北京昼越来越_____，夜越来越_____（长或短）。 5月1日的随后几天，直射点向_____移动，北京昼越来越_____，夜越来越_____（长或短）。 总结：直射点向北移动，北半球昼变_____，夜变_____（长或短）。直射点移到最北，北半球各地昼最_____，极昼范围最大。南半球相反。 指导学生观察动画演示。 总结太阳直射点的移动与昼夜长短变化的关系	找出9月25日及5月1日直射点的大概位置，并画出晨昏线图，观察北京昼夜长短情况。 观察动态演示图，根据老师的指引，总结出直射点的位置与昼夜长短的关系并完成学案。 根据老师的引导，观察动画演示，总结出直射点的移动与昼夜长短变化的关系。	从生活现象引入探究，理解太阳直射点的位置与昼夜长短之间的关系，并养成观察生活中地理现象的习惯，感受对生活有用的地理。	多媒体课件，实物投影。	20分钟
归纳总结	板书总结归纳	完成学案总结归纳部分。	理解昼夜长短问题的实质是找太阳直射点的位置和移动。	—	2分钟
拓展提高	典型例题。 展示学生的典型问题答案，找出问题，讲解清楚。	完成例题，展示答案，针对问题思考，找出出错的原因并修改。	提高运用能力。	实物投影。	8分钟
课堂检测	—	完成课堂检测。	检测学习效果。	—	5分钟

案例 6

"常见的天气系统"教学设计

（马卫华，北京和平街第一中学）

教学过程				
教学环节	教师活动	学生活动	技术应用	设计目的
课前两分钟	视频：天气预报	看视频。	视频	了解天气变化，引出课题。
考点呈现	(1)展示：会考要求。 (2)展示：2014春季会考题目，依据会考题目归纳会考考点，指导学生读取图中信息。	审题，读取图中信息，说出考查内容。	投影	提高提取信息的能力，熟悉会考题型，考查重点。
导入	近期北京天气变化。	感知近日天气变化状况。	投影	激发学习兴趣，引出课题。
知识梳理	分析低压、高压等天气系统的特点 992 1 000 (1)在学案上绘制气流水平运动，以低气压系统为例：观察等压线的数值变化，画出水平气压梯度力(复习水平气压梯度力-水平面气压差，高压指向低压，垂直于等压线，是形成风的直接原因)。在四个方向上沿着虚线画，画出风向——受地转偏向力影响，北半球向右偏、南半球向左偏。(举例练习，强调顺着风向发生偏转) 强调不同地区的风向。 (2)总结特点：北半球向中心辐合上升。 (3)在左图中绘制气流垂直运动：低压系统气流上升运动； (4)总结：低压系统的气流运动：水平运动——低空辐合高空辐散；垂直运动——上升(气流运动：气旋)。 (5)上升过程中空气冷却凝固，如果空气中含有大量的水汽，会形成降水。 (6)南半球顺时针(换颜色笔画图)。 (7)让学生自己练习高压系统，并进行知识点的整理和梳理。 (8)天气实例：台风。 提醒学生注意：气压、气流运动、天气、半球等因素。	跟着老师绘制低压系统。 自己练习高压系统。 总结： 高压系统，北半球逆时针运动； 低空辐散，高空辐合； 反气旋：下沉运动； 天气实例：伏旱、秋高气爽。	版图	低压系统是学生去年学习过的内容，但是对于理科班，大部分学生对地理学习不重视，更要从基础复习，从绘图落实。对文科生来说，这样的讲授可让他们强化绘图步骤、强化绘图知识，保证后期的学习。 让学生画低压系统，理解相关知识点，并自己绘制低压的内容，指出其主要特征天气实例等。 让学生进行总结。

续表

	教学过程			
教学环节	教师活动	学生活动	技术应用	设计目的
巩固练习	运用已有知识完成巩固练习。 完成相关试题：2012 年 3 月 15 日，热带气旋"卢阿"向澳大利亚西北沿海逼近。 (1)图中正确表示"卢阿"水平气流状况的是(　　)。 图例 → 气流方向 — 等压线 （单位：hPa） ① ② ③ ④ A. ① 　 B. ② 　 C. ③ 　 D. ④ 2."卢阿"导致澳大利亚西北沿海地区(　　)。 A. 狂风暴雨　　　B. 高温多雨 C. 晴朗干燥　　　D. 寒冷干燥 注意关键词语："热带气旋""澳大利亚"。	完成巩固练习。	投影	巩固所学知识，强调审题。
知识梳理	分析锋面系统的特点： (1)介绍锋面的组成。 (2)冷锋天气变化及其对我国的影响。 (3)暖锋天气变化及其对我国的影响。 (4)冷、暖锋对比。	根据学案要求完成锋面图的绘制。	投影、白板	绘制锋面图，了解锋面的组成及形成。
巩固练习	运用已有知识完成巩固练习。 据中央气象台 2014 年 11 月 29 日预报：受南下东移冷空气影响，未来三天华北地区将有 5~6 级大风，气温下降 10 ℃~12 ℃。 1."未来三天"影响华北地区的天气系统是(　　)。 A. 低气压　B. 暖锋　C. 冷锋　D. 高气压 2. 该天气系统过境给北京带来的影响有(　　)。 ①暴雨摧毁房屋　②低温造成冻害 ③降雪阻塞交通　④大风净化空气 A.①②③　　　　B.①②④ C.①③④　　　　D.②③④ 3. 该天气系统过境后，北京(　　)。 A. 气温降低、天气转晴 B. 气温降低、伴有降雪 C. 气温升高、天气转晴 D. 气温升高、伴有降雪	完成巩固练习。	投影、白板	巩固所学知识。

续表

	教学过程			
教学环节	教师活动	学生活动	技术应用	设计目的
课堂小结	完成下面的课堂小结： 等压线的阅读重点：气压高低、气流运动、锋面。 天气系统、气流运动(水平、垂直)、对应天气(时间、地点)。	整理知识点，绘制知识框架。	—	总结概括构建知识结构。
课堂检测	利用检测题考查本节课内容。	检测练习	—	利用检测题考查本节课内容。

案例 7

"撒哈拉以南的非洲"第一课时——位置和环境

(郭虹希，北京市草场地中学)

教学流程	教师活动	学生活动	设计意图
课前准备	(1)指导分组。 (2)发放教学所需材料(纸张、彩笔等)。	划分为 3 个小组，主要是对问题进行讨论分析，各自分配好任务。	为有效组织教学作好铺垫。
情境导入	(1)播放视频：撒哈拉以南非洲的自然环境和风土人情。 (2)教师引导：从视频和图片中看到了什么？能否用几个词语概括一下这片土地的特点(自然风光、人文风情等)？ (3)提问：为何将非洲分为北非和撒哈拉以南非洲两个区域？简单介绍一下撒哈拉以南非洲的人种(以黑种人为主，是黑人的故乡)。	(1)带着问题观看视频，直观感受有关撒哈拉以南非洲的知识和信息。 (2)简要描述本区的自然环境和人文风貌	创设情境，营造学习氛围，导入本节学习内容。

续表

教学流程		教师活动	学生活动	设计意图
教学过程	走进撒哈拉以南非洲	(1)板书画出撒哈拉以南非洲的大陆轮廓图，并让学生对比之前所学习的欧洲西部的轮廓。 提供PPT图片，引导学生观察，令其自主学习，分析本区地理位置的特征。 (2)海陆位置。 教师引导学生观看PPT演示的图片"撒哈拉以南非洲在世界上的位置以及周围濒临的海洋"，找出大西洋、印度洋、红海、几内亚湾、马达加斯加岛和莫桑比克海峡，之后请学生思考如何描述其海陆位置的特点，并请学生上白板进行勾画和描述。 (该地区东临印度洋，西临大西洋，地跨南、北半球，多数区域位于南、北回归线之间。南端的好望角的交通与战略地位十分重要。) (过渡：对比欧洲西部，欧洲西部的地形以平原为主，而该地区的地形地势特征是怎样的呢？) 在撒哈拉以南非洲东部的高原上，有一条世界陆地上最长的大裂谷——东非大裂谷，还有一座海拔为5 895米的高山——乞力马扎罗山。 (3)地形特征——高原大陆。 教师引导学生观察撒哈拉以南非洲地形图，并找出主要的高原和盆地，以及东非大裂谷和乞力马扎罗山，让学生继续上白板进行勾画和描述，说出该地区自西向东的海拔高度。(东南高、西北低) (过渡：从纬度位置来看，欧洲西部大部分位于中纬度地区，而撒哈拉以南非洲的纬度位置相对较低，请找出几条重要的纬线，并试着分析在这样的情况下，该地区的气候特征是什么。)	(1)直观感受该地区的范围和形态，并在纸上跟随老师试着画该地区的轮廓图，发现该地区海岸线较欧洲西部平直，大陆较完整，没有很多半岛和岛屿。 (2)读图，在白板上进行演示，勾画所找内容，运用描述大洲地理位置的方法，描述本区海陆位置并作简要评价。 (3)关注该区域的高山和裂谷，简单了解其成因，明白地球是不断运动变化的。通过剖面图分析其主要地形类型和海拔变化。 (4)分析本区主要的气候：热带雨林和热带草原气候。 (5)利用对比图片认识热带草原干、湿两季的景观差异，观看东非角马大迁徙的短片，思考热带草原气候与动物迁徙的关联。	(1)明确本节的主要任务，通过对比，将新、旧知识结合起来，促进学生对新知识的理解和记忆。 (2)让学生通过自主学习，理解地理要素间的相互联系、相互影响。 (3)通过读图分析、讨论归纳，加强交流意识，提高学生的合作学习能力。 (4)培养学生通过图表获取地理信息的能力。 (5)增加学生对该地区气候的直观感受，促进学生对热带气候分布规律的探索以及对这些气候特征的了解。

续表

教学流程		教师活动	学生活动	设计意图
教学过程	走进撒哈拉以南非洲	 (4)合作探究：有规律的热带气候。 　　教师首先引导学生关注几条重要的纬线，引出"热带大陆"这一知识点，然后用 PPT 出示撒哈拉以南非洲的气候分布图，让学生分小组进行探究学习，完成 PPT 上的相关问题，找到主要的三种气候类型(热带沙漠气候、热带草原气候和热带雨林气候)，然后进一步结合刚刚讲过的地形图，找到每一种气候分布的区域，让学生试着说一说气候分布的规律。(南、北对称分布) (5)热带稀树草原气候。 　　播放 PPT，出示三幅气温降水图，首先让学生分组讨论分析对应的气候类型及其气温降水特征，然后展示不同气候类型的景观图，然后利用"东非角马大迁徙"这一现象，进一步突破重难点，突出热带草原气候干湿分明的特征。 	—	—
	收获知多少：画出心中的撒哈拉以南非洲	设计问题：本区的自然环境很特殊，刚刚看了其自然环境对动物的影响，那么结合刚开始我们所画下的撒哈拉以南非洲轮廓图，此时如果给你彩色的画笔，利用发散思维，你将如何把本节课学习的内容用图画展示在这个轮廓图内？	简单讨论和归纳本节课学习的内容，然后进行发散思维，在不同的气候分布区中画上特有的动植物符号。	使学生能够及时反馈，并用新颖的画图的方法，使课堂充满趣味。

板书设计：

撒哈拉以南的非洲

1. 黑人的故乡

2. 高原大陆

3. 热带大陆(南、北对称分布) { 热带沙漠气候
热带草原气候(干湿分明)
热带雨林气候

课外作业：

幻灯片制作：查找、收集更多有关撒哈拉以南非洲环境和人文风貌的图片，给图片配上解说词，然后举办一场非洲风情展示活动。

案例 8

热力环流

（银换英，北京市和平街第一中学）

教学过程(表格描述)					
教学阶段	教师活动	学生活动	设置意图	技术应用	时间安排
创设情境	情境提问： (1)热气球上没有机械动力装置为什么会上升？ (2)请同学们观察班里暖气片的位置，为什么暖气片安放在窗户下面靠近地面？	通过生活实例引入本节课的主题：热力环流。	结合生活中的真实案例，激发学生的学习热情。	—	2分钟
温故知新	回顾初中的物理知识，分析空气密度和气压的关系以及不同海拔的气压差异。	学生回顾，回答问题。	回忆初中的物理知识。	PPT	1分钟
新课讲解	环节一：模拟热力环流，观看热力环流实验视频。	(1)根据视频，画出玻璃缸中模拟的热力环流的运动方向。 (2)玻璃缸内的空气运动的原因_____ 左：热水　右：冰块	学生通过观看、分析、思考、回答问题，再加上教师的讲解、归纳来获得感性认识。	热力环流实验视频	4分钟

续表

教学阶段	教师活动	学生活动	设置意图	技术应用	时间安排
	教学过程(表格描述)				
实践操作	环节二:探究热力环流的形成过程(图解)。	学生在黑板上画出热力环流示意图。	通过图解,使学生清晰了解热力环流的形成过程。	—	3分钟
分享交流	总结归纳:引导学生观察实验,分析热力环流形成原理,完成导学案表格。	观察实验,分析热力环流形成原理,完成导学案表格并小组讨论,一个组派代表进行发言,其他组补充。	深化对地理现象发展过程的认识。	PPT	4分钟
情境创设	生活中的热力环流实例。				
情境1:海陆风	在一个漆黑的晚上,海边的度假小屋发生了一起谋杀案。神探根据线索抓了嫌疑犯甲和乙去警察局问话。神探问他们案发当晚在哪里。甲说:"当晚我在海边漫步,海风迎面吹来,让我觉得心旷神怡,整个晚上我都在吹海风。"乙说:"我站在沙滩上望着大海想心事,感觉凉风从后背袭来,凉风嗖嗖,怪让人害怕的。"神探根据他们的话一拍桌子,大声喝道:"用我高中的地理知识,你们两个人有一个就是杀人犯!"同学们你们分析一下谁是杀人犯呢?	学生通过画导学案的海陆风图找到真相。学生在黑板上边绘图边断案。	引入断案故事,激发学生的学习兴趣。	PPT	5分钟
情境2:山谷风	因为山谷风的知识较难,教师需要提示山坡和山谷昼夜温度的差异,学生自主完成山谷风示意图。情景故事引入:《三国演义》中的一个故事:诸葛亮把司马懿困在葫芦峪中用火攻,眼看火烧到紧要关头,突降大雨,救了司马懿的命。诸葛亮叹到:谋事在人,成事在天。那么为什么天会在这紧要关头下起雨来呢?通过上面的案例,教师引导学生归纳降雨的条件。	一个小组派代表在黑板上画山谷风示意图。小组讨论下雨的原因。学生上黑板讲突然下雨的原因。	学以致用,创设情境,激发兴趣,让学生学会发现地理现象。	视频	6分钟

教学过程(表格描述)					
教学阶段	教师活动	学生活动	设置意图	技术应用	时间安排
情境3：城市风	有统计资料显示：北京、上海、纽约年平均气温要比近郊高 1.1 ℃，柏林要高 1.0 ℃，费城要高 0.8 ℃，莫斯科、巴黎、洛杉矶要高 0.7 ℃，华盛顿要高 0.6 ℃。 下图为城市热岛效应示意图。 提问： (1)为什么城市的温度高于郊区？ (2)运用"热力环流"原理在图中线段上绘制箭头以表示气流方向。 (3)为了减少工业污染对城市的影响，计划将钢铁厂从甲处搬迁至乙处。从环境保护的角度考虑这是否合理？试说明理由。 (4)绿地有吸烟除尘、净化空气的作用，该城市想通过增加绿地面积提高大气环境质量，你认为在甲、乙、丙三处哪处效果最好？ (5)请同学们观察城市风与前面研究的海陆风、山谷风有什么相同之处和不同之处。	学生独立完成思考后，小组讨论展示，其他组评价补充。 学生认真观察，找到与海陆风与山谷风的不同之处，明白城市风没有昼夜的区别。	用热力环流原理指导生活实践。	PPT	7分钟
效果评价	课堂反馈练习。	学生独立完成并小组讨论讲解。	当堂检测。	—	5分钟
归纳总结	回顾本节课的学习内容：热力环流的形成过程及具体实例，强调热力环流虽然是大气运动最简单的形式，但它却是我们理解大气运动的最基本原理。	回顾热力环流的形成过程，总结热力环流形成的原理和规律。	归纳回顾。	PPT	2分钟
拓展提高	生活中有很多热力环流的例子，请同学们用发现的眼睛找一些热力环流的实例，并且能够运用热力环流的规律和原理指导现实生活。	拓展知识，应用规律，指导实践。	学以致用。	—	1分钟

续表

板书设计
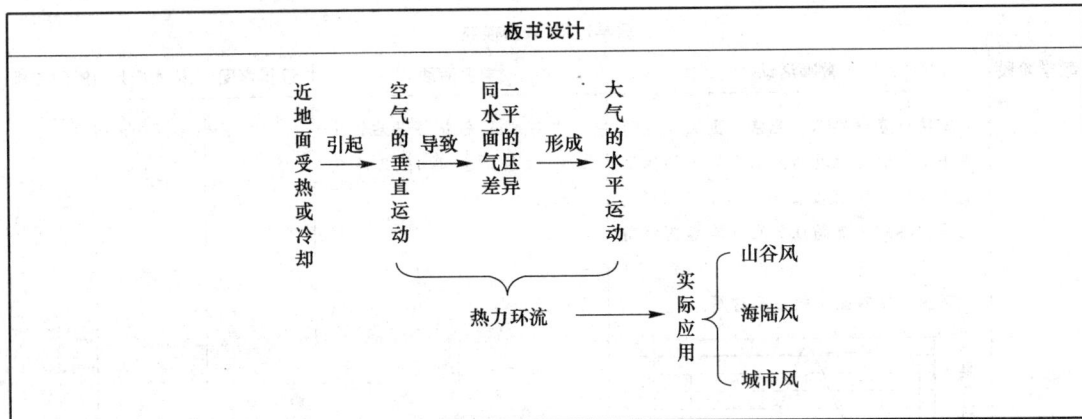

案例 9

地球的运动的地理意义

（蒋铸，垂杨柳中学）

教学过程			
教学阶段	教师活动	学生活动	设置意图
导入	今天是几号？（9月23日。）今天是个特殊的日子。特殊在哪里？（太阳直射点在赤道上。）照在赤道上怎么了？	学生绘制"太阳直射点的南北移动轨迹图"。	以秋分日来确定太阳直射点的位置。
活动1	利用光照图研究全球昼夜长短的变化规律。首先完成光照图(画出晨昏线和夜半球)。巡视学生作图，及时发现问题，展示正确答案，纠正学生的错误。	绘制光照图。	亲自绘制光照图，理解晨昏线和昼夜长短。
	观察光照图思考问题： (1)直射点在赤道上时，全球的昼夜长短情况。 (2)直射点在北半球时，全球的昼夜长短情况。 (3)直射点在南半球时，全球的昼夜长短情况。	思考光照图反映出的问题。	太阳直射点在不同位置时的昼夜长短情况。
	〔板书1：〕 "在"：直射点在赤道，全球昼夜平分。直射点在哪个半球，哪个半球昼长夜短，纬度越高，昼越长。 练习：5月4日北京昼夜长短情况。 要求学生画Z形图，定直射点，描述昼夜长短情况。	归纳总结，完成练习。	归纳总结，巩固练习，画图。
过渡	思考："在"是昼夜长短的静态描述。除此之外，我们还要研究昼夜的变化，这是动态描述，如什么时候北半球昼变长？	—	昼夜长短的变化。

续表

<table>
<thead>
<tr><th colspan="4" style="text-align:center">教学过程</th></tr>
<tr><th>教学阶段</th><th>教师活动</th><th>学生活动</th><th>设置意图</th></tr>
</thead>
<tbody>
<tr>
<td></td>
<td>〔板书2：〕
"向"：直射点向哪运动，哪个半球昼变长。
练习：5月4日之后的一个月北半球昼夜长短及变化情况。
〔板书3：〕
"最"：夏至日北半球昼最长。</td>
<td>整理笔记，完成练习：什么时候北半球昼最长？</td>
<td>板书落实。</td>
</tr>
<tr>
<td></td>
<td>总结：哪里没有昼夜长短的变化？哪里昼夜长短变化最大？出现了什么现象？产生昼夜长短变化的原因是什么？
〔板书4：〕
总结：赤道地区没有变化。极圈内变化最大。有极昼极夜现象。产生原因是太阳直射点的南、北移动（黄赤交角的存在）。
练习："今天，昨天，明天"昼夜长短的比较。</td>
<td>通过思考、总结和练习，落实昼夜长短的比较。</td>
<td>思考、回顾、练习，以掌握昼夜长短的变化原因。</td>
</tr>
<tr>
<td>活动2</td>
<td>辨析太阳高度的概念。</td>
<td>理解。</td>
<td>理解什么是太阳高度，对后面的规律总结非常重要。</td>
</tr>
<tr>
<td></td>
<td>思考：一年中，正午太阳高度是怎样变化的呢？（板书）
下面我们利用光照图研究正午太阳高度变化的规律。完成学案练习。</td>
<td>思考正午太阳高度的变化规律。</td>
<td>观察昼夜长短的规律，寻找相应的正午太阳高度的规律。</td>
</tr>
<tr>
<td></td>
<td>练习：(1)归纳正午太阳高度分布规律：由_____向_____递减。离_____纬度越近，正午太阳高度越大。有直射的地区，直射时最大。
(2)没有直射的地区什么时候达到极值？
没有直射的地区：北回归线以北地区，夏至日达最大值，南半球达到最小值；
南回归线以南地区，冬至日达最大值，北半球达到最小值。
口诀：夏至日"北北南"，冬至日"南南北"。</td>
<td>总结正午太阳高度的变化规律。</td>
<td>归纳正午太阳高度的变化规律。</td>
</tr>
<tr>
<td>板书设计</td>
<td colspan="3">
太阳直射点
南北　移动
昼夜长短和正午太阳高度的变化
　　　↓　　　　　　　　　↓
(静态)"在"：半球：昼>夜　　　"在"：直射点向两极递减
(动态)"向"：方向，半球：昼变长　极值：回归线："北北南"
　　　"最"：回归线：最长最短　　　　　　　　　"南南北"
</td>
</tr>
</tbody>
</table>

步骤 2：个人对照《标准》，给 3 个案例评等级（合格、良好、优秀），并说明理由。

案例	等级	个人说明理由
案例 6		
案例 7		
案例 8		

步骤 3：每个人的评定在组内交流、商讨后，形成小组的统一意见，填写在下表中。

案例	等级	小组统一意见
案例 6		
案例 7		
案例 8		

五、考核要求

1. 研读"结果指标"

维度	关键表现领域	能力要点	合格	良好	优秀
教学实施能力	恰当运用教学媒体	恰当运用教学媒体	能够根据教学目标和内容选择运用教学媒体	能够根据教学目标和内容合理选择并恰当运用教学媒体	能够根据教学目标和内容合理改进并综合运用教学媒体

讨论：对于上面的结果指标，需要如何将不同层次的等级描述出来？

2. 考核说明

(1)考核内容：

本项考核主要针对强化技能中关于"恰当运用教学媒体"的技能，重点考核教师对教学设计和教学过程中媒体的选择这一技能的运用。

(2)考核方法：

可以通过微格教学、微课、教学设计、说课等方式考核教师的这一基本教学实施能力。

(3)考核要点：

①能够主动、有理有据地对自己或他人的教学进行媒体合理度的分析；

②通过分析教师和学生的表现，反馈教学媒体选择的合理性；

③通过多种媒体的选择和比较，选择出最有效的一种媒体用于教学，同时可以指出其他媒体的不足和改进方法；

④根据对不同学段、学情的分析进行不同的媒体选择。

3. 结合"结果指标"，制定标准

尝试用精确的描述语言，制定出"合格""良好""优秀"三个层次的标准。

考核要素	合格	良好	优秀
媒体选择对教学内容的突破	能够根据教学内容进行某类教学媒体的选择，并能够运用该媒体进行教学设计。	能够根据教学内容进行不同教学媒体的选择，并能够较熟练地运用该媒体进行教学设计。	能够根据教学内容进行最佳教学媒体的选择，并能够熟练地运用该媒体进行教学设计。
媒体选择对学情的突破	能够根据部分学生的情况进行教学媒体的选择，并能够运用该媒体进行教学设计。	能够根据部分学生的情况进行教学媒体的选择，并能够较熟练地运用该媒体进行教学设计。	能够根据大部分学生的情况进行教学媒体的选择，并能够熟练地运用该媒体进行教学设计。

六、反思日志

题目	内容
本专题的学习要点	
实施好本技能的关键点	
通过训练后的收获和体会	

参考文献：

[1] 吴向忠．现代信息技术在中学地理教学中的作用及注意问题[J]．中学地理教学参考，2012(8)．

[2] 赵俊强．信息技术与中学地理教学整合的关键问题研究[J]．中学地理教学参考，2015(2)．

[3] 罗定．"互联网＋"高中地理教学[J]．地理教学，2016(4)．

[4] 王志旺．浅谈信息技术与课程整合[J]．地理教育，2004(1)

[5] 潘信国．浅谈信息技术与地理教学整合与创新[J]．中学地理教学参考，2004(3)．

[6] 肖萍．信息技术与地理学科整合过程中应注意的几个问题[J]．中学地理教学参考，2004(7)．

主题六　教学组织方式有效

学习目标

了解：教学组织在教学活动中的重要性。

理解：教学组织的基本概念。

分析：教学组织的主要类型。

运用：初步掌握教学组织的基本技能。

课程内容简介

教学活动的组织比教学活动本身更重要，教学活动的组织方式直接决定着教师教学内容的呈现方式与教学活动的展开方式。教学组织形式是教学活动实施的载体，科学的组织形式是提高教学活动效能的保障，对教学组织形式的选择问题始终是教师教学艺术的体现。

一、问题提出

活动 ①

分析教学片段

在进行中国地理总论的复习时，要帮助学生充分理解地理各要素是相互影响、相互作用的。

下面是复习课中的一个片段：

教师展示中国人口分布图，请同学们对照中国地形图、中国1月平均气温图、中国年降水量图、中国主要气候类型图、中国水系图和中国水资源丰缺地带分布图，分析中国的人口分布与自然环境之间可能存在的关系。然后，将学生分成6个小组分别讨论自然环境要素对人口分布的影响。

步骤 1　回答问题：尝试从学生的视角出发，回答老师提出的问题。

_____

_____

_____

步骤 2　个人反思：教师在这个教学片段中采用了什么样的教学组织方式？

_____

_____

_____

步骤 3　组内分析：教师在这个教学片段中采用的教学组织方式有什么作用？

_____

_____

_____

_____

二、标准解读

（一）理解标准

"教学组织方式有效"检核标准如下：

能力要点	合格	良好	优秀
教学组织方式有效	能够根据学习需要和特定学情，组织同位交流、小组合作、全班讨论等活动	组织活动时能够掌握恰当分组、有效分工、控制时间等技能	能够调动每个学生参与活动的积极性，并对活动过程中出现的问题进行恰当处理

活动 2

标准解读

步骤 1　个人理解：根据上面三个不同层次的标准，尝试用自己的语言表达，将不理解、不清楚的地方用横线标出来，向组内其他老师提出问题，看能否得到帮助和解决，将小组没有解决的问题写在下表中。

序号	需要解决的问题
1	
2	
……	

步骤2　延伸思考： 教学组织方式可能有哪些种类？

步骤3　等级评价： 参照《标准》对下面的"教学组织方式有效"能力给出等级。

案例 1

地方文化特色

（于硕，北京市广渠门中学）

一、教学目标

(1)学生通过观察4幅民族服饰图片，认识到文化是具有地方特色的。

(2)以民族服饰为例，学生通过分析自然环境对民族服饰的影响，认识地理环境与地方文化特色的关系，体会用地理的视角观察生活、感受生活。

(3)学生通过完成将世界不同地区的民居、服饰、交通工具与不同气候类型相对应的活动，进一步感受地理环境与地方文化特色的关系。

二、教学重点、难点

(1)地理环境与地方文化特色的关系。

(2)养成用地理的视角观察生活、感受生活的习惯。

三、教学方法

启发式讲授。

四、教学媒体

多媒体。

五、教学过程

教学环节	教师活动	学生活动	设计意图
导入	展示4幅民族服饰图片。 服饰是文化的一种体现。从图片中可以看出不同地区服饰具有不同特色，这说明文化是具有地方特色的。今天，就以民族服饰为例来研究不同地区形成不同的地方文化特色的原因。	观察图片找不同，认识文化是具有地方特色的。	(1)直入主题，理清概念，为今天的学习奠定基础。 (2)依据从具体到一般的研究思路，选择从生活中的具体事物——"服饰"入手。
南、北方民族服饰的比较	提出问题： (1)从服饰特点上看，谁和谁比较相似？ (2)看看两组之间，在服饰特点上有哪些差异？ (3)根据两组服饰特点的差异，推测它们主要分布在哪个地理区域？ (4)请你根据刚才的分析，判断这位学生模特身上穿的民族服饰主要分布在北方还是南方，并说明理由。	(1)分组。 (2)找差异，说特点。 (3)推测。 (4)根据服饰判断主要分布区域。	(1)运用直观图片，进行视觉观察，进而引发思考。 (2)运用分类比较的学习方法，既激发兴趣，又加深对内容的理解。

续表

教学环节	教师活动	学生活动	设计意图
过渡	由此可见，我们通过服饰特点，大致可以判断出其主要分布在我国的哪个地区。这说明服饰特点会受到当地地理环境的影响。地理环境既包括自然地理环境，又包括人文地理环境。接下来，我们重点研究自然环境是怎样影响民族服饰的。		
自然环境对民族服饰的影响	展示4幅民族服饰图片(赫哲族、鄂伦春族、傣族、黎族)。 从中选择两个民族(见学案)：鄂伦春族、傣族，完成自然环境对民族服饰影响的研究。 通过分析、讨论可以得出，由于南、北方地区的气候、地形、生物等自然环境的差异，南、北方民族服饰各具特色。反过来，南、北方民族服饰的特色体现着当地的自然环境特征。因此，当我们在不同的地区，可以根据当地的服饰特点，大致推测出当地的自然环境特征。	分组完成学案中的研究活动，并对本组研究活动进行分析说明。根据另一组的分析说明，补充完成另一部分的研究内容。	(1)选取不同地理区域的具体民族服饰进行研究，深入分析自然环境差异对民族服饰的影响。 (2)学习运用资料、图表，分析、解决问题。
过渡	其实，地方文化不仅包括服饰，还包括民居、饮食、交通工具等方面。我们只不过是以我国的民族服饰为例，来研究自然环境和地方文化特色之间的关系。下面，我们就尝试着用刚才的方法，看看世界上其他地区的民居、饮食、交通工具是否也会体现当地的自然环境特征；反过来，当地的自然环境是否也会影响当地地方文化特色的形成。		
规律的应用	展示世界不同地区的服饰、民居、传统交通工具等图片。 用分析自然环境对服饰影响的方法，完成学案上的活动二："阅读不同气候类型气温曲线降水量图"。根据不同气候的特点，将投影中景观图的序号写在相应的气候类型下面，并说明理由。	完成学案的活动并进行展示，说明理由。	(1)学生通过活动，学会运用地理方法分析问题，达到方法迁移和应用的目的。逐步养成用地理的视角观察生活、体会生活的习惯。 (2)通过活动，了解自然环境不仅影响着民族服饰，还影响着其他方面，同时体会在不同区域的自然环境下，形成了有地方特色的不同文化。
小结	通过今天的研究，我们发现：地理环境中的自然环境影响着我们的衣食住行等很多方面。因此，在不同自然环境的影响下，就形成了具有当地特色的衣食住行等地方文化。而这些地方文化特色也体现着当地的地理环境特征。地理环境除了自然环境外，还包括人文环境。人文环境是怎样影响地方文化特色的，地方文化特色又是怎样体现人文环境特征的，我们下次研究。		

依据《标准》，将给出的"合格""良好""优秀"等级和评定的理由写在下表中。

等级	理由

（二）学习理论

1. 教学组织的名词概念

教学组织又称教学组织形式，是指教师和学生根据一定的教学目标从事教与学活动的形式和结构。

教师和学生在开展教学活动时有着人员、时空和程序上的组合形式，也就是说，为实现一定的教学目标，完成教学内容的授-受活动，教师和学生如何加以组织，教学时间、空间以及其他条件如何妥善安排和有效加以利用，这些都是教学组织要解决的问题，课堂教学尤其如此。概括起来，教学组织涉及 3 个因素。

（1）师生活动。

教学作为学生在教师指导下的认识活动和自我发展活动，存在教师与学生之间指导与被指导的关系。学生个体作为认识主体成为被指导对象，学生集体也可能作为认识主体成为被指导对象。学生集体形成之后，班级可以对每个学生产生一定的影响，同时学生个人之间也可以彼此影响。师生比例及互动关系的改变会产生不同的教学组织结构，而特定的教学组织结构又会影响指导与被指导的活动功能。

（2）时空安排。

课时是教学组织的基本时间单位，教室是教学组织的基本空间单位。课时的程序化安排与教学的目标、内容和方法有着密切的联系，空间的物理组成也影响教学方法的实施。空间形态表现为教师与学生在课堂上的人际组合形式，最为常见的是秧田式、马蹄形、半圆形和凹凸形等空间形态。

（3）教学的制度化组织。

教学组织到近代社会开始制度化，师生活动的结构和时空安排等组成部分趋于固定，逐渐在世界各国得到推广。人们以学年、年级和班级为制度性的标志，确立了正规、标准化的教学组织，不仅方便了教学管理，对教育事业的普及也起到了不小的作用，成为现代教学组织改革的起点。

在教学实践中，教学组织一般都有制度的规定，比如年级制下的班级教学，也有不分年级的混合教学。在某种教学组织的基础上，教师会依据教学目标和内容的要求，灵活地采用不同的教学结构，寻求最佳的操作模式。

2. 教学组织的作用

(1)有助于发挥教学各因素的作用。

教学组织具有综合和集结性质，这决定了它可以配置教学的各个因素。一定的教学组织所发挥的作用在于如何优化配置教学的各个因素。教学目标、教学方法、教学内容、教学评价等因素在教学中各具独特作用，它们只有通过教学组织的优化配置才能综合发挥教学的效用。教学实践显示，教学组织一方面要适应教学的目标、方法、内容和技术手段的更新，作出合理配置，例如，程序教学是通过行为目标、编序教学材料和教学机器等因素的优化配置产生的；另一方面，不同的教学目标、内容、方法等因素需配置相应的教学组织，才可发挥最优效用，例如，问题性叙述、启发式谈话、指导阅读是理解教学材料这一课型的最佳方法。

(2)有助于教学活动的顺利开展。

教学组织同教学方法有密切的关系，教学组织的合理与否，直接影响着教学活动的进程和效果。采用合理的教学组织，有助于教学目标和教学内容的有效落实和完成。

(3)有助于提高教学的效率。

教学组织旨在合理地安排师生交往的渠道，科学地安排教学活动的程序，最大限度地利用现有条件，使人数相对较少的教师尽可能培养出更多的学生。在每一节课上，教师通过激发学生的求知欲望，引导学生理解、运用知识技能，体验知识技能的价值，有效地实现教学目标。同时，伴随着师生之间的文化和心理交流，尤其是教师自身性格、权威等人格素养的影响，学生的学习质量更有保障和提高。

(4)有助于学生的个性发展。

教学是知、情、意和谐统一并相互促进的过程。教学组织表现的是师生的互动，反映的是师生之间、学生之间的交流、交往方式，在校园的活动中蕴藏着多方面的、丰富的精神生活内容，为学生的个性发展准备了充分条件。各种教学组织为学生提供个性发展的可实现途径。但是，我们不要忽视传统教学实践的一个误区：课的实施注重知识技能等认知信息的授受，轻视甚至排斥态度和价值观。

3. 教学组织的类型和特点

在这里我们看到教学组织的基础是年级制，教学组织有多种分类。我们要知道教学组织的类型是复杂多样的，核心是班的变化。我们要看到教学组织有不同的特点，是围绕课的变化而形成的。

(1)教学组织的类型。

划分教学组织的标准有多个，我们主要说明以下几种：

①按教学的正规程度，分为课堂教学和课外活动两种基本形式。

②按师生规模和交往的程度，就是一位教师和不同数目的学生组合起来进行教学的组织形式：

从教师控制的角度，分为教师与个别学生的个别教学、教师与部分学生的小组教学、教师与一班学生的包班制和班级教学、教师与多班学生的复式教学和合班教学。

从学生控制的角度或自主的程度，分为独立学习、伙伴学习、合作学习、开放教学和自主学习。

③按教学目标或任务，分为单一课和综合课。

④按教师的配备，分为包班制、班级教学、小队教学（又称分队教学、协同教学）、导师制等多种形式。

课堂教学是指进行学科课程教学的组织形式和结构，它是学校教学工作中最重要的组织形式。课外活动是指进行活动课程教学的组织形式和结构，是学校教学工作中日益重要的组织形式，随着活动课程被纳入正式课程体系，课外教学已从游离于正式课程之外的形式进入教学组织，其内涵有了质的变化，既是课堂教学的延伸，又是相对独立的教学形式。

班级教学是以年级制为前提条件，将年龄大致相同的学生划入某一年级后，再根据人数比例分成若干平行班级。平行班级采用由一位教师授课的单式教学。如果学生人数过少，则将两个或两个以上年级的学生合编成一个班级，采用复式教学，即由一位教师统一给几个年龄段的学生授课，其适用于相对落后地区或教师缺乏的学校。一个班级的学生人数通常控制在40～50人，条件优越的地区或国家逐渐把班级规模降低到15～30人。

包班制教学是由教师全面负责一个班级所有科目的教学工作，是小学阶段运用较多的一种教学形式。包班制在美国较为流行。

小队教学是由两位以上的教师分工负责一个班级的教学，有人负责上课，有人负责辅导。

(2)教学组织的特点。

教学组织作为教学活动开展的平台，其特点是围绕"课"展开的。

第一，"课表"是教学活动的基本周期。它又称为日课表或教学时间表。它具体规定一周内每天的教学科目及其顺序、课间休息的时间等。课表的编排比较多地考虑到学生的情况和学科的性质，如语文、数学和英语等主科一般安排在上午学生精力充沛的时间，各科的安排要兼顾学生的脑力和体力的变化，尽可能做到劳逸结合。

第二，"课时"是教学时间的基本单位。一课时俗称一堂课或一节课，是课堂教学的标准时间，一般为40～45分钟。根据学生的发展规律，小学可以安排30分钟一课时；中学根据学科的要求，有15～20分钟的微型课。它们组合在一起，形成灵活课时制，为学生的学习提供更合理的时间安排。

第三，"课堂"是教学空间的基本单位。对于在课堂内实施的教学活动，教师需在预定时间内，运用教学方法和手段，组织学生学习预定的内容。课前准备和课后辅导是课堂的自然延伸。课与课之间的衔接要保证教学活动的完整性和系统性。

三、技能训练

（一）教学组织的主要类型——班级授课教学

1. 技能概述

班级授课制是把一定的学生按年龄层次、智力水平及受教育程度编班上课，其有利于大规模培养人才，扩大教学规模；有利于发挥教师的优势，突出教师的主导作用；有利于知识的传授，确保学生获得系统连贯的知识；有利于进行教学管理和教学检查。

2. 构成要素

(1)对学情的分析。

在课堂教学中，学生是学习的主体，教师的一切教学活动都是为学生的发展服务的，因此教师需要全面、动态地了解并掌握学生的基本情况，以便教学活动可以顺利、有效地开展。正如著名特级教师于猗所指出的："学生的情况、特点要努力认识，悉心研究。知之准，识之深，才能教在点子上，教出好效果。应该说，无论是传统课程所强调的因材施教，还是目前新课程所倡导的以学生为本，都对学情分析给予了高度关注。"在当前教学中，对学情的分析既包括对班级整体情况的分析，也包括对学生个体的细致了解。

在教学实践中，教师可以多问自己几个问题，以此提醒自己时刻关注学生的学情。

①对于这节课的教学内容，学生的基础怎样？

②对相关的知识学生掌握得如何？

③对相关的学习能力、学习方法学生掌握得怎样？

④学生对这节课的内容是否感兴趣？

学情分析还有一个重要的方面，就是进行更深层次的挖掘，关注学生的异同构想，了解学生的潜意识，因此教师还需要分析以下几个方面：

①在教学过程中可能会产生哪些问题？

②在教学过程中学生可能会产生哪些错误？

③如果出现问题教师如何设置台阶解决？

在课堂这个舞台上，教师犹如导演，需要对剧本、剧情进行深入分析，挖掘其中的内涵，这样才能导演出生动感人、反映剧本本真内涵的好剧。教师对学情的分析犹如导演对演员的精挑细选，只有这样，教师才能真正把握教学，使教学取得预期的效果。

(2)教师自身应具备的能力。

①自我更新的能力。

教师的自我更新是教师为了自己的专业发展，不断改变原有的知识、观念，吸纳新的知识、观念，提高自己的能力，转变自己的角色的过程。教师自我更新的能力是时代发展的需要，也是教师专业成长的重要内容，是教育教学活动有效、高效开展的重要保证。

②教会学生学习的能力。

学生在学校学习期间，不可能把今后工作、生活所需要的知识都学到，所以更重要的是掌握学习的方法。《教育财富蕴藏其中》指出，当今社会是终身学习的社会，学生要具备学习的能力。因此教师要具备教会学生学习的能力。教育家陶行知先生也曾说过："我以为好的先生不是教书，不是教学生，乃是教学生学。教学生学有什么意思呢？就是把教和学联系起来：一方面要先生负指导的责任，一方面要学生负学习的责任，对于一个问题，不是要先生拿现成的解决方法来传授学生，乃是要把这个解决方法如何找来的手续程序安排停当，指导他，使他以最短的时间，经过相类似的经验，发生相类似的联想，自己将这个方法找出来，并且能够利用这种经验联想来找别的方法，解决别的问题。"

教师教会学生学习的能力重在教学方法，教学方法得当，学生才能掌握知识技能，并将所学的知识技能应用到实践中。因此，教师在教学中应重视分析学生、重视教学方法的选择。

③科学评价学生的能力。

教学评价是一门艺术，科学的评价对学生的成长至关重要。要对学生的评价做到正确、公平、公正，教师就要具备科学评价学生的能力。教师的科学评价能力主要包括：学习目标与评价方法一致、使用多种评价方法、给学习者提供适当的反馈、根据评价结果调整教学、让学生参与评价过程。

教师要科学评价学生。首先，要做到全面了解学生，这是科学评价学生的前提；其次，要尊重学生的个体差异，评价要因人而异；第三，学习中允许学生失败，鼓励学生再次努力；第四，在教师评价的基础上，为学生提供自我总结、评价学习结果的时间与空间。

（二）教学组织的主要类型——小组教学

1. 技能概述

小组教学是按照学生的能力或学习成绩将学生分为不同的小组进行教学的一种教学组织形式。在教学过程中，教师通过指导小组成员展开合作，形成"组内成员合作，组间成员竞争"的学习模式，这有利于发挥群体的积极性，提高个体的学习动力和能力，达到完成特定教学任务的目的。

2. 构成要素

实施小组教学首先要分组，分组恰当与否会直接影响小组教学的成效。小组的人数要合理，一般以 4～6 人为宜。人数太多不利于学生间的交流和个人才能的充分展示，人数太少则不利于学生间的交流和互助。应根据教学任务和教学内容的要求，针对学生的个性、能力、兴趣等差异进行分组。

为有效实施小组教学，教师应创设活动，激发学生主动参与的积极性；应给学生足够的独立思考和小组学习的时间，适时指导小组活动。

（1）创设活动，激发学生主动参与的积极性。

通过活动"做"任务是有效的学习方式。如果在小组学习中只采用讨论、交流等形式，根本不能激发学生的兴趣和主动性，致使有的学生不愿参与小组学习。为此，教师可通过创设实践活动，使小组的每个成员都积极参与小组学习。

（2）给学生留足独立思考和小组学习的时间。

充足的时间是进行一切工作的前提，小组教学的顺利开展毫无例外也需要充足的时间。在小组教学中，一要给学生预留相对宽裕的独立思考时间，二要给小组预留相对充足的学习讨论时间，并且做到独立思考和小组学习相结合。

（3）有效指导小组活动。

在小组教学中，教师要不断激励学生去思考、探索、交流，密切关注每个小组的活动情况，为他们提供及时有效的指导。一位教育家曾经说过："课堂教学完全在于教师如何有效地引导学生学习。"

如果教师不能监督、指导、调控小组活动的有效进行，不能及时关注小组活动的进程，将很难保证小组教学任务的完成。

案例 2

区域——以农业自然区域为例

（张悦，北京市广渠门中学）

一、教学目标

(1)学生通过反思多年所学，总结出区域的内涵。

(2)通过教师引导读图，学生说出区域产生的原因及划分步骤。

(3)通过对北京和东北地区农业自然区域的划分，让学生感受区域划分的意义，体会区域研究的价值，从中体会农业自然区域实际划分的过程和方法。

二、教学重点、难点

教学重点：区域的内涵和产生原因、区域研究的价值。

教学难点：区域研究的价值。

三、教学方法

启发式讲授、案例教学。

四、教学媒体

PPT。

五、教学过程

教学环节	教师活动	学生活动	设计意图
导入	明确"区域"是地理学科的核心概念之一，区域研究是核心研究内容。	反思多年所学，说出自己的感受。	引导学生通过具体的学习内容初步体会区域研究是地理学科的核心研究内容。
区域的内涵	提问：你能试给"区域"下一个定义吗？	说出自己对"区域"的理解。	反思多年所学，体会"区域"的内涵。
	给出"区域"的明确概念，出示"非洲大陆一月遥感影像"图，让学生感受区域的内涵。	看图感受区域的内涵。	验证区域的内涵。
	出示"非洲大陆一月遥感影像"图和"北京市行政区"图。	比较两图，说出区域的两种边界类型。	认识区域的两种边界类型。
区域产生的原因及划分	提问：地球表面为什么会存在不同的区域？	尝试说出原因。	反思多年所学，体会区域产生的原因。
	依次出示"北京市年平均气温分布"图、"北京市年降水量"图、"北京市地形"图。	读图说出每张图上区域划分的依据，得出区域存在的原因是地理环境的差异。	明确区域产生的原因。
	将"北京市年平均气温分布""北京市年降水量""北京市地形"3张图放在一起，讲解区域划分的方法。	感受、体会。	明确区域划分的方法。

续表

教学环节	教师活动	学生活动	设计意图
以北京和东北地区农业自然区域的划分为例,感受区域划分的意义,体会区域研究的价值,并从中体会农业自然区域实际划分的过程、方法。	出示"北京市年平均气温分布""北京市年降水量""北京市地形"3张图。提问:从自然地理环境角度,北京存在或可粗略划分为几个农业生产区域?	依次说出北京年平均气温、年降水量的空间分布特征和北京市的主要地形种类,确定划分指标,划分北京农业自然生产区域。	体会农业自然区域的划分过程、方法。
	提问:划分出农业区域有什么用?	以具体农作物为例,说出其应布局的区域。	初步认识农业自然区域划分的意义。
	引导学生反思北京农业自然区域划分的过程和方法,提炼出农业自然区域划分的过程和方法。	与老师一起回忆、提炼。	农业自然区域划分过程和方法的提炼。
	介绍东北地区的范围、位置,出示图片:"东北地区年降水量和年均温分布""东北地区地形"。提问:(1)东北地区存在或可划分为几个农业自然生产区域?(2)各区域应主要发展哪种农业生产部门?	依据学到的方法对东北地区进行农业自然区域划分。	巩固农业自然区域划分的过程和方法,从中再次体会农业自然区域划分的意义。
	提供资料,推测玉米、小麦、水稻三种粮食作物可以在哪个区域进行专业化生产。	依据资料尝试规划并说出理由。	通过规划,体会农业生产专业化的本质。
全课总结	给出结构式板书。	记笔记。	对全课所学进行归纳,感悟区域研究的重要价值。
布置作业	依据资料,给澳大利亚的种植业(小麦)、畜牧业(肉牛业、奶牛业、养羊业)进行布局。	—	运用所学解决新的现实问题,从中再次感悟区域研究的重要价值。

活动 ③

构成要素分析

根据案例2,讨论交流后,归纳整理出"教学组织方式有效"能力的构成要素,填写在下表中。

序号	要素
1	
2	
3	
4	
……	

（三）操作要点

阅读下表所列出的操作要点。除此之外，还有哪些？请填写在表中。

序号	操作要点
1	广博的学科知识。
2	细致的学情分析。
3	恰当的小组分组。
4	及时的评价成绩
5	
6	
7	
……	

（四）技能训练

活 动 ④

沙漠遇险

1. 情境

7月中旬上午10点，你乘坐的飞机坠落在准噶尔盆地中的古尔班通古特沙漠中，机组人员都死了，部分乘客还活着。飞行员在飞机坠毁前没有告诉乘客飞机所在的位置，只有一些人在出事前向外观看，根据地上的标记，估计偏离航线100多千米。

在出事前的几分钟，飞行员曾告诉大家：在西北方向155千米的煤矿上有人居住。准噶尔盆地远离海洋，古尔班通古特沙漠中除了零星分布的一些低矮稀疏的小灌木丛外一无所有。

出事时的气温达 42 ℃，地表温度接近 50 ℃。你穿着短袖 T 恤、短裤和沙滩鞋。

2. 你的任务

下面列出的 15 件物品是飞机坠落后留下的，是你们脱险的重要工具。把表中的 15 件物品按照"使你们脱险的重要程度"排列，把最重要的物品放在第 1 位，把次重要的物品放在第 2 位，以此类推，直到排至相对不重要的第 15 件物品。

	第1步	第2步	第3步	第4步	第5步	第6步
	个人排序	小组排序	专家排序	1、2步差值	1、3步差值	2、3步差值
手电筒(4节电池)						
匕首						
坠落地区的地图						
塑料雨衣(大号)						
指南针						
救护箱						
手枪						
装有盐片的瓶子(1 000片)						
每人一千克水						
书:《沙漠里能吃的动物》						
每人一副太阳镜						
烈性白酒2千克						
每人一件大衣						
化妆镜						
降落伞(红色和白色)						
				您的分数	您的分数	小组分数

3. 小组排序

经过小组讨论,对每个物品的排序尽可能达成一致意见。

步骤1　个人排序:根据自己的理解完成物品的排序,即完成"第1步"。

步骤2　组内讨论:小组讨论,组内每个组员要充分表达自己的见解,最终得出小组的排序,小组的排序结果是唯一的,即完成"第2步"。组员对比个人和小组排序结果的差异,即完成"第4步"。

步骤3　听取专家意见:即完成"第3步""第5步"。

步骤4　全班分享:由各组代表在全班发言、分享,将要点填写在下表中。

序号	相关的意见
1	
2	
3	
……	

■ 活 动 ⑤

逆向思考

通过活动我们可以感受到，在组织小组教学时，小组成员的构成结构对活动的结构有着重要的影响。请列出学生分组时应注意的事项。

序号	分组时应注意的事项
1	
2	
3	
4	
......	

（五）学会评价

■ 活 动 ⑥

模拟讲解

下面是"中国的地域差异"一课的课程标准。

(1)在地图上指出北方地区、南方地区、西北地区、青藏地区四大地理区域的范围，比较它们的自然地理差异。

(2)在地图上找到秦岭、淮河，并说明"秦岭—淮河"一线的地理意义。

(3)用事例说明四大地理区域的自然地理环境对生产、生活的影响。

步骤1：选择某个课程标准，设计自己如何组织课堂教学。

_____

_____

步骤2：在准备的基础上，各组派代表在全班进行讲解。

_____

_____

步骤3：按照《标准》给每组代表的"教学组织方式有效"能力进行评定等级，并说明理由，填写在下表中。

等级	理由

四、案例分析

阅读下面的案例，应用《标准》给出每个案例的等级和理由。

步骤 1：阅读案例。

案例 3

地形图的判读

（朱丽珍，北京市陈经纶中学保利学校）

一、指导思想与理论依据

地图是地理学科的独特语言和表达方式，是地理学习的工具，是初中地理知识的一个重要组成部分，读图技能是地理学科的核心技能。分层设色地形图是地理学习中常见的地图，掌握对地形图的判读，是学生学习任何区域地理的基础，也是一项对学生终身发展有用的技能。

建构主义提倡在教师的指导下，以学生为中心的学习。学习是学习者主动建构意义的过程；教师是意义建构的帮助者、促进者，而不是知识的传授者与灌输者；学生是信息加工的主体，是意义的主动建构者。本节课通过教师引导学生完成每一个环节的任务，在完成任务的过程中，逐渐自主归纳出地形图上识别基本地形的方法，完成对知识的自主建构。

二、课程标准

初步学会在地形图上识别五种主要的地形类型。

（1）课标解读：

"在地形图上"意味着地形图是学习的工具，学生要在地形图上进行相关的学习活动，要运用地形图。而这里的地形图既包括等高线地形图，还包括分层设色地形图。等高线地形图是上一节课学习的基础，本节课要帮助学生理解分层设色地形图与等高线地形图之间的关系，将等高线地形图上高度和疏密的含义转化到分层设色地形图上。

这条课标提出的标准是"识别"。识别就是认识和区别，这要求学生在现实的自然界中认识平原、高原、山地、盆地、丘陵这五种基本地形，结合地形模型和景观图，观察并归纳出五种基本地形的特征，进而通过立体与平面图的转换，能在分层设色地形图上通过观察高度和高度的变化情况，对比归纳发现五种基本地形的判读方法。

课标的能力要求是问题解决能力，因此学生不仅要在模式地形图上识别五种基本地形，还要在任意区域的地形图上识别五种地形，因此给学生提供中国地形图，以巩固并检验学生对基本地形的识别，从而提高学生解决问题的能力。

（2）知识与技能：

运用地形图，学生能够结合分层设色地形图上颜色所代表的高度和颜色变化所反映的地表起伏情况，识别五种基本地形。

（3）过程与方法：

通过观察等高线模型和地形景观图，归纳出五种基本地形的地表特征；在地形图上进行观察、对比、归纳，掌握在地形图上识别五种基本地形的方法。

（4）情感态度与价值观：

在学习活动过程中，逐渐养成与人合作的意识，使学生逐步形成对比分析、判断归纳等方法。

三、教材分析

本节"地形图的判读"选自中国地图出版社北京市义务教育课程地理教材七年级上册第一章第三节。

地形是自然环境中非常重要的组成部分。无论是在地理学习中，还是在现实生活中，地形图都是经常用到的一类地图。因此本节课安排在起始章，作为工具性的目的很明确，掌握地形图的判读方法，为今后的地理学习作好基础铺垫。

这部分内容主要包括两部分，在地图上确定地面高度，在地形图上识别地形。掌握好在地形图上识别地形这部分基础知识，学生可以运用地形图了解并学习任何区域的地形特征和分布等地理状况，它是了解一个地区地形的重要工具。因此这部分是本节课的重点内容。

本课时是学生学习了在等高线地形图上识别山地部位后的第二课时。分层设色地形图虽然看似与等高线地形图有很大不同，但却是另一种形式的地形图。因此要设计活动，让学生理解这两种地形图之间的关系，从而借助等高线地图的判读方法，完成在分层设色地形图上对五种基本地形的识别。

四、学情分析

1.学生的认知特点

本节课主要面对的是七年级学生，他们更依赖形象思维，由于经历有限，缺乏对地形系统的认识。五种基本地形的规模和尺度都很大，在现实中有的地形学生无法直接完整地观察到，因此要给学生提供更加直观形象的感知材料。同时，在分层设色地形图上识别五种基本地形的内容对于学生而言比较枯燥，并且比较抽象。为调动学生参与课堂的积极性，设计5个闯关活动，在闯关活动中，学生对地形的认识逐渐从直观到抽象，从简单到复杂，学生在活动中逐渐掌握五种基本地形的识别方法，逐渐完成课标提出的要求。

2.学生的知识储备

本课时是地形图的判读第二课时，第一课时是在等高线地形图上识别山地部位，因此要充分利用上一课时学生对等高线地形图判读的认识，将其迁移到对分层设色地形图的判读。

3.以往教学中存在的问题

在以往的教学中，教师习惯性地引导学生直接在分层设色地形图上进行观察，而忽视了分层设色地形图与等高线地形图的关系，学生会错误地认为它们是两种不同的地形图，造成认知误差。因此应设计在分层设色地形图上观察分析等高线的活动，建立起二者的联系。

五、教学目标

(1)通过自主利用ipad，在分层设色地形图模式图上描出颜色界线，体验分层设色地形图与等高线地形图的联系。

(2)利用ipad，结合等高线地形模型和五种地形景观图，自主观察并说出五种基本地形的特点。

(3)利用ipad，以小组合作的形式，通过在分层设色地形图上观察，比较不同地形的高度和高度变化特点，归纳出五种基本地形的识别方法。

(4)利用ipad，以小组合作的形式，通过在中国地形图上分析内蒙古高原和云贵高原的地形差异，初步学会在地形图上分析地形区特征的方法。

六、教学重点、难点

1. 教学重点

(1)五种基本地形的特点。

(2)地形图上归纳出识别五种基本地形的方法。

2. 教学难点

在地形图上识别五种基本地形的方法。

七、教学方法

以自主发现与小组合作探究为主，以启发式讲授为辅。

八、教学媒体

PPT、ipad。

九、教学过程

教学环节	教师活动	学生活动	设计意图	技术支持
描界线，建联系	出示：分层设色地形图模式图。 提问：分层设色地形图上的颜色系列有哪些？颜色与高度之间有什么特点？ （低海拔以绿色为主，高海拔以黄色为主）	在此模式图上，描出颜色界线。	通过描颜色界线，体验分层设色地形图与等高线地形图的联系，同时初步认识颜色与高度的关系。	学生利用电子书上的画图板功能，画线颜色界线，直观感受到等高线地形图与分层设色地形图之间的对应关系。 教师在巡视过程中投影学生活动。
观模型，认地形	利用等高线地形模型认识地形。 提问： (1)平原和高原的异同点是什么？ (2)丘陵和山地的异同点是什么？	结合模型，观察平原、高原、丘陵、山地的高度和地表起伏特点。 通过对比，说出地形的特点。	直接观察并对比，初步认识五种基本地形。	—
	出示：五种地形的景观图。	将景观图、特点与名称连线。	从立体模型到平面景观，认识五种地形。	学生在电子书画图板中连线，在连线过程中总结五种基本地形的特征。 学生投影自己的作品。

续表

教学环节	教师活动	学生活动	设计意图	技术支持
观察等高线识地形图	出示：等高线地形图。	将景观图拖放到相应的位置。 拖放后，进行归纳。	建立从直观地形图到抽象地形图之间的转换。 借助学生已有的识别等高线地形图的技能，归纳出识别五种基本地形的方法。	利用电子书中的拖放功能，帮助学生在形象景观图和抽象地形图之间建立联系。 教师在巡视过程中投影学生活动。 学生投影自己的作品。
对比地形，图识地形	将等高线地形图和分层设色地形图进行上下出示。 提问： 在分层设色地形图上如何区分高原和平原？如何区分丘陵和山地？ （预设：平原是大片绿色，高原是大片黄色；山地是深色，丘陵是浅色）	观察对比两种地形图，在分层设色地形图上找出五种地形，并说出每种地形的表示方法。 对比观察，找出平原和高原、山地和丘陵的识别方法。	将已知的等高线地形图和陌生的分层设色地形图进行一一对应，初步认识五种地形的表示方法。 从宏观上初步识别五种地形。	在电子书上进行拖放，帮助学生建立等高线地形图与分层设色地形图之间的联系，截屏提交。 教师在 iteach 上发布白板
图画地形，区认地形	出示：不带注记的中国地形图。	分组，在中国地形图上分别找出平原、高原、丘陵、山地和盆地，并说出识别方法。	通过在中国地形图上进行地形的识别，巩固地形图识别地形的方法。	利用电子书的圈画功能，帮助学生掌握在分层设色地形图上识别地形的能力。 截屏提交。 教师发布白板。
观察地形，图说特征	出示：中国地形图。 提问：同样是高原的内蒙古高原和云贵高原，地表特征有什么不同？ 出示：两个高原的景观图，进行验证。	小组合作观察。 找出两种高原在地形图上反映的地表差异。 （从颜色深浅和变化进行描述）	在地形图上不但能识别地形，而且能初步学会描述地形区的特征。	利用电子书对局部细节的放大作用，帮助学生了解微观局部观察地表起伏与深浅颜色变化的关系。 教师投影学生的活动。 学生投影汇报。
总结方法，出板书	提问：在地形图上识别五种基本地形的方法依据是什么？ 在学生总结时出示板书	学生回忆、总结。	引导学生系统归纳，加深对本节课内容和方法的理解。	黑板。

案例 4

地势特征

(李倩，中国人民大学附属中学朝阳学校)

一、教学目标

(1)水平1：学生通过阅读中国地形图说出中国地势西高东低。

(2)水平2：学生学会阅读剖面图的基本方法。

(3)水平3：学生通过阅读剖面图说出中国地势成阶梯状分布。

(4)水平4：学生运用中国地形图和剖面图分析地势特征对其他自然要素的影响。

二、教学重点、难点

(1)中国地势特征。

(2)地势特征对其他自然要素的影响。

三、教学方法

以探究式学习为主，以启发式讲授为辅。

四、教学媒体

多媒体。

五、教学过程

教学环节	教师活动	学生活动	技术使用及互动方式	设计意图
新课讲述 第一部分： 发现现象	新课： 一、发现达人 引导学生分析学案发现现象。 总结现象： (1)河流流向。 (2)水汽充沛。 (3)水能丰富。 过渡学习了这节课之后同学们自己解释这些现象。	分析学案，发现现象。	学生与材料互动、小组内互动、小组间互动、教师与个体学生互动。 (小组讨论，学生个体作答，并补充作答。)	让学生发现最直观的地理现象。
新课讲述 第二部分	二、地势特征 要借助地图去学习大尺度的问题。 (1)总结地势特征：西高东低。 (2)播放Flash，从地表侧面观察地势变化。 (3)读剖面图，掌握剖面图的读图方法。 总结我国地势特征：三级阶梯状分布。 (4)总结各个阶梯的海拔。 (5)明确分界线山脉。 (教师展示学生所画作品，进行提问和点评，学生进行归纳和总结。)	阅读中国地势图，读出地势起伏的特征。观看Flash，直观感受地势变化。 利用白板笔进行地势示意图的绘制。 阅读地形剖面图，总结地形剖面图的读图方法。 读出各级阶梯的高度。 利用白板笔进行山脉界限的勾画以及阶梯分界山脉的拖拽。	教师与个体学生互动、教师与全体学生互动、个别学生与全体学生互动。 (教师提问，学生个体作答，并补充作答。)学生与白板互动。	学生利用白板笔进行中国地势示意图的绘制。在绘制过程中，既能培养学生的动手操作能力，也能提高学生在动手过程中思考问题的能力。同时利用这种方式，让学生能够更清楚、更简单地了解剖面图的绘制原理。

续表

教学环节	教师活动	学生活动	技术使用及互动方式	设计意图
新课讲述 第三部分： 地势的影响	三、探究达人 总结地势特征，请同学们从地势的角度，解释本组所发现现象的原因，教师加以指导。	小组讨论，从地势的角度解释现象的原因。 （小组讨论，学生个体作答，并补充作答。）	小组内互动、小组间互动、教师与个体学生互动、教师与小组学生互动。	学生根据发现的现象，结合中国地势特点，探究各个现象的成因。这样既让学生自主总结，同时又让学生有效地学习了新知。
新课讲述 第四部分： 课堂小结	四、总结 教师出示板书轮廓，学生根据所学知识进行知识轮廓的搭建。	学生利用白板总结这节课的知识结构，学生进行台前的知识框架图的构建并加以说明。	教师与个体学生互动、个体学生与全体学生互动、学生与白板互动。	学生自己得出本节课应学习内容的知识结构并在教师的带领下总结过程与方法。

案例 5

台 湾

（魏亚利，北京市广渠门中学）

一、教学目标

(1)通过分析两岸相似性及台湾省人口构成，证明台湾省自古以来就是我国不可分割的一部分。

(2)通过读图说出台湾省的位置和范围。

(3)通过对台湾省美称的解释，说出台湾省的主要物产；通过分析部分物产的分布及所需的自然条件，说出台湾省的自然环境特点及地理要素间的相互联系。

(4)通过读图和分析资料，说出台湾省的城市分布状况及经济发展状况。

二、教学重点、难点

(1)教学重点：

①认识台湾省自古以来一直是祖国不可分割的神圣领土。

②认识台湾的自然环境、丰富物产、城市分布状况及经济发展状况，体会地理要素间的相互联系。

(2)教学难点：

①感受各地理要素间的相互影响。

②认识台湾省自古以来一直是祖国不可分割的神圣领土。

三、教学方法

启发式讲授法。

四、教学媒体

多媒体。

五、教学过程

教学环节	教师活动	学生活动	设计意图
导入	朗诵《乡愁》。 提问： 这首诗表达了作者什么样的情感？ 余老先生日思夜想的故乡是哪里？ 他在创作这首诗时生活的地方在哪儿？	感受，思考并回答问题。	通过《乡愁》这首诗，让学生感受台湾省与大陆的联系，初步认识台湾省与大陆的关系。
台湾省自古以来一直是我国不可分割的神圣领土	提问： 从地理的视角，如何证明台湾省自古以来一直是我国不可分割的神圣领土？ 出示有关台湾省语言、文字、文化、节日风俗的资料。 提问： 为什么两岸会有着相似的语言、文字、文化及传统风俗节日？ 出示台湾省的人口构成数据。	阅读资料提取信息，证明台湾省与大陆之间的紧密联系。	从地理的视角出发，通过一系列的资料证明台湾省自古以来一直是我国不可分割的神圣领土。
位置和范围	绘制台湾省的轮廓图。 谈谈台湾省的范围和位置，以及这一地理位置的重要性。	读图、绘图，描述台湾省的范围及位置。	通过读图、绘图让学生明确台湾省的范围和位置，知道台湾所处位置的重要性。
台湾省的主要物产	用图片展示台湾省的物产，给出台湾省的主要美称。	解释台湾的美称。	让学生对台湾省的物产有一个感性的认识，并感受到台湾的美，进而对台湾省心生热爱与向往。
台湾省的自然环境	(1)通过森林和水稻的空间分布特点，引出台湾省的地形特征。 (2)通过台湾省的热带、亚热带水果，甘蔗、水稻等物产，引出台湾省的气候，并出示气温曲线和降水柱状图。 (3)通过季风气候不稳定的特点，让学生读图查找可补充的水源，引出河流，总结台湾省河流的特点。	读图分析台湾省的地形、气候、河流特征。	通过活动，激发学生的学习兴趣，感受地理要素间的相互联系。
台湾省的经济发展	出示台湾省地图，分析台湾省城市的分布特点。 在地图上标出台湾省主要的工业和高新技术产业中心。 出示台湾出口贸易结构变化图，分析台湾贸易结构的转变。	思考并回答问题。	通过读图归纳，感受自然环境对人类活动的影响。通过简单的资料分析，了解台湾的经济发展状况。
台湾与大陆的关系进展	出示资料： 第一到第五批大陆游客赴台自由行开放城市证明，台湾省与大陆的联系越来越密切。	阅读资料，感受台湾省与大陆间越来越密切的联系。	通过资料，感受两岸间越来越密切的联系。
结束	组织学生续写《乡愁》。	续写。	感情升华。

案例 6

行政区划

（刘雪娇）

一、指导思想与理论依据

中国的行政区划是我国的基本地理国情，行政区划图也是未来地理学习的工具之一。能够在地区中准确判读出省级行政区域的名称，是学生未来学习中国区域地理的基础，也是一项对学生终身发展有用的技能。

同时，在新课标的指导下，课堂应以学生为中心，学习是学生主动探究的过程；教师是帮助者、促进者，而不是知识的传授者与灌输者。本节课充分发挥了学生的主观能动性，利用小组合作的形式，给学生学习、讨论的空间，教师只是提供方法的指导，每个组选取不同的省级行政单位进行自主识记和交流，最终总结出适合自己的记忆方法，为今后熟练掌握省级行政区域打下基础。

二、课程标准

在我国政区图上准确找出 34 个省级行政区域单位，记住各自的简称和行政中心。

(1)课标解读：

"在政区图上"意味着中国政区图是本节课的学习工具，学生要在政区图上进行读图和识记。学生要通过本节课的学习，学会阅读行政区划图。而行政区划图中的省界是学生不容易区分的，因此要引导学生注意观察，看清省级行政区域的轮廓，进而找准省级行政区域的位置。

本条"标准"是课程标准中唯一要求学生记住名称的标准，然而这么多地名，需要在中国地理学习过程中逐个掌握，绝不能强求学生一下子记住。要分层次，可以先引导学生关注省级行政区域的名称，再逐步对应每个省级行政区域的简称和行政中心。同时也要指导学生记忆位置的方法，例如按地理方位排列等。

(2)知识与技能：

记住 34 个省级行政区域的全称、简称和行政中心。知道我国的行政区域的基本划分。

(3)过程与方法：

学会记忆我国省级行政区域的名称、简称和行政中心，以及阅读行政区划图。

(4)情感态度与价值观：

通过了解我国行政区域的划分，关心我国的基本地理国情。

三、教材分析

本节内容是中国地图出版社七年级地理教材上册第二章第二节——行政区划。学生刚刚结束了关于中国位置、面积和疆域的学习，因此本课是承上启下的一节课，既延续学习中国疆域的内部划分，又为今后学习中国的自然环境、区域地理打下基础。

本节课的内容主要包括：了解中国的三级行政区划，掌握 34 个省级行政单位的区域、全称、简称和行政中心。这些是中国的基本地理情况，也是公民应该具备的地理知识。

本节课选取 34 个省级行政区域的全称和位置作为教学内容，目的在于让学生通过本节课的学习，初步认识 34 个省级行政区域，为后面学习简称和行政中心作铺垫。由于涉及的省份名称太多，也比较枯燥，因此需要对学生进行记忆方法的指导，并通过视频、小组合作等方式激发学生的学习兴趣，通过反复练习才能达到理想的学习效果。

四、学情分析

1. 学生的认知特点

本节课主要面对的是七年级学生，这是学生第一次接触中国的行政区域，因此其读图技能尚不熟练。本节课涉及中国的 34 个省级行政区域的名称和地理位置，知识难度不大，但数量很多，识记起来就有一定难度。学生往往通过速记，能够说出省级行政区域的名称，但无法落实在地图上。因此本节课的重点是通过学生的自主学习和组内交流，掌握地图的记忆方法。

2. 学生的知识储备

本课时是行政区划的第一课时。在上一节课中，学生应该已经对中国的疆域面积和陆上邻国有了一定的了解，这对识记一些面积大、靠近国界的省份很有帮助。

3. 以往教学中存在的问题

在以往的教学中，这节课容易出现教师大面积的给学生资料和记忆方法，把 34 个省级行政区都涵盖其中的情况，这就容易造成学生为了记而记，没有学会方法。

五、教学目标

(1)通过对祖籍的调查，了解我国 34 个省级行政区域，关心我国的基本地理国情。

(2)指导学生通过自学、小组交流等方式，识记省级行政区域，掌握一定的识记方法。

六、教学重点、难点

(1)教学重点：识记省级行政区的方法。

(2)教学难点：识记省级行政区的位置。

七、教学方法

以自主发现与小组合作探究为主，以启发式讲授为辅。

八、教学媒体

多媒体、ipad。

九、教学过程

教学环节	教师活动	学生活动	设计意图	技术支持
引入	自我介绍：生在北京，但祖籍是山西。 提问：那么同学们，你们的祖籍是哪里呢？ 现场调查：(调查学生的祖籍。)现在请大家打开手中的 ipad，利用飞讯功能把你的祖籍所在地上传上来。	利用 ipad 完成调查。	利用现场调查，引出省级行政单位，引起学生的兴趣。	利用 ipad 中的教学软件的飞讯功能，将调查结果上传。

续表

教学环节	教师活动	学生活动	设计意图	技术支持
初识行政区	讲授：从调查中不难看出，同学们来自我国不同的地区。我们的祖国地域十分辽阔，为了方便治理，因此将全国划分成了23个省、5个自治区、4个直辖市、2个特别行政区，共计34个，它们都统称为省级行政区域，是我国最高一级的行政区域。 下面我们就从了解自己的家乡入手，了解我国的行政区域。 举例：山西省。（指导几种记忆方法，如形状轮廓记忆法、相对位置记忆法等）	读图，说出5个自治区、4个直辖市、2个特别行政区的名称。	初步了解我国34个省级行政区域。	演示文稿。
识记位置	学生活动（小组合作）：以小组为单位，研究学习一个省级行政区域，利用多种方法识记（可参考ipad中的资料包），并将你们用到的所有方法汇总并展示在A4纸上，组长拍照上传。 成果展示。（2~3个组）	小组讨论。 汇报展示，学生互评。	分小组，以一个省级行政区域为例，进行识记方法的研究，给学生学习和交流的空间。 学生上台展示自己的学习成果，培养学生能力，不仅有教师点评，也重视生生互评。	利用存储资料包、计时器和拍照上传等功能。
回顾小结	由学生说说自己记忆行政区的诀窍。	说说自己运用了哪些记忆方法。	回顾并分享记忆方法。	—
检测与反馈	利用拼图App检测。	快速完成拼图。	检测所学，再次熟悉省级行政区域。	使用拼图App。

案例 7

聚 落

（时悦，北京市工业大学附中）

一、指导思想与理论依据

自然环境与人类居住地的关系，是人类生活永恒的话题，更是地理学科研究的核心内容。作为学科的核心思想，从学生感兴趣的话题引入，以"生活中有用的地理"出发。从地理的视角思考问题，初步形成人地协调的观念，这是"对终身发展有用的地理"。课堂中，学生活动只要言之有理，能够阐述地形和聚落的关系，便加以肯定，"构建开放的地理课堂"。

建构主义认为，知识是通过教师引导，在一定的情境下，学生利用必要的学习资料，通过有意义建构的方式而获得的。教师是建构的引导者和帮助者，学生通过对资料的加工，逐步形成自己的知识建构。本节课，教师给出大量的景观图和卫星图，让学生自己建构地形和聚落的关系。

二、课程标准

(1)运用图片描述城市景观和乡村景观的差别。

(2)举例说出聚落与自然环境的关系。

1. 课标解读

(1)"运用图片"指的是景观图片。利用不同的城市和乡村景观图，对比观察，从找到相同点开始，再找差别。在景观图上找到有价值的地理信息，加以对比、区分，这是区别乡村和城市的基础。在"运用图片"的基础上，能够描述差别。这种差别应该是有地理价值的差别。因此要使学生思考，对比出来的差别能否作为区分乡村和城市的根本要素。能够找到乡村和城市景观上的根本区别，才达到了本条课标的要求。

(2)聚落与自然环境的关系，既包括自然环境对聚落的影响，也包括聚落对自然环境的改造。本节课主要以自然环境对聚落的影响为侧重点。"自然环境"又有多个要素，为了加深理解自然环境对聚落的影响，本节课重点讲解"地形"这一自然环境要素对聚落的影响。掌握一定的学习方法，其他自然环境要素对聚落的影响，便可迎刃而解。

(3)"举例说出"说明课标要求学生能够说出自然环境和聚落的关系即可，不强调面面俱到。能够利用一定的资料，找到有价值的地理信息，运用地理思维说出两者的关系，即达到了课标要求。

2. 知识与技能

运用景观图片，学生能够描述出城市景观和乡村景观的差别，能够利用景观图、卫星图、地形图，举例说出地形和聚落的关系。

3. 过程与方法

观察景观图，描述差别。利用景观图，分析地形对乡村的影响；利用城市卫星图，对比分析地形对城市的影响。

4. 情感态度与价值观

在学习过程中，初步形成人地和谐的观念，逐步培养地理素养。

三、教学内容分析

本节课选自北京出版社《地理》八年级上册第三章第三节——聚落。

1. 地位与作用

从整个义务教育阶段地理学科体系来看，本节内容被安排在世界地理概论之后。通过之前的中国地理和世界地理概况的学习，学生已经具备了一定的自然地理基础，对自然环境的基础知识已经有所了解。此时，理解自然环境和聚落的关系，可以从微观的地理思维向宏观转换，前面的知识作为基础，后面的世界区域部分可以继续验证。因此该部分内容具有承上启下的功能。

2. 教材处理

已有内容：城市和乡村以及自然环境对聚落的影响。

增加内容：地形对聚落的影响。

四、学生情况分析

1. 学生的认知特点

八年级的学生已经开始有一定的理性思维，愿意用逻辑思考事物之间的关系，凡事追究原由，却也不仅是对基础知识的简单了解。然而刚刚开始理性思考的学生还需要从身边的地理现象出发，知识才更容易被接受。

2. 学生的知识储备

学生在之前的学习过程中，已经了解了中国地理、世界地理概况，对自然环境已经有所了解，甚至对自然环境和人类活动的关系，也有所领会。但是想要学生从了解自然环境与聚落的关系，转为更宏观的思考，还需要给学生搭建一定的台阶，以引发学生主动思考。

3. 以往教学中存在的问题

在以往的教学中，本册教材内容较多，讲到本章节时，教学资料会有所省略。通过单纯的提问、回答，学生对此虽有所了解，但是认识很浅显，缺乏从景观图向卫星图或地形图的思考过程。

4. 本课的创新之处

利用 ipad 作为教学媒体，出示大量的景观图、地形图和卫星图。学生可以运用资料开展充分的对比区分，这样可以更好地培养学生的地理思维。

五、教学目标

(1)运用景观图，说出城市和乡村景观的区别。

(2)通过 ipad，对比聚落的不同，观察卫星图，总结地形对聚落的影响。

六、教学重点、难点

(1)教学重点：对比不同的聚落以及通过卫星图观察地形，总结出地形对聚落的影响。

(2)教学难点：举例说出地形对聚落的影响。

七、教学方法

启发式讲授。

八、教学媒体

多媒体、ipad、卫星图、景观图等。

九、教学过程

教学环节	教师活动	学生活动	设计意图	技术支持
新课导入	观看视频《爸爸去哪儿?》。你对视频里的哪个地方最感兴趣？为什么？	观看视频，激发兴趣。	从身边感兴趣的话题引入。	播放自制视频。

续表

教学环节	教师活动	学生活动	设计意图	技术支持
看图识图，认识聚落	一、什么是聚落 1. 刚才节目组去的地方里哪些是乡村，哪些是城市？ 2. 观察图中的共同点和不同点有什么？ 聚落是人为生产和生活的需要而集聚定居的场所。 农村和城市的根本区别是生产方式的不同。 3. 将10个卡通人物按展示农业生产方式和非农业生产方式分类。 4. 由于生产方式的不同，乡村的功能也会有差异。	观察图片，思考作答。 利用ibooks里的资源，通过拖拽进行分类。	根据景观图描述农村和城市的区别，并理解聚落的含义。 落实课标。 感受生产方式的不同，进而区分乡村和城市。	图片放在学生的ipad里，可放大仔细观察。 10个卡通人物在ibooks里，可拖拽、可分类。
用图辨图，巩固深化	二、地形对聚落的影响 1. 观察一组农村景观图，即使同样以种植农作物为主，农村景观有什么差异？为什么？ 2. 观察另一组农村景观图，同样在山区，景观有什么差别？为什么？ 3. 给出几对城市的卫星图。 (1)勾画出城市的聚落范围。 (2)观察卫星图，总结地形对每个城市产生怎样的影响？ 城市对：上海和重庆、北京和西宁、西安和兰州。	观察图片，认真思考。 解释卫星图的读图技巧。 小组活动： （1）利用iteach软件进行勾画。 （2）利用小组内的不同ipad，观察卫星图片，对比App里的不同比例尺的卫星图和地形图，讨论得出结论。 （3）小组展示时，利用小组代表的ipad进行投屏展示。	通过对景观图的观察，了解地形影响乡村的形态规模等。 介绍卫星图的看法。 学会观察卫星图的方法，了解地形影响城市的规模、形态等。	图片存放在ibooks里，可以自行查看。 利用卫星图进行展示。 iteach里课本资源预设好图片。 可利用地图App上的卫星图和地形图进行比对。App可将各种地图进行切换，同时可随意改变比例尺。
析图论图，拓展提升	观察台湾岛内两侧的城市数量，其有什么特点？地形对这种特点的形成有什么影响？	观察图片，思考回答。 地形影响城市的分布，平原城市较密集，山区城市较稀疏。	地形影响聚落的分布。	提供图片，以及资源包。

续表

教学环节	教师活动	学生活动	设计意图	技术支持
析图论图，拓展提升	三、自然环境影响聚落 现在全世界约有一半的人口居住在城市里，而且城市中的人口密集度较高。 展示"世界夜晚灯光"图，灯光比较亮的都是城市。 读"世界主要特大城市和城市密集带分布"图，通过填写表格，说出城市带所在地区的自然环境优势。	读图。 根据资源包，填写表格。 表格左侧有各种图片资源和文字资料。 学生将有用的图和文字拖拽到表格里，得出自己的结论。	除了地形，其他自然环境对聚落也会有影响。	利用 ibooks 进行整理。 展示学生填写的成果。
检测总结	1. 观察图片，请分辨景观图所展示的是不是聚落？ 2. 选择题。 3. 列举常营地区的变化，哪些因素是优势？哪些因素是劣势？ 聚落的形成和发展都受到多种因素的制约。认识这些，才能充分发挥优势，适应环境，改造环境。	用 iteacher 作答，自主完成。 拓展思考。	检测学习目标1达成的情况。 检测学习目标2达成的情况。 学以致用，对身边的现象作合理的解释。	通过 iteach 检测题的形式作答，并将答案提交。

步骤2：个人对照《标准》，给其中3个案例评等级(合格、良好、优秀)，并说明理由。

案例	等级	个人说明理由
案例3		
案例4		
案例5		
案例6		
案例7		

步骤3：每个人的评定在组内交流、商讨后，形成小组的统一意见，填写在表中。

案例	等级	小组统一意见
案例3		
案例4		
案例5		
案例6		
案例7		

五、考核要求

1. 研读"结果指标"

能力要点	合格	良好	优秀
教学组织方式有效	能够根据学习需要和特定学情，组织同位交流、小组合作、全班讨论等活动	组织活动时能够掌握恰当分组、有效分工、控制时间等	能够调动每个学生参与活动的积极性，并对活动过程中出现的问题进行恰当处理

讨论：对于上面的结果指标，需要如何将不同层次的等级描述出来？

2. 考核说明

(1)考核内容：

本项考核主要针对强化技能中关于"教学组织方式有效"的技能，重点考核教师对"教学组织方式有效"这一技能的运用。

(2)考核方法：

可以通过微格教学、微课、教学设计、说课等方式考核教师的这一基本教学实施能力。

(3)考核要点：

①能够主动按照《标准》中的行为动词规范教学行为；

②能够在教学中恰当选择教学组织方式；

③通过恰当的教学组织方式，调动学生的积极性，达到有效教学的目的。

3. 结合"结果指标"，制定标准

尝试用精确的描述语言，制定出"合格""良好""优秀"三个层次的标准。

考核要素	合格	良好	优秀
对学情的分析			
激发学生主动参与的积极性			
科学评价学生			

六、反思日志

题目	内容
本专题的学习要点	
实施好本技能的关键点	
通过训练后的收获和体会	

参考文献：

[1] 张伟婧．学习策略方法教学问题诊断与引导［M］．长春：东北师范大学出版社，2013.

[2] 北京教科院基础教育教研中心．初中地理学科主题教学案例研究［M］．北京：首都师范大学出版社，2014.

[3] 王宝珊．朝阳区教师教学基本能力检核标准（解读）［M］．北京：北京出版社，2010.

主题七　强化学生积极表现

学习目标

了解： 在课堂教学中强化学生积极表现的主要方式。

理解： 强化学生积极表现在课堂教学中的意义和作用。

分析： 强化学生积极表现技能的构成要素。

运用： 强化学生积极表现的基本要求；如何在课堂上评价强化学生积极表现的技能。

课程内容简介

本主题内容围绕"强化学生积极表现"这条检核标准，从标准解读、理论学习、技能训练、案例分析和考核要点等方面展开，使学员了解强化学生积极表现在课堂教学中的重要性，理解强化学生积极表现在课堂教学中的意义和作用，分析强化学生积极表现技能的构成要素，能在教学中主动运用和评价强化学生积极表现的基本技能。

一、问题提出

活动 1

你还记得自己站在讲台上的第一节课吗？你可能还记得这样的经历：你既兴奋又忐忑不安地宣讲着什么，看着下面的学生，面对一双双真诚的眼睛，你的大脑可能会突然一片空白，心里着急自己的下一句话该说什么。你的额头开始出汗，语速越来越快，你抬头看了5次墙上的挂钟，感觉课都快要上完了可仍然没有听见下课铃响。天知道这节课怎么这么长。为什么你会觉得上课的时间这样难熬呢？原因很简单，因为你把所有的注意力都放到"讲完教学内容"这件事上。你可以问问自己：有没有仔细观察课堂上学生的表现？有没有和学生建立积极的课堂互动？你对学生的课堂表现有没有作出回应？

步骤 1 **个人反思：** 根据以上描述，再结合你的课堂实践，列举出你最重视的学生积极表现有哪些，你最常用的强化学生积极表现的方式有哪些。

_____

步骤 2　组内交流：每位组员交流自己的教学实践，利用实例谈谈在强化学生积极表现方面的主要问题和成功经验，每个人至少写出一条。

主要问题：_____

成功经验：_____

问题反思：_____

步骤 3　全班分享：各组代表将本组讨论要点归纳后在全班发言，将每组学员发言的要点记录在表中。

序号	各组代表发言要点	备注
1		
2		
3		
……		

二、标准解读

（一）理解标准

"强化学生积极表现"检核标准如下：

能力要点	合格	良好	优秀
强化学生积极表现	能够关注学生积极表现，并给予肯定	能够根据学生的特点对其积极表现进行鼓励	能够通过对学生个体积极表现的强化，感染全体学生

活动 2

标准解读

步骤 1　个人理解：根据上面三个不同层次的标准，尝试用自己的语言表达，将不理解、不清楚的地方用横线标出来，向组内其他老师提出问题，看能否得到帮助和解决，将小组没有解决的问题写在下表中。

序号	需要解决的问题
1	
2	
……	

步骤 2　延伸思考：对于学生的课堂积极表现，你认为什么时候强化最合适？强化需要分等级吗？

_____

_____

步骤 3　等级评价：参照《标准》，对下面的"强化学生积极表现"能力给出等级。

案例 **1**

"长江"教学实录节选

（苏然，北京市望京实验学校）

师：前面我们学习了长江源流概况，分析了上、中、下游的水文特征，知道了长江是我国的第一大河，长江的这些特点会对社会经济发展有什么影响呢？下面我们就以一座长江沿岸的城市为例，一起来分析一下。

请同学们把书翻到 37 页，对照屏幕找一下，这座城市在哪里呢？

有同学已经看出来了，是武汉。谁能看屏幕用一句话总结出武汉的位置特点。

生：武汉地处长江与汉江的交汇处，地处长江中游。

师：李冰的观察很细致，很棒。武汉与长江有着怎样的关系呢？请同学们看一段有关武汉诞生的资料，一起来分析一下。（资料：武汉的诞生）

师：谁能根据老师的提示词说说武汉是怎么形成的呢？

生：（略）。

师：张翰同学解释得非常清楚。他说，武汉的形成可以用三个词概括：沼泽、洲滩、武汉。（屏幕显示）

在由沼泽到武汉形成的过程中，长江起到了什么作用？（长江携带的泥沙堆积形成了最初的武汉）可见，武汉的诞生离不开长江。（屏幕：因水而生）

师：好，现在有住的地方了，但人要想生活下去，首先要解决的是什么问题？（吃饭）民以食为天，长江为解决这个问题能提供什么？（鱼、粮食）

长江怎么能提供粮食呢？哦，刘阳知道，那刘阳说说吧。

生：长江携带的泥沙沉积形成的土地可以种粮食，长江水还可以浇灌农田。

师：刘洋能把长江与周围环境看成一个系统，呈现了因果联系。真好！长江除了提供鱼和粮食外，还能提供什么？对，生活用水。直到现在，长江依然担负着沿岸 4 亿多人口的生活和生产用水。

由此看来，武汉先民在这里定居的原因之一就是长江为当时的人们提供了什么？（水）因为有了长江的水源，人们发展了渔业和种植业，生存了下来，所以说武汉因水而活。（板书：水源）

经过多年的辛勤耕作，到明朝时，这里粮食已经取得了怎样的成就呢？

（屏幕）明代李釜源在《地图综要》中写到：湖广熟，天下足。这句话是什么意思呢？

生：(李涛说)这句话在历史课上学过，我给大家解释一下吧。湖广省粮食丰收的话，全国的粮食就有保障了。

师：李涛把历史知识和地理学习结合，学以致用。李涛，你能继续往下推理吗？

生：还可看出当时湖广粮食产量非常高。

师：现在武汉依然是我国的主要商品粮基地。(板书：农业)湖广粮食丰收后是怎么运到其他省的呢？

生：可以利用长江进行水路运输。

师：看来同学们很善于围绕长江来思考。

依据《标准》，将给出的"合格""良好""优秀"等级和评定的理由写在下表中。

等级	理由

(二)学习理论

1. 名词概念

强化(reinforcement)是一个心理学概念：使有机体在学习过程中增强某种反应重复可能性的力量称为强化。它是形成条件反射的关键变量，引起强化作用的物体或手段称为强化物。

学习是刺激与反应的联结，有什么样的刺激就会产生什么样的反应。华生在巴甫洛夫条件反射实验的影响下，提出了刺激-反应学说。华生的理论认为，学习的实质是形成习惯，而习惯是通过学习，将由于遗传对刺激作出的散乱、无组织、无条件的反应，变成有组织、确定的条件反应。

强化理论是斯金纳理论最重要的部分和基础。在斯金纳的体系中，强化是主要的自变量。他认为行为之所以发生变化就是因为强化作用，因此对强化的控制就是对行为的控制。在斯金纳的体系中，他使用强化而不是奖励，因为奖励是对与愉快情景相联系的行为的主观解释，而强化则是一个中性术语，简单的定义为能够增强反应频率的效果。根据不同标准，强化分为不同类别。他认为：凡是能增强反应发生概率的刺激和事件就是强化；反之，在反应发生之后紧跟一个讨厌的刺激从而导致反应发生概率的下降，则是惩罚。斯金纳认为，强化是成功的关键，强化所增加的不是刺激-反应的联结，而是使反应发生的一般倾向性，即概率。人的行动多半是各种各样的操作，因此操作行为要能代表实际生活中人的学习情境。直接控制强化物就是控制行为，因此必须严格控制强化的程序，采取连续接近的方法去塑造行为，即把动作分成许多小步子，当有机体每往所需的动作接近一步，就给该步骤以强化，直到最后达到所需要的所有动作。斯金纳把他的理论运用到程序教学中，在教学上影响较大。

在课堂教学过程中，强化是一种重要的教师技能，影响着课堂教学的效率和效果。强化技能是在课堂教学过程中，教师依据"操作性条件反射"的心理学原理，对学生的反应采用各种肯定或激励的方式，使学习材料的刺激与教师希望的学生反应之间建立稳固的联系，帮助学生形成正确的行为，促进学生思维发展。简言之，强化技能是教师在教学中的一系列促进和增强学生反应和保持学习力量的行为方式。

这里说的强化技能不同于学员们平时在课堂上说的强化训练。当学习了一个原理或规律之后，教师们常说做几道题练习练习，"强化"一下吧。"做几道题练习练习"，这是课堂上的巩固练习，不是教师的强化技能，也不会对学生的学习行为产生刺激，因此不是"强化"。

2. 意义作用

在课堂教学条件下，学生的认知过程是一个特殊的过程，它不同于人类的一般认知过程。学生要在较短的时间内达到当前人类的认知水平，其认知过程的特点是学生学习的是间接经验和来自教师的有效控制。这些间接经验作为教学材料的刺激是经过精心设计的，避免了人类认知过程中所走过的弯路。学生对这些教学材料的刺激所作出的反应，如判断、推理、联想等，在很多情况下是来自教师的反馈强化。它使学生的正确行为得以巩固，从而排除掉不正确的行为或认知。强化体现了教学条件下学生学习的特点，体现了教学中教师的主导作用。由此可见，教师熟练掌握强化技能是非常重要的。

这里所说的课堂教学的强化技能，是指斯金纳的操作条件反射中的强化行为，即在教学材料的刺激下，学生产生反应，教师对这种反应进行强化。教师应该认识这一规律：当一个操作之后接着呈现强化刺激时，那个操作强度就增加。这里练习虽然是重要的，但关键的变量却是强化。练习本身并不提高速率，它只是为进一步强化提供机会。凡能增强反应概率的刺激物均称为强化物。行为之所以发生变化，是由于强化的作用，因而直接控制强化物就是控制行为。

在课堂教学过程中，教师必须培养和发挥学生的主动性、积极性和独立性，培养他们的学习动机和努力完成学习任务的态度等。只有这样，他们的智力和个性品质才能得到更好的发展。应该说，学生的心理素质和行为方式都处在发展阶段，需要有效的培养和训练。学生的注意力不易集中，注意力保持的时间短，兴趣不够稳定，行为控制能力差，思维方式以形象思维为主，行为受情感的影响较大。对于他们，适时适度地运用强化技能，改变行为的作用会更大，更能调动学生的学习积极性和主动性，提高学习效率。然后再把暂时的、短期的神经联系转化为长期的学习动机，进而形成正确的学习目的。

《学习的革命》提到：如果一个孩子生活在讽刺之中，他就学会了自卑；如果一个孩子生活在批评之中，他就学会了谴责；如果一个孩子生活在鼓励之中，他就学会了自信；如果一个孩子生活在表扬之中，他就学会了感激。所以，强化学生课堂的积极表现非常重要，它影响着教师课堂教学的效率和学生课堂学习的效果。

3. 功能

（1）引起注意，保持注意。

在课堂组织方面，教师对认真听讲的学生予以表扬或对聚精会神听课的学生给予很高的评价等强化方式的运用，能促使学生把注意力集中到教学活动上，也可以防止或减少非教学因素刺激所产生的干扰。

你可能有这样的经验：在课堂教学过程中，引起学生的注意比较容易，而保持学生的注意是很困难的。在教学过程中，教师应使用语言、声调、手势、眼神、暗示等多种强化方式来吸引学生的注意力。教师正确地使用强化技能，就能够将学生的注意力集中到教学内容上来，且得以保持，并使学生的思维进程始终与课堂学习进度保持同步。

（2）巩固正确的反应行为。

在课堂上，当学生作出的正确反应（如回答或操作正确、思维敏捷、见解独特等）符合甚至超过教师的期望时，教师应采取适当的强化方式给予肯定和赞许。这会使学生因自己的努力得到教师的承认而在心理上获得一定的满足感。这样有助于学生把自己正确的反应行为巩固下来。如果学生的正确反应经常得到强化，学生的学习动机就会增强，学习水平也会得到提高。

（3）提高兴趣，促进参与。

在学生的尝试性认识过程中，教师运用强化技能，不断指引学生寻找依据和提供线索，促使学生的内部强化，发展思维能力。

兴趣是人们力求认识某种事物或爱好某种活动的心理倾向。它能激发和引导人们的思想和意志去努力探索某种事物的底蕴，直接促进其智力的发展和学习效率的提高。教师强化学生由兴趣产生的课堂积极表现，能把兴趣直接转化为学习动力，成为激励学生学习的内在动力与参与意识。

学生的学习需要外部的鼓励或表扬，特别是初中学生更需要通过鼓励促进他们的进步。当这些外部刺激不断地促使他们走向成功时，便会变成主动追求，激发起学习的内部动力。教师对主动参与教学活动的学生给予鼓励，不仅能使他们本人更主动地参与教学活动，还能促使更多的学生投入其中，形成热烈、活跃的课堂气氛。实践证明，运用强化技能塑造学生的行为是行之有效的。

（4）控制教学过程和教学计划的有序进行。

强化技能的教学功能体现了教师对教学过程的控制，是师生相互作用中的关键环节。在教学过程中，教学材料的呈现是经过教师精心加工的，体现了教师对教学材料刺激的控制。但在学生作出反应后，若教师不进行任何反馈强化，师生间的相互作用就中断了。一方面，教师只了解了学生当前的认识状态，但并没有对其施加任何影响，接下去的教学材料的刺激很难说是有针对性的；另一方面，学生得不到来自教师的反馈信息，则认识的尝试活动就失去了方向，教学在这一环节就失去了控制。

4. 技能应用要点

（1）目标明确。

在运用强化学生课堂积极表现技能时，应根据教学目标，有目的、有选择地对学生的积极反应进行强化。

在教学中，学生将会出现哪些具体的反应，教师是很难预料得非常准确的。但教学中的一些关键环节和教学结束时，学生的态度、认识状态、操作水平应达到什么样的状态，教师应该做到心中有数。教学的效果最终要体现在学生状态的改变上，若对教学的目标状态不明确，则教学效果是很难保证的，对于强化来说就失去了依据和标准。所以，教学目标明确是教师对学生反应进行准确的判断，以及使强化的意图明确有效的基本保证。强化技能的基本教学功能就是促进学生达到教学的目标状态，所以首先要做到教学目标明确具体。

（2）提供机会。

在课堂教学中，教师要给学生提供表现自己、作出反应的机会，这样教师才能看到学生的反应，并对其正确的因素给予强化。在具体操作上可采取提问、让学生做习题，或者对其他同学的反应作出评价等方式，给学生作出反应的机会。教师还要给学生一定的思考时间，当学生表达不太清楚时，可进一步询问他想要说什么或做什么，让学生充分表达自己的意图。

（3）态度客观、真诚。

教师在对学生的反应作出判断后，要表明自己的态度，对学生的反应进行强化。这是教师在应用强化技能时外显的行为。教师的态度应当明确，要使学生知道教师所肯定的是他的哪些行为。教师的态度应该是客观的、真诚的，这样才能使学生受到鼓励。

（4）即时有效。

即时，就是对学生的反应要进行迅速、准确的判断。当所期望的行为出现时，教师就应抓住时机给予奖赏，力求得到强化。也就是在发现学生中每一个闪光点时要进行正面强化；当学生的回答或操作不完全正确时，对合理部分要进行正面强化（部分强化）。当教师对学生的行为一时不能作出准确判断时，不要武断地评论，应该给学生充分表现自己的机会，然后教师可以从积极探索、勇于回答问题、敢于发表自己的观点等角度进行强化。

强化要做到有效，就必须恰当、可靠。如果使用不当，反而会分散学生的注意力。在采用动作强化时，要注意走动和接触学生的频率，不能过分频繁，否则会分散学生的注意力，引起学生的反感。该表扬的才表扬，批评不夸大，也不掩饰。只有做到恰当，才能保证可靠，强化也才有效。

把握好强化的时机，对提高强化的有效性也是很重要的。对短小、简单的问题，作业完成的情况等应进行即时强化，这样可给学生留下较深刻的印象；学生对一些抽象、复杂问题的解答或对概念、原理的理解，则应待学生充分反应后再进行强化，以使强化更具有针对性。当期望的某种行为已经相当巩固了，要逐渐减少强化的次数，直至最终在每一间隔时间后，偶尔给予强化。这种间歇性的强化对于保持已养成的行为，比经常强化更为有效。

（5）注意强化的个别性和多样性。

由于学生在年龄、性别、性格等方面的差异，学生个人对强化方式的喜好是不同的，教师应针对学生的特点，有区别、灵活地采取适合每个学生的强化方式。在进行强化时，还应注意变换方式。如果反复使用单一的强化物，对学生的激励作用就会逐渐减弱而失去应有的作用。

教师运用强化技能时，要注意学生个人对强化方式的需要，采用适合个人特点的强化方式，即必须考虑学生的年龄特征和性格特征。强化技能的运用应该注意多样化。在一节课中，语言、动作、标志、活动四种强化的交替使用，可使学生始终保持一种新鲜感。这样才能达到预期的强化目的，强化就会成为课堂教学的有力催化剂，大大提高课堂教学的效率，取得事半功倍的效果。

（6）促进内在强化。

在教学中，学生尝试活动的完成，既依赖于教师和学生集体的赞赏等外在强化，也依赖于预想被证实的内在强化。年龄较小的学生更多的是受教师或家长态度的影响，对于高年级的学生来说，简单的肯定或否定的强化作用是会降低的。教师应针对学生反应中的问题，让学生自己发现预想中的问题所在，重新构建对新事物的理解。

（7）慎用负强化。

应用强化技能时，要坚持以正强化为主。这点对于学生学习习惯的培养最为重要。实践证明以正强化为主，即时奖励正常行为，漠视或淡化异常行为，对于学生良好学习习惯的养成更有意义。在课堂教学中，对批评和惩罚，教师应采取非常慎重的态度，更不能对学生的人格进行讽刺和挖苦。

三、技能训练

（一）技能概述

通过理论阐释、案例等形式的学习，使初入教师队伍的年青学员全面理解强化学生积极表现这一教学技能的全部作用。强化学生积极表现是使学生在出现所希望的行为时得到肯定，朝着更有利于此种行为出现的方向发展。而当出现与所希望的行为相反的行为时，得到负强化，使之受到抑制。因此，强化有利于学生良好行为的形成。

强化技能是促进学生学习的重要方式，是成功教育的支撑点。在教学中正确使用强化技能可以更好地强化学生积极的课堂表现，达成更高的教育教学效果。实践证明，教师在课堂教学中如果能够艺术地把握强化学生课堂表现的技巧，则能激发学生积极的求知欲望，巩固他们对知识的记忆和理解，培养学生观察、记忆、思维、归纳、推理和创新的能力，使学生的学习兴趣、学习能力和学习成绩得到明显的提高，从而使教师顺利地落实教学内容，实现教学目标。

从教学技能的角度，强化分类也是一个值得关注的问题。教师的强化技能可以有多种分类方法。

根据教师实际应用强化技能的具体形式看，强化技能主要有以下四种类型：语言强化、动作强化、标志强化、活动强化。

根据强化技能施加的对象，可以分为：小组强化和个体强化。

在对学生的反应进行反馈强化的时机方面，教师应根据具体情况采用即时强化和延时强化。

根据强化的性质和目的，可以把强化分为正强化和负强化。

根据对学生良好反应的多少施加强化的不同程度，可分为定向强化（部分强化）和整体强化。

根据不同的学习结果（或强化物的来源），可分为内在强化和外部强化。

根据不同的强化程序，可分为连续强化与间歇强化。

教师理解这些类型，目的是更好地使用这些方式、手段去"强化"学生的行为。

（二）构成要素

作为教师的一项基本教学技能，年轻的教师学员们还应该对这一技能进行分析，找出这一技能的"关键点"。这里用"构成要素"这一术语，即指构成某一技能的重要元素。

1. 准确判断学生的反应

准确判断学生的课堂反应与教学目的之间的关系，是强化的先决条件，如果对学生的反应判断错误，不仅不能促进学生的学习，反而还会使学生的认识偏离正确的方向。准确判断是对学生反应进行迅速、准确的判断，发现一切对教学有价值的因素，通过强化加以利用。准确判断学生的反应符合要求的程度，保证教师的强化发生在被要求的学生表现上。

（1）准确理解。

准确理解学生反应的真实含义。学生对教学材料刺激的最初反应，在表达上往往是比较含糊的，若教师在没有理解学生反应真正含义的情况下就作出肯定或否定的强化，就会妨碍学生形成正确的认识。

（2）"捕捉"每一个闪光点。

要发现学生的每一个闪光点进行正面强化。教学中教师经常容易将反应的机会交给学习较好的学生，同时对这些学生的反应关注和期待较多，对学习较差的学生的反应有所忽视。发现学生中每一个闪光点进行正面强化，就是要注意全体学生的反应，即时、准确地判断各类学生对教学有价值的因素。

（3）把握课堂"生成"。

课堂是一个动态生成的过程，教师要关注课堂生成，不断捕捉、判断、重组课堂教学中学生涌现出来的各种信息，随时把握课堂教学中闪动的亮点，把握促使课堂教学动态生成的切入点。

教师对学生反应强化时，不应局限在自己事先想好的范围内，而是应该根据"不断变化的课堂"即时进行准确判断，发现学生反应中有价值的东西进行强化。

（4）不作武断评论。

教师对学生的回答不能作出准确的判断时，不应作武断的评论，可给予学生能充分表达自己想法的机会。

在有些情况下，学生的反应意图一时不能被教师所理解，由于时间关系又不允许学生花过多的时间来阐述自己的想法。这时，教师不应该武断地判断学生的想法，因为学生的想法可能是创造性的，是教师事先没有想到的。

教师首先应该对学生积极思考的态度加以肯定，然后安排时间在课下与该学生个别讨论，在下一次课上给出讨论结果，若学生的想法是正确的、有创造性的，可由学生来详细阐述他的方法。这种强化对该学生和全体学生的创造性态度是一个很好的鼓励。

2. 明确教师强化的意图

学员教师在对学生的反应或活动进行强化时，一定要使学生知道强化的是他的哪些特殊行为，保证教师的强化意图被学生正确理解。

（1）强化要具体。

简单、笼统的肯定或否定会使学生不能区分自己的反应和活动中哪些是正确的、哪些是多余的、哪些是错误的。在学生的反应中包含多种成分时，教师首先说明反应中各成分的性质，然后分别给予不同的强化。

（2）明确强化的原因。

说明强化的原因，即使学生明确为什么受到赞赏和鼓励。在某种情况下，尤其是在比较复杂的尝试性认识活动中，学生的反应是正确的还是试探性的，反应的依据往往不够鲜明、不够稳固，这时需要教师将反应正确的理由说清楚，才能使学生明确被强化的原因，使自己尝试性的认识作为结论性的认识巩固下来。

(3)面向全体学生。

在课堂教学中，教师的强化意图绝不应该仅仅是对学生个人的，而应是面向全体学生的。在教学中，学生的认识发展是不一致的，有的快些，有的慢些。但课堂教学过程要求大多数学生的认识要同步发展，不能仅对少数几个学生。所以教学中师生交流的形式不能只是一对一，而应该将个别学生的正确认识结果即时扩展到全班，使全体学生形成对当前问题的正确理解。

为此，教师可以征求其他同学对该学生回答的态度，或将该学生的正确回答鲜明地向全体学生重述一遍，然后进行正面强化。这时强化的意义就不仅限于学生个人了，而是对全班学生进行了正确认识状态的强化。

3. 把握强化的最佳时机

在对学生的反应进行反馈强化的时机方面，教师应根据具体情况采用即时强化和延时强化。

(1)即时强化。

在课堂教学中的感性认识阶段，通常有一些短小的问题，有时是全班学生的应答。在这一认识阶段，往往要求学生的认识过程是连续的，并保持明确的认识方向。这时教师对学生反应的强化也应该是短小的、简单明确的，而且是即时的。

学生的正确反应一出现，就应立刻加以肯定，虽然某些反应较慢的学生处于被动顺应的地位，但并不影响他们对问题的最终理性认识。因为这些短小的问题没有复杂的逻辑过程，往往是对事物表面现象的观察和确认，以及对原有知识经验的回忆，所以这些问题只要全班学生确认了就可以了，不会影响教学过程的顺利发展。相反，如在这些问题上一连提问好几个学生，花过多的时间和精力，反而会使学生感到不耐烦。所以，在这种情况下，教师应采取立即强化的措施，使教学中的认识过程思路明快、顺畅。

对学生的课堂练习和家庭作业也应及时反馈强化。对课堂练习应使学生知道当堂练习的结果，利用学生将练习写在投影片上的方法，即时对典型的问题和正确的结果用投影仪打出来进行强化，这样才能达到巩固和深化新知识的目的。对于家庭作业也应及时批改、及时反馈到学生手里。若时间拖久了，学生的关注点已脱离了作业中的那些问题，作业发到手里顶多看看对错，不再进行认真思考了。

教师对学生的作业情况也应及时进行评价，向全班学生通报交作业的情况和完成作业的质量情况，必要时对作业中普遍存在的问题进行讲解。若对学生的作业只作书面批改，不作全班讲评，则学生因得不到适当的强化，完成作业的情况就会恶化。

(2)延时强化。

对于一些比较抽象的问题或开放性的问题，则应采取延时强化的方法。因为这些问题需要有充分且合理的推理，应等待学生充分反应后再进行强化。若对少数认识比较快的学生的正确反应采取即时强化，则会使其他学生失去思考的兴趣，容易产生简单顺应的情况。

有时，某些反应较快的学生虽然找到了正确的答案，但不一定深刻理解，若对他们进行即时强化，反而会影响他们深入研究问题。这也是某些"聪明"的学生课堂反应较好，但作业和考试的成绩却不突出的原因之一。

案例 2

"判读等高线地形图"微课教学设计

（邢冬梅，北京市陈经纶中学分校）

请学员们重点关注授课教师在强化学生课堂积极表现上体现了哪些技能要素。

教学环节	教师活动	学生活动	设置意图
复习导入	出示：山地照片。 描述：筑路工程师要在山区修建高速公路，怎样设计一条合理的道路呢？从安全的角度看，路要修在缓坡；从保护水源的角度看，路要与河流保持一定距离。这需要借助等高线地形图。 出示：等高线地形图。 提问：在这张等高线地形图上，你能读出哪些信息？ 在这幅图上还能判读地形部位，这就是今天学习的内容。 转折：你认识地形部位吗？	了解生活中的实际问题；回忆上节课所学知识（等高线、等高距、海拔和相对高度），读出等高线地形图的信息。	从生活实际引出本节课的学习任务，引导学生认识人类的生产活动与地形的关系，使学生初步了解等高线地形图的学习价值，感悟"学习来源于生活，学习为了生活"这一理念。 同时回忆旧知，为新知学习铺路。
进入新课 1. 认识地形部位	出示：北京西山照片和山体模型。 提问： (1)山地有哪些地形部位？ (2)你能在山体模型上指出刚才学习的地形部位吗？ 引导学生在景观图和模型上观察、识别山峰、山脊、山谷、鞍部等地形部位，用语言、眼神对学生的观察和回答及时进行评价。	观察山地照片，说出不同地形部位的名称，并描述形态特点。 根据地表形态在山体模型上指出各种地形部位。	从生活入手，认识不同地形部位的位置和形态特点，使学生形成丰富和正确的地理表象，为下面展开地理想象做好准备。
2. 识别山峰	出示：一幅等高线地形图。 提问： (1)你能找到最高山峰并估算山峰海拔吗？ (2)你是怎样找到山峰的？ (3)图中还有其他山峰吗？ 对学生的展示及时给予肯定和引导，关注学生个体和小组的课堂表现。 出示：盆地地形。 提问： 你能用等高线表示出盆地吗？ 师生共同归纳。 提示学生从等高线形态和数值两个方面描述地形部位的特点。	读等高线地形图，小组合作，完成以下任务： (1)找到最高山峰并估算山峰海拔。 (2)描述山峰等高线的形态和数值变化特点。 (3)判断图中是否还有别的山峰。 (4)画出盆地等高线，并描述等高线的特征。	由浅入深地学习等高线地形图。等高线的数值大小以及等高距是上节课所学知识，借助学生已有知识建构新知，并以任务驱动，激发学生的成就感。

续表

教学环节	教师活动	学生活动	设置意图
3.识别山脊和山谷	出示：山体俯视图。 叠加出示等高线地形图，引导学生对比描述山脊和山谷等高线的特点。 当多个学生表述完自己的观点，老师充分听取学生意见后，重复学生重点的细节描述，根据学生的描述，引导其归纳山脊和山谷的等高线特点，板书，并用重点符号标注出来。 找到山脊或山谷等高线弯曲最大的点，画出山脊线和山谷线。请画得好的同学在台上展示。 出示：山脊等高线地形图。 考一考：这是哪种地形部位？请说明判断依据。	回忆山脊、山谷形态，在图中指出山脊、山谷。 读等高线地形图，小组合作，完成以下任务： (1)对比山脊、山谷等高线形态和数值变化，描述其特点。 (2)根据山脊、山谷等高线的特点，在此图中找出其他的山脊或山谷。 (3)用实线画出山脊线，用虚线画出山谷线。 看等高线地形图，判读地形部位名称，并说明理由。	在对比中发现规律；通过举一反三达到技能迁移的目的。
4.识别陡坡和缓坡	出示：盘山路景观图。 盘山路建在缓坡上。 提问：在等高线地形图上你有办法判断陡坡和缓坡吗？ 根据学生的展示，引导学生归纳陡坡和缓坡的等高线特点，及时点评。 师生共同归纳。	观察盘山路景观图和坡的陡缓。 探究活动：在等高线地形图上帮助筑路工程师判断陡、缓坡，并归纳判断的方法。 工具：等高线地形图、山体侧视图。 学生展示，学生互相点评。	从生活实际引出学习的内容，既增加趣味性，又渗透学习为生活服务的理念。
课堂练习	过渡：通过学习，看看同学们是否能"慧眼识图"。 出示：一幅真实等高线地形图。 考察：在这张图上，同学们能找到哪些地形部位，并说说你的判断依据。 对比出示真实地面景观图，用红色"√"标注在学生判断正确的地形部位。 教师点评并提升：通过刚才的学习，我们发现等高线地形图可以反映真实地表高度、地势高低、坡度陡缓，所以等高线地形图是人们认识地理环境的重要工具。	慧眼识图：观察等高线地形图，你能识别出等高线地形图中的哪些地形部位？你的判断依据又是什么？ 同学们互相点评。 观看等高线对应的真实地面地形景观图，体会等高线地形图在地理学习和生活中的作用。	通过练习巩固新知，强化重点，突破难点。 使用真实地图，体会地图是地理学习的重要工具，回归生活。

教学环节	教师活动	学生活动	设置意图
课堂练习	出示：等高线地形图。 布置课堂练习要求。 引导学生质疑和评价，教师注意观察学生的练习过程，及时用语言、身体姿态来引导、强化学生的积极表现。	读等高线图，完成下面4道题。 1. 图中有几个村庄？位于山脊的村庄是哪个？ 2. 图中最高山峰海拔大约是多少？ 3. 判断甲、乙、丙三地分别位于哪种地形区，连线： 甲　　　　山地 乙　　　　平原 丙　　　　盆地 4. 我们应该到哪里找河流？理由是什么？ 学生展示和评价。	继续巩固读图技能，使读等高线地形图的技能逐渐内化，以利于学生知识的迁移。
课堂小结	同学们，今天我们学习了哪些内容？我们是怎样学习的？有哪些步骤？（提示学生从等高线的形态特点、数值变化和疏密状况来归纳总结）	学生互相提示、回忆，归纳读图方法，识别地形部位。	结合板书，强化方法归纳。
板书设计	判读等高线地形图(2) 识别地形部位　　读数值变化，定山峰盆地 　　　　　　　　看凸凹方向，辨山脊山谷 　　　　　　　　判疏密程度，读陡坡缓坡		

活动③

构成要素分析

在上面的教学设计中，教师在强化学生积极表现时体现了哪些技能要素？

根据案例2，讨论交流后，归纳整理出"强化学生积极表现"能力的构成要素，填写在下表中。

序号	要素
1	
2	
3	
4	
……	

（三）操作要点

阅读下表所列出的操作要点。除此之外，还有哪些？请填写在表中。

序号	操作要点
1	必须目标明确（教学目标和学习态度）。
2	必须为学生提供机会。
3	必须掌握强化的时机与频率。
4	必须客观、真诚地反应学生的行为。
5	必须注意强化的个别性和多样性。
6	
7	
8	
9	
……	

（四）技能训练

活 动 ④

联合作战

以中国的行政区划为例，进行小组联合作战。

步骤1 明确强化目标：依据课标，以小组为单位分析中国的行政区划（或片断）的教学目标和强化意义。

步骤2 组内讨论：分析强化学生课堂积极表现的具体措施，各小组推荐一位学员展示强化学生积极表现技能。

步骤3 总结提升：从各组的展示中，提出"强化学生积极表现"应该做到哪些基本要求（至少2点），并在组内交流，由发言代表进行归纳、总结。

步骤4 全班分享：由各组代表在全班发言、分享，将要点填写在下表中。

序号	相关的基础要求
1	
2	
3	
……	

■ 活动 5

逆向思考

通过前面的学习，我们都知道"强化学生积极表现"应当要满足哪些基本要求了。反过来思考一下：在课堂教学中，"强化学生积极表现"有哪些不应该出现的现象和情形呢？请列在下表中。

序号	不应当出现的情形
1	
2	
3	
4	
……	

（五）学会评价

■ 活动 6

模拟活动

每位学员选取一个微格片段，根据教学目标做一次强化学生积极表现的设计。

步骤 1：根据微格片段（节选）确定重点、难点，用 10 分钟设计一份进行课堂教学时"强化学生积极表现"的方案。

步骤 2：在准备的基础上，各组派代表在全班进行讲解。

步骤 3：按照《标准》给每组代表的"强化学生积极表现"能力进行评定等级，并说明理由，填写在下表中。

等级	理由

四、案例分析

阅读下面的案例，应用《标准》给出每个案例的等级和理由。

步骤 1：阅读案例。

案例 3

"中东"课堂实录(部分)

（张莹颖，长春汽车经济技术开发区实验学校）

教学目标：读图说明中东地区的范围、位置；在地图上找到主要的国家及城市，重要的临海、海峡及运河；借助网络资源和课件，通过自主-合作探究学习，分析本区地理位置的重要性。

教学重、难点：中东地理位置的重要性。

教学过程实录：

师：众所周知，自第二次世界大战以来的半个多世纪里，世界上几乎没有一个地区像中东地区一样，一直成为全世界关注的热点地区。这个地区也一定吸引着同学们的眼球。那么，下面就请大家结合你们的所见所闻，试着用三言两语来谈一谈你们印象中的中东是什么样的。

生：（争抢着回答）这里充斥着无尽的战争和冲突；中东是世界上石油储量最大的地区；中东对世界的发展有着很重要的影响。（其余略）

师：（过渡）看来同学们对中东的知识了解得还真不少。那么本节课就让我们从地理的角度进一步走进中东、认识中东。下面请大家打开中东网站，点击中东地区的范围及地理位置，明确本组要探究的问题。

生：（报出各组的探究课题）

师：既然各组都已经明确了所要探究的问题，下面就请大家借助左侧这些文字、地图资料、音像资料等信息资料开始探究。大家要注意：一定要根据你的问题查找相关资料，绝对不能漫无目的地胡乱点击。好，下面我们开始。

（学生明确主题后开始探究学习，教师全班巡视，指导、答疑。）

师：下面各小组同学选派代表，到前面展示你们的探究结果。注意：讲解问题时要做到精炼准确，如果其他组的同学不明白，你们可以对代表提出问题或给以补充，并对讲解的优缺点给予评价。哪个小组最先来汇报呢？好，第二组，非常勇敢，我们给点掌声。

（第二组学生代表汇报：我们小组汇报的题目是：你能在地图上指出土耳其海峡和苏伊士运河、波斯湾的位置并告诉大家中东地处的是哪两洋、三洲、五海之地吗？

学生代表在图上指出土耳其海峡和苏伊士运河的位置，介绍两洋是指印度洋和大西洋；五海是指地中海、红海、波斯湾、里海、黑海；三洲是指亚、非、欧三洲。）

师：（倾听）请再给大家指一下，两洋三洲五海所处的位置。大家注意，刚刚她指图的时候非常准确，指面的时候和指点的时候是不一样的。做得非常好，大家向第二组同学学习。下面哪一组呢？

（第三组学生代表汇报：我们组探究的问题是：借助地图说明中东地理位置的重要性。我们通过查阅地图知道，中东处于两洋三洲五海之地，即东临印度洋，西临大西洋，周围环绕着黑海、地中海、红海、波斯湾、里海，它位于亚、非、欧三洲之间，而且我们还通过查阅资料知道：其实它还是东西方的交通要道，所以备受人们的关注，地理位置非常重要。另外，我们通过查阅地理位置的重要性还了解到：其实中东地理位置的重要性在古代就已经体现出来了，当时在世界上有一条最大的商路，即丝绸之路，就是从我国现在的西安沿甘肃的河西走廊至新疆境内，再经中东转入欧洲，我国四大发明的输出和欧洲思想、文化、宗教的输入，中东都是必经之地，所以说中东是一个非常重要的交通要道。另外，中东还是世界各国的空中走廊，现在的一些超级强国，它们之间争权，都是想把中东置于自己的管理之下。总之，我们总结出来的最后一句话就是中东位于两洋三洲五海之地，是东西方的交通要道，这就是它地理位置的重要性。

师：刚才这组同学的语言表达非常棒！细心的同学发没发现他们的讲解内容有一点点瑕疵啊？在哪啊？

生：中东应该是西临大西洋，然后是东临太平洋。

师：你关注了中东所临的洋，非常好。（微笑，眼神鼓励。）同学们再仔细看图，你们有什么发现？

生：（看地图）是南临印度洋。

师：嗯，是南临印度洋。读图时一定要注意位置的准确性。

（第一组学生代表汇报：我们小组的问题是：借助地图概括出中东地区的范围并说出中东和西亚范围的差别。我们根据中东的范围资料了解到，中东的大致范围位于亚洲的西南部，非洲的东北部，亚洲、欧洲、非洲的交界处，又被称为三洲五海之地。又根据中东范围的拓展资料了解到，它的面积是 700 多万平方千米，和西亚的区别是中东不包括阿富汗，而包括非洲的埃及以及欧洲的土耳其。）

师：借助地图和拓展资料，是很聪明的做法。（对着学生点头微笑。）你们有点紧张，不过我感觉你俩配合得很好，给点掌声鼓励。下一组，哪个同学来呢？

（第五组学生代表汇报：我们小组的问题是：请你在中东政区图上指出巴格达、德黑兰、伊斯坦布尔、耶路撒冷、大马士革、贝鲁特、麦地那、麦加、开罗等城市。通过读中东政区图我们可以了解到巴格达。（另一同学指图）这就是巴格达，巴格达是伊拉克的首都。（其他城市略）我们小组的问题汇报完了。）

师：（点头）好，非常好，不光指图而且还分别给大家作了介绍。最后一组，就剩你们组了，快来，大家都期待着你们的讲解。

（第四组学生代表汇报：我们小组的问题是：在政区图上给大家指出沙特阿拉伯、伊朗、伊拉克、科威特、叙利亚、黎巴嫩、约旦、土耳其、巴勒斯坦、以色列、埃及等国家。（两个同学配合，边指图边介绍国名。）这里是沙特阿拉伯，这里是伊拉克，挨着它的是科威特、伊朗。这里是叙利亚，挨着它伊拉克和巴格达。这里是黎巴嫩，挨着叙利亚。）

师：（提醒）最好说北临、西临或者东临，用地理术语。

生：这里是约旦，北临叙利亚；叙利亚的西北方是土耳其，土耳其地跨亚欧两洲。这里是巴勒斯坦和以色列，还有地跨亚洲、非洲的埃及。

师：现在各组的探究问题已经展示完成了，大家还有没有不理解的地方？现在是自由提问时间。

生：没有问题了。

师：好，没有问题了，都会了，都听懂了啊，那下面我就要通过一个填图游戏来考考大家，看看你们是不是真正掌握了。咱们先找同学给大家读一下填图游戏的规则。

（游戏过程略）

师： 好，看到同学们能在老师精心设计制作的网站资源中有所收获，我感到非常欣慰，希望同学们课下能密切关注中东时事，借助这个中东网站上的信息资源，（给学生点击浏览网上信息。）每人写一段200字左右的小短文，题目就是"我所认识的中东"。好，本节课我们就上到这里，下课。

✱ 案例分析

(1)本案例很好地体现了强化学生课堂积极表现技能的应用要点。

本案例中教师强化的目标非常明确，既有对学生达成学习目标的积极表现的强化，又有对学生积极态度的强化。本课的教学目标是"找中东的位置范围、主要城市、交通要道，说明中东位置的重要性"。教师心中非常清楚本节课学生的态度、认识状态、操作水平应达到或者符合怎样的要求，所以教师在读图、说明位置等教学环节强化学生积极的课堂表现，这有助于学生达到教学目标。从本案例还可看出教师采用自主-合作探究学习方式，给学生提供表现自己的机会，通过学生展示与互动，教师能作出正确及时的强化，让学生感受到教师客观真诚的态度。本案例中教师非常关注学生的课堂积极表现，所期望的行为一出现，教师就抓住时机给予鼓励，力求得到及时有效的强化。而且教师既有针对学生个体的强化方式，也有面向群体的强化方式。

(2)本案例体现了教师对强化学生课堂积极表现技能基本要素的把握。

本案例中教师通过提问、关注、重复等方式准确理解学生课堂反应的真正含义，并作出相应强化。当教师不太清楚学生的反应时，还通过询问来了解。当学生进行展示汇报时，教师很注意学生个体和全体学生的反应，准确判断学生有价值的因素，比如地理学习方法、表达能力、描述技巧等，并给予机会进行强化。学生的良好反应必将有效地固定下来，以后学生将更加勤于思考。在这一案例中，教师把学生在课堂上随机生成的"错误"作为课程资源，灵活地加以引导，强化了仔细读图这一学习态度，从而让"随机"变为"有机"强化，产生更好的效果。本案例中教师多次强化学生课堂积极表现，意图非常明确，易于使学生接受和巩固被强化的原因，使自己尝试性的认识作为结论性的认识巩固下来。在教学过程中，教师主要采用即时强化方式，使教学中的认识过程思路明快、顺畅，也使课堂氛围积极有序。

(3)本案例很好地体现了教师对强化学生课堂积极表现技能的运用和效果。

本案例中，教师有区别、灵活地采取适合学生的强化方式，在进行强化时，还注意变换方式。比如有短语、语句和评语等形式的语言强化，有眼神、微笑、鼓掌、倾听、点头等形式的动作强化。同时教师在实施此项技能时，考虑到学生的年龄特点，主要采用正向强化，激发了学生学习的热情和兴趣。

仅从"强化学生积极表现"技能看，教师能够通过对学生个体积极表现的强化，感染全体学生。综上所述，本案例达到的级别是"优秀"。

案例 4

"'祖国心脏'——北京市"教学实录

（来源：教育文库 http：//www.jywk100.com）

教学目标：

(1)通过运用地图了解北京的位置、范围，并对北京的地理位置作出简要评价。

(2)学会利用资料了解北京的自然条件、城市职能和名胜古迹。培养学生对北京的热爱，进一步培养学生的爱国之情。

教学重点：

北京的自然地理特征、城市职能。

教学难点：

北京的地理位置的评价。

教学方法：

讨论法、启发式讲述法等。

教学流程：

一、激情导入

师：(边画边说)同学们好！俗话说"处处留心皆学问"，请认真观察，判断老师在黑板上画的是什么标记。

生：第二十九届奥运会会徽。

师：主办地在哪儿？

生：北京。

师：咱们当中有没有人去过北京或了解北京。你能描述一下对北京的印象吗？

生：(回答略)。

师：真棒，描述得真生动，让我心动。北京给我的印象是古典的、浪漫的，又富有新鲜的时代气息的。我一直很想去北京，我想你们一定也很想去北京，今天就让我们一起走进北京。(出示学习目标)

二、自主学习

生：(阅读学习目标，进行自主学习)：①请查图分析北京的地理位置(纬度位置、海陆位置和相对位置)、自然环境(地形、气候和河流)和交通状况。②你能说出北京长期作为全国政治中心，其地理位置有什么优越性吗？

师：提出学习要求(边绘北京轮廓图边说)：请打开课本和地图册，让我们学会从地图上寻找北京、认识北京。请每个小组在科代表的带领下积极合作，作好记录，并把结果整理到笔记上。咱们比一比哪个小组学习得最认真、最主动。

生：(小组活动、探究科代表组织答案。)

三、激情互动

师：(出示北京有关地图，以任意一组为中心，提问交流，其他组适当补充，反馈、检查学习情况，督促、矫正学习结果。提出问题依次如下：北京的纬度位置怎样，属于什么温度带，是内陆还是沿海，有哪些邻省，北京的地形有什么特点，附近地形区分别是什么，属于什么气候类型，什么特点，有哪些主要河流，北京的交通状况怎样，让学生上来指图说明。)

生： 依次回答(略)。

师： 还有没有其他小组同学补充？

生： 补充回答(略)。

师： 北京的确交通便利，它不仅是全国最大的铁路枢纽，还是全国重要的航空港，另有多条公路、高速公路、京杭运河在这里穿行。你们能不能结合地图册把北京的主要铁路线指认出来呢？(找一位同学指图讲解，其他同学更正或补充。)

师： 大家识别得完全正确，真聪明，现在你们能明白地总结出北京长期作为全国政治中心，其地理位置有什么优越性吗？(找科代表回答、补充，及时予以激励性点评)。

四、魅力精讲

师： (指图总结)综合各组的发言，不难看出，北京纬度位置优越，属于暖温带，半湿润地区，干湿适中；海陆位置优越，虽居内陆，但距海较近，交通发达；经济区位优越。作为首都，她又为祖国的腾飞发挥着哪些主要城市职能？北京起着什么中心带动作用呢？请结合课本举例说明。

(出示习题：北京主要的城市职能是什么？分别体现在哪些方面？)

(师生互动，让学生随意抢答，补充。)

生： 回答(略)。

师： (适当点评、补充。)作为全国政治中心，天安门不仅是北京的象征，也是我国国徽图案的中心组成，是中国的象征。

五、拓展应用

师： 北京是中国的政治、文化中心，国际交往中心。同时，作为古都，北京还拥有很多名胜古迹，你知道有哪些吗？请打开课本看一看，让我们赛一赛谁知道得多、说得清。

(出示习题：你了解北京的名胜古迹吗，你能说出哪些？)

生： 故宫、天坛、长城⋯⋯

师： 京腔京韵自多情，甘美芬芳故乡情。出于对北京的热爱和向往，在短暂的时间内，我们了解了北京的位置、环境、职能、名胜，你领会了多少呢？来让我们进行一次征询、闯关活动。

(出示习题：根据你对北京的了解，你认为作为一名国内游客什么时节最适宜去北京旅行、选择什么交通工具最经济易行。北京奥运会是在什么时间举行的？)

师： 第一关，根据你对北京的了解，作为一名国内游客什么时节最适宜去北京旅行？

生： 秋季。因为北京属于暖温带大陆性季风气候，夏季高温多雨，冬季寒冷干燥，春季寒冷多风，而且沙尘暴也时有发生，秋季秋高气爽、云淡风轻，最舒适宜行。

师： 不错，这的确是大多数人的决定。但此时正是北京旅游高峰，可能会遇到门票上涨，交通堵塞⋯⋯其他小组，有没有别的决定？

生： 我们组选择6月底7月初去北京，因为那时是北京旅游淡季，我们放暑假，既经济又轻松。

师：很好，咱们再看看其他小组有没有更特别的决定。

生：我们认为任何时节都可以去北京旅行，完全不用亲自到北京，可以在网上旅行。

师：太好了，老师真佩服你们的决定。才子不出门，便知天下事，一张地图，游历天下，一台电脑，饱览北京的春夏秋冬。

师：太厉害了，第三关：2008 年北京奥运会是在什么时间举行的？

生：8 月。

师：大家回答得好极了。经奥委会讨论决定，北京奥运会于 2008 年 8 月 8 日至 8 月 22 日举行。因为 8 月中旬我们北方的雨季快要结束了，天气较好。从大家的回答中，我再次感到了大家对北京浓浓的感情，奥运梦是我们亿万炎黄子孙共同的梦，你们特别渴望能做什么呢？

生：去参加比赛，去参加志愿者行动……

师：我想，无论何时，无论我们为北京做什么，都不能忘记宣传北京，请大家课后上网查阅相关资料，完成课本第 30 页的活动题。再见！

案例分析

(1)本案例较好地体现了强化学生课堂积极表现技能的应用要点。

本案例中教师强化的目标比较明确，既有学习目标的积极表现的强化，也有对学生积极态度的强化。本课的教学目标是“找北京的位置范围，评价位置的重要性，了解北京的自然条件、城市职能和名胜古迹，激发学生爱北京、爱首都的情感”。教师在学生读图、展示、问答等教学环节有意识强化学生积极的课堂表现，有助于学生达到教学的目标，激发学生的学习兴趣。从本案例还可看出教师给学生提供表现自己的机会，在学生展示与互动过程中，教师也表现出对学生课堂积极表现的强化，但强化主要针对学生个体。

(2)本案例体现了教师对强化学生课堂积极表现技能基本要素的把握。

本案例中教师主要通过提问这种方式来理解学生课堂反应的真正含义，并作出相应强化。当学生进行展示汇报时，教师注意学生个体的反应，能够根据学生特点对其积极表现进行鼓励。本案例中教师多次强化学生课堂积极表现，意图明确，易于学生接受和巩固被强化的原因，将自己尝试性的认识作为结论性的认识巩固下来。在教学过程中，教师主要采用即时强化方式，使教学中的认识过程思路明快、顺畅，也使课堂氛围积极有序。

(3)本案例中，教师有区别地采取适合学生的强化方式，同时教师在实施此项技能时，考虑到学生的年龄特点，主要采用正向强化。

该教师强化学生积极表现，激发了学生学习的热情和兴趣。但在进行强化时，还应注意变换方式。比如除了语言强化，还可以有面部表情或身体动作等形式的强化。

仅从“强化学生积极表现”技能看，该教师能够根据学生的特点对其积极表现进行鼓励。综上所述，本案例达到的级别是“良好”。

案例 5

"台湾省"教学设计

（祁素梅，北京市陈经纶中学嘉铭分校）

教学目标：

(1)运用地图、景观图和相关资料，以"探宝"为线索，正确指图，准确描述台湾的地理位置和范围，说出其自然环境的特点，分析自然环境和经济发展的关系。

(2)通过小组讨论，运用资料，依据史实等说明台湾省自古以来一直是祖国不可分割的神圣领土。

教学重点：分析台湾省的地理位置和范围，说明台湾省自古以来就是祖国不可分割的神圣领土。

教学难点：分析台湾自然环境特点的成因，以及它们对"宝"的形成影响。

教学方法：以启发式讲授为主。

教学过程：

教学环节	教师活动	学生活动	设计意图
	展示水果，询问：你们知道，这是什么吗？谁能准确地说出它的产地？	观看水果，说出产地。	从实物引入，创设情境，激发兴趣。
引入新课	追问：台湾指的是哪？ 小明说：台湾是指台湾岛。 小芳说：台湾指的是台湾省。 小玉说：台湾岛和台湾省是一样的。 (出示地图)用语言和表情对学生课堂表现作出反应，巩固学生积极正确的课堂行为。	阅读地图，观察差异，指图并用正确的语言表述台湾岛和台湾省的范围。	通过读图，进行比较分析，明确范围。
过渡	台湾岛和澎湖列岛、赤尾屿、钓鱼岛等诸多小岛，像撒落在东海上的颗颗宝石，闪耀着璀璨的光芒。台湾，人们亲切地称它为"宝岛"。 今天，让我们一起用地理的慧眼走进台湾，开始一次探宝之旅。	倾听。	承上启下。
活动一	慧眼识宝： 提供两组材料，让学生从地理的角度去识"宝"。 引导学生互相评价，激发学生的学习兴趣。	分成两组，根据不同资料，说明"宝"是什么或者体现在哪里。	培养分析资料和提取信息的能力。
活动二	以理释宝： 引导读图，从地理位置、自然环境等方面探究形成"宝"的原因。 倾听、观察学生的课堂反应，根据学生展现的地理学习技能、语言描述状况，面向全体学生进行引导、鼓励、重复，巩固学生积极正确的课堂表现。	分析台湾岛的海陆位置、纬度位置、相邻位置及自然环境特点，分析说明形成"宝"的原因。	培养读图能力及综合分析的能力。

续表

教学环节	教师活动	学生活动	设计意图
活动三	合理用宝： 如何利用"宝"的优势发展经济呢？ 侧重对学生分析能力的观察和反应，通过提问、询问、鼓励等手段强化学生在读图分析、表达阐述时的积极表现，引导学生形成合理顺畅的地理认知。	依据图表和资料，分析台湾经济结构的变化和经济发展特色。分析怎样利用"宝"发展经济。	培养读图能力及综合分析的能力。
		根据资料说明台湾经济发展与大陆的关系，并完成练习。	培养综合分析和提取信息的能力。
活动四	悉心护宝： "台湾当局声称台湾要成为一个独立的'国家'，你们能接受吗？" 我们能用怎样的事实来驳倒他们的谬论呢？ 关注学生的情感投入，及时予以肯定和引导。	以小组为单位，运用教材和已有的知识从历史版图、文化渊源、风俗节日等多角度寻找证据，说明台湾省自古以来一直是祖国神圣的领土。	培养学生分析资料的能力，并渗透情感、态度、价值观。
小结板书	展示图片：大熊猫"团团""圆圆"。	倾听、感受。	情感、态度、价值观的升华。

案例 6

观看地理教学视频：《地图上的方向》

（张瑛，北京市密云县西田各庄中学）

观看视频，结合教师的教学设计，记录教师对学生积极表现的反映。可采用以下两种方式打开视频：

方法 1：前往相应网址观看视频（http：//1s1k.eduyun.cn/portal/1s1k/sportal/index.jsp？sdResIdCaseId = ff8080814ca8c04f014cbfc16f3b11bd&t = show&sessionKey = 1cfCeltXxOfp9oFrPwgt）。

方法 2：

进入"一师一优课 一课一名师"网站（http：//1s1k.eduyun.cn/），单击 优课展示 ，选择 初中地理 ，再单击 中图2011课标版 ，选择要观看的课题视频。

教学目标：

(1)通过读图和在教室演示等活动，学会在座位上认识周围同学所在的方位。

(2)通过展示收集的材料，说出在野外辨别方向的几种简便方法。学生收集整理资料和小组合作交流的能力得到培养。

(3)通过读图找家等活动学会在一般地图上辨别方向的方法并在生活实际中得以应用，学生运用地图的能力和地理学习兴趣均得到培养和提高。

(4)通过小组合作学习的形式，学生团队合作的意识得到增强。

教学重点：辨别方向的方法。

教学难点：辨别方向的方法。

教学过程：

教学环节	教师活动	学生活动	设计意图
组织教学 （1分钟）	请同学们准备好地理书和地图册，都准备好的同学请坐好。（巡视学生的学习用品准备情况和坐姿。）	准备学习用品，坐正，集中注意力准备上课。	逐步培养学生养成良好的课前准备习惯。
导入新课 （2分钟）	展示视频。	观看视频后思考：他们遇到了什么问题？在生活中自己是否遇到过这样的问题。	导入视频，激发学生的学习兴趣，为本课创设一个良好开端。
新授 （35分钟）	过渡：在生活中我们也会经常遇到类似的问题，这时该如何辨别方向呢？今天我们就一起来寻找方向。 活动一：认识地平面上的方向 （1）提问：平时我们经常说"四面八方"，你是如何理解"四面八方"的？ 读图1-14提出问题。 教师板书进行讲解。 适当点评并明确：在东、南、西、北四个基本方向的基础上继续划分为东北、东南、西北、西南等方向。 （2）游戏：确定你周围同学的方位。（提出具体的要求。） 对学生的活动情况进行点评。 过渡：在教室里面我们已经能够判断方向了，当我们走出教室，走进自然界时又如何来判断方向呢？ 活动二：在野外如何判断方向 布置任务：小组合作交流收集的资料。 各小组选派代表前来展示收集整理后的资料。 在学生展示说明的基础上进行适当的补充。 过渡：通过同学们的介绍再加上老师的补充说明，估计同学们可以走遍世界不迷路了。可是走遍世界对于我们来说很难，但是我们可以运用地图浏览世界。地图是学习和研究地理的必备工具，所以我们更要学会在地图上寻找方向。 活动三：在地图上判断方向 任务一：自学15页的学法指导。 根据学法指导的内容引导小组讨论完成。 任务二： （1）展示：阅读密云县行政区划图。 （2）教师总结，学生发言，得出"一定二画三判断"的判断原则。（边讲解边板书） "一定二画三判断"原则： （1）确定中心点。 （2）在中心点画"十"字坐标，按照"上北下南左西右东"定向。 （3）判断其他各点与中心点之间的方向关系。 明确：这是在一般地图上辨别方向的方法。	思考问题，产生求知欲。 读图回答问题：请指出有哪些方向。 参照要求完成游戏。 分组交流讨论收集的资料后派代表上前展示。 （预计可能展示的资料： （1）指南针定向； （2）北极星定向； （3）手表和太阳定向； （4）地物定向：植物、树的年轮、房屋坐北朝南） 阅读学法指导。 交流后找出该段文字提出了几种在地图上判断方向的方法，并动手在书上画下来。 根据学法指导分组交流讨论完成任务二。 观察地图，让学生分析，西田各庄、东邵渠、新城子在密云县城的什么方向。 认真听讲，掌握在一般地图上判断方向的方法："一定二画三判断"。	通过读图，培养学生的读图能力。 设置游戏提高学生的参与度，激发学生的学习热情。 课前的准备培养学生收集整理资料的能力。本次小组课堂活动使学生的自学能力、团结合作能力、语言表达及归纳的能力等得到培养和提高。此外本节学习的内容尤其对学生的终身发展有用。 在培养学生自学能力的同时提高学生的交流合作能力。 读图能力和解决问题的能力得到培养和训练。运用密云县行政区划图，贴近学生的生活，有利于激发学生的学习兴趣。 帮助学生掌握在一般地图上判断方向的方法。 电脑展示符号代替文字，更形象直观，可以给学生留下深刻的印象。板书起到强化方法的作用。

续表

教学环节	教师活动	学生活动	设计意图
本课小结 （2分钟）	教师点评。	学生总结：一句话谈收获。	学生小结是对知识的进一步巩固，教师再进行强化，效果会更加显著。
巩固练习 （5分钟）	寻找方向。 阅读密云县城区略图，教师为学生创设问题情境。 布置任务：回家之后向父母或周围的人介绍一种在野外辨别方向的方法。	看图回答问题： （1）此图判断方向的方法。 （2）讨论并指出方向，解决生活的实际问题：从密云五中到密云二中学习，再到新华书店购书，应选择什么样的路线（朝什么方向走）？ 回家后完成任务。	又回到自己的生活，采用生活地区的地图，密切结合生活，学习与生活有关的地理，能够调动学生参与的积极性，也能提高学生的语言表达能力和学习地理的热情。 体现课标理念：学习对生活有用的地理、对学生发展有用的地理。做到学有所用。

案例 7

观看地理教学视频：《自然资源》

（何晴，北京师范大学三帆中学朝阳学校）

观看视频，结合教师的教学过程文稿，记录教师对学生积极表现的反应。可采用以下两种方式打开视频：

方法1：前往相应网址观看视频（http：//1s1k. eduyun. cn/portal/1s1k/sportal/index. jsp？sdResIdCaseId＝8ae68bf74ca43399014cbffdc92438ef＆t＝show＆sessionKey＝ChCsSKWtih4XMurcKBrV）。

方法2：

进入"一师一优课 一课一名师"网站（http：//1s1k. eduyun. cn/），单击 优课展示，选择 初中地理，再单击 中图2011课标版，选择要观看的课题视频。

【导入】自然资源

指导学生阅读课文并归纳总结自然资源的概念。

提问：举例说明我们身边的哪些物品的原料来自哪种自然资源。

承转：自然资源涵盖的范围广泛，因此我们应分类研究。

提问：山上的树砍完了可以再种，自然资源都是可以重复使用的，这种说法对吗？

归纳：自然资源的分类。

【讲授】自然资源的分类以及重要性

承转：了解了资源的分类，我们具体看一看北京的资源现状。

指导读图："北京市自然资源分布图""北京市矿产分布图"。

归纳：我们身边处处有资源。

承转：看来北京的自然资源真是丰富，应该是"取之不尽，用之不竭"的。这样说对吗？我们来回顾一下北京市的自然资源发展历史吧。

提问：北京市的自然资源经历了怎样的变化过程？为什么？

资料：北京部分人均资源占有量与世界均值比较。

归纳：我们看到，如果我们再不约束自身的行为，北京市的自然资源会进一步减少，甚至有些会枯竭。

承转：可喜的是，我们身边有些人已经认识到保护资源的重要性，让我们一起来看看他们是怎么做的。

【活动】如何合理利用自然资源

课件展示：资料一。

提问：(1)过去的经济支柱是什么？

　　　　(2)这样的经济发展带来了怎样的结果？

　　　　(3)现在当地的经济支柱是什么？

　　　　(4)现在当地人们的生活发生了哪些变化？

课件展示：资料二。

问题：使用关键词归纳新闻内容。

承转：了解了北京城周边乡村的变化，再来看看居住在城市中的我们该怎么做。

课件展示：资料三。

问题：我们生活中的哪些行为造成了自然资源的浪费？

分组讨论：我们应该如何合理利用自然资源？

归纳：我们应该发展节约型社会，走和谐发展的道路。

新课小结：略。

步骤2：个人对照《标准》，给其中3个案例评等级(合格、良好、优秀)，并说明理由。

案例	等级	个人说明理由
案例5		
案例6		
案例7		

步骤3：将每个人的评定在组内交流、商讨后，形成小组的统一意见，填写在下表中。

案例	等级	小组统一意见
案例5		
案例6		
案例7		

五、考核要求

1. 研读"结果指标"

纬度	关键表现领域	能力要点	合格	良好	优秀
教学实施能力	及时强化能力	强化学生积极表现	能够关注学生积极表现，并给予肯定	能够根据学生特点对其积极表现进行鼓励	能够通过对学生个体积极表现的强化，感染全体学生

讨论：对于上面的结果指标，需要如何将不同层次的等级描述出来？

2. 考核说明

（1）考核内容：

本项考核主要针对强化技能中关于"强化学生积极表现"的技能，重点考核教师对于强化学生积极表现这一技能的运用。

（2）考核方法：

可以通过微格教学、微课、教学设计、说课等方式考核教师的这一基本教学实施能力。

（3）考核要点：

①能够主动按照《标准》中的行为动词规范教学行为；

②能够在教学中准确表现出明确的强化目标和效果；

③通过强化，能够把学生的积极表现清晰地呈现出来；

④能够合理、灵活地使用不同方式来强化学生的积极表现。

3. 结合"结果指标"，制定标准

尝试用精确的描述语言，制定出"合格""良好""优秀"三个层次的标准。

考核要素		合格	良好	优秀
强化学生积极表现	准确性	能够发现学生的课堂反应。	发现学生的课堂反应，能够理解学生的课堂反应的真正含义。	能够发现学生课堂反应，并能运用技巧理解学生课堂反应的真正含义。
	适时性	能够关注到学生的课堂表现，并给予反应。	能够关注到学生的课堂表现，并给予即时的、意图明确的反应。	针对学生的课堂积极表现，能够选择恰当时机，灵活运用多种手段，进行意图明确的反应。
	有效性	引起学生的注意，巩固正确的表现行为，激发学生的学习兴趣。	引起并保持学生持续注意，巩固正确的反应行为；提高学生的学习兴趣，营造师生和谐氛围；能够控制教学过程和教学计划的进程。	引起并保持学生持续注意，巩固正确的反应行为；提高学生的学习兴趣，促进学生积极参与，主动表现；能够控制教学过程和教学计划的有序进行。

六、反思日志

题目	内容
本专题的学习要点	
实施好本技能的关键点	
通过训练后的收获和体会	

参考文献：

［1］孟宪凯．教学技能的有效训练［M］．北京：北京出版社，2008．

［2］教师课堂强化技能研修［EB/OL］．https：//wenku. baidu. com/view/52cc7c06cc1755270
7220833. html.

［3］HARRY K. WONG，ROSEMARY T. WONG．如何成为高效能教师［M］．北京：
中国青年出版社，2011．

主题八 关注个体 分层指导

学习目标

了解：中学地理分层教学的定义、特点及重要性。

理解：中学地理分层教学的原则、实施目标和策略等。

运用：能够在教学实践中有效实施分层教学。

课程内容简介

"关注个体，分层指导"就是根据不同学生的基础、能力、爱好、品质等智力和非智力因素，对学生进行合理分类。针对各层次，分别设计不同的教学目标，采用不同的教学方法，提出不同的作业要求和评价标准，从而实施不同层次的指导。

"关注个体，分层指导"在教学目标上致力于促进全班学生都得到最大限度的发展；在教学组织形式上综合运用班级、分组和个别教学形式；在教学效果上则谋求各个层次的学生都能获得成功的体验。这充分体现了面向全体、分层优化、因材施教、主体参与的教学特点。关注个体分层指导对于激发学生的兴趣、促使学生主动获取知识、大面积提高学习成绩是十分有效的。分层教学起点低，能多层次地调动学生的学习积极性，具有保尖、促中、补差的作用。

一、问题提出

活动 1

思考交流

步骤1 案例研讨：一位年轻教师发现班内有个学习薄弱生，该同学对地理学习不感兴趣，课上沉默寡言，不听讲，经常走神。这个学生记忆力、观察力、理解力较差，反应慢，思维不活跃，但他比较诚实，爱劳动。教师感觉孩子挺可爱，所以尽量把课堂上最简单的问题留给他，并及时表扬他，还让地理好的同学课下帮助他，但是效果仍然不显著。这个学生几次考试的成绩都不理想，考试成绩总是班里最后一名，而且从来没有及格过。教师联系家长，家长也表示配合学校工作。可是，他的学习依然如故。

请评价案例中年轻老师的行为。你能够为这位老师提供一些建议吗？

_____

_____

_____

_____

_____

�֍ **案例分析**

　　该教师面对学习薄弱生并没有采取歧视的态度，反而看到他的诸多闪光点，如诚实、爱劳动。同时，教师在课堂上对这位学生给予了特别关注，并且采取同伴帮助、家校合作的方式帮助学生，这些行为都值得其他教师学习。当然，从案例中可以看到这位学习薄弱生并没有发生明显变化，这是因为学困生的成因是多方面的，既有生理、心理方面的主观原因，也有学校、教师、家庭和社会等各方面的客观原因。每个学困生都有自己具体的情况，教师要通过对学生的心理特征，学习态度和教师、家长的反馈意见等的调查分析，了解他们具体的症结，才能有的放矢地进行帮助。对于学困生的帮助可以参考《学习参考资料》"学困生成因及转化举措"部分。

步骤 2　交流研讨："关注个体，分层指导"不仅仅是关注学困生，而是要关注所有的学生。你在教学过程中是如何"关注个体，分层指导"的？在实施过程中有何困惑、困难？

_____

_____

_____

_____

课程内容简介

　　本主题通过明晰中学地理分层教学的定义、原则、实施目标及方式方法等，帮助教师从宏观上理解"关注个体，分层指导"；通过学习《标准》，使教师从微观方面掌握"关注个体，分层指导"的方式，并能够运将之用于教学实践。

二、标准解读

理解标准

"关注个体，分层指导"检核标准如下：

维度	关键表现领域	能力要点	合格	良好	优秀
教学实施能力	学习指导能力	关注个体，分层指导	能够观察各类典型学生的反应，对边缘学生予以特别关注，并能适时对学生进行个别指导	能够了解不同学生的个性特点、学习风格和学习态度，对沉默和边缘的学生进行情感和智力支持	能够通过不同的教学方式照顾不同学生的学习基础、个性特点和学习风格，并能布置有一定层级的学习任务

活动 2

标准解读

步骤1　个人理解：阅读《标准》要求，将不理解、不清楚的地方用横线标出来。

步骤2　小组讨论：向组内老师提出自己的不解之处，看能否得到帮助和解决，将小组没有解决的问题写下来。

_____

_____

_____

活动 3

案例学习

步骤1　材料阅读：请阅读北京出版社初中地理教材"海陆的变迁"教学案例中有关学生分组活动话题的教学设计片段。

指导思想与理论依据：略。

教材分析：略。

学情分析：

学生已经学习了"地球和地图""大洲和大洋"等基础知识，知道了地球表面海陆分布大势，这为本节课的学习提供了必备的知识基础。但根据初二年级学生的年龄、心理特点和已有知识水平，要顺利完成本节课的学习目标仍需采用直观演示的方法，以降低难度。

前测：

（1）课前：为了了解学生们对板块构造学说的认识程度，需进行访谈式的调查活动。就大陆漂移假说、板块构造学说随机调查了6名学生（由于是对生活经验而非学习起点的调查，采取的是随机调查方式），每个孩子对相关知识都有所了解，但说法不够全面，说法也不尽相同。

(2)了解情况统计：

了解程度(每人至少2项)	大陆漂移假说	海底扩张学说	板块构造学说
访查人数(6人)	6	3	4
百分比/%	100	50	66.7

基于以上调查，本人本节课在教学方法的运用上以启发探究为主，以读书指导法、讲解法和直观演示法等为辅。

本节课的学习方法为：自主读图探究和合作学习。

教学目标：

知识与技能目标(其他目标略)：

(1)能举出实例说明海陆变迁，让学生树立海陆不断运动变化的科学观念。

(2)知道板块构造学说的基本观点，运用板块构造学说解释有关地理现象的成因。

(3)阅读地图，说出世界主要火山、地震分布规律，说明火山、地震分布与板块运动的关系。

教学重点：

(1)树立海陆不断运动变化的科学观点及培养学生的科学兴趣和求真求实的科学精神。

(2)用板块构造学说解释一些地理现象，说出主要火山和地震带的分布与板块运动的关系。

教学难点：用板块构造学说解释一些地理现象成因。

教学过程：(节选部分)

活动A：沧海桑田(展示图片资料)。

(1)学生小组合作：根据现象推断变化并简要解释。

(2)交流汇报：体会海陆是不断变迁的。教师附以课件简图，师生总结引起海陆变迁的原因。充分利用多媒体的优势，让学生获得更多的感性认识，层层递进，分析解决重点。

活动B：从世界地图上得到启示，观察非洲和南美洲轮廓特点；大胆进行猜想(非洲和南美洲在很久以前是不是曾经连在一起)，引出大陆漂移假说。

(1)读材料了解魏格纳和大陆漂移假说。

(2)小组合作收集资料、证据，说明大陆漂移假说的科学性，同时采用直观演示的方法说明观点、看法。

让学生自主参与、动手体验、反思交流。发散学生思维，培养学生求真求实、积极探究的科学精神。

活动C：板块运动。

大陆为什么会漂移？人们经过不懈的探索，在大陆漂移假说的基础上创立了板块构造学说。质疑大陆漂移假说，引出板块构造学说理论。

(1)引导学生读图，令其自主发现地理信息，合作总结板块构造学说的主要观点。

通过读图，培养学生的观察能力、读图分析归纳能力，发挥合作学习的功效，突出重点。

(2)直观演示板块运动学说，引导学生观察图中的箭头，通过"动动手"活动，辅以动画演示，让学生理解板块运动的模式及产生的现象。通过联系实际的小实验、形象的计算机动画，演示挤压运动、张裂运动过程，使学生更好地理解板块运动的内容，突破难点。

(3)学以致用。学生用板块构造学说理论讨论并解释地理现象，加深学生对板块构造学说的理解。引导学生读图分析归纳世界主要火山、地震带的分布，了解两大火山、地震带。引导学生观察思考世界火山、地震带的分布与板块运动之间的联系。联系生活实际：举煮裂鸡蛋，蛋清冒出来的例子。通过读图归纳的学习过程，培养学生的读图分析能力，从表层信息获取地理知识内在联系的深层信息并联系生活突破难点。

课堂总结：学生自主小结；教师总结，激励探索。

教学反思：本节课采用启发探究式教学，以"问题"为探究学习的方向，力求从学生感兴趣的地理现象入手，注意生活中地理教学资料的积累和运用，采用实物展示、多媒体演示等多种教学手段，逐步培养学生的读图析图技能、自主学习和合作探究精神，教学目标圆满完成，教学效果较为理想。

课堂评价设计：

(1)评价方式。

①教师评价：教师通过眼神、肢体和语言去鼓励、表扬学生，并根据学生的表现随时进行监控，以小组为单位加星。

②小组内互相评价：由小组长带领大家根据课上学习、练习过程中的表现共同完成互评。

③学生课后自评：课后，学生对课堂上自己的学习效果和其他表现，进行自评。

(2)评价量表。

小组评价(分别在相应的脸上涂上颜色)：

	优秀	良好	合格	待合格
课上积极、主动参与活动	☺	☺	☺	😐
能够主动表达意见并与组内成员团结协作	☺	☺	☺	😐
能够在组内发挥一定作用	☺	☺	☺	😐
课上的综合表现	☺	☺	☺	😐

自我评价：

	优秀	良好	合格	待合格
我能正确理解相关定义	☺	☺	☺	😐
我能正确理解大陆漂移假说	☺	☺	☺	😐
我能正确理解板块构造学说	☺	☺	☺	😐
我能归纳世界主要火山、地震带的分布	☺	☺	☺	😐
我能在小组中发挥作用	☺	☺	☺	😐

步骤 2　等级评价： 参照《标准》对案例中的"关注个体，分层教学"教学设计给出等级，将评定的理由写下来。

_____

_____

_____

_____

�֍ **案例评析**

　　《标准》中合格层级是"能够观察各类典型学生的反应，对边缘学生予以特别关注，并能适时对学生进行个别指导"，要求老师能够观察各类典型学生的反应，要求其了解所教班级学生的学习情况，把握学生所在的层次，关注不同层次的学生课上对教学内容的关注状况、对问题的回答状况等，加以判断，给予不同的指导。

　　《标准》中良好层级是"能够了解不同学生的个性特点、学习风格和学习态度，对沉默和边缘的学生进行情感和智力支持"，要求老师能够积极地多接近沉默学生和边缘学生，多与他们交流，倾听他们的想法；在课上注意激发其参与学习活动，使小组成员能够接纳他们，给他们一定的任务；关注他们的进步，及时表扬，并不断提出新的要求。

边缘学生是指在教学活动中容易被忽视的学生，如性格内向的学生、学习基础比较差的学生、坐在教室边角位置的学生等。

《标准》中优秀层级是"能够通过不同的教学方式照顾不同学生的学习基础、个性特点和学习风格，并能布置有一定层级的学习任务"，要求老师能够很好地解决同一考试达标要求和学生学习起点不同的矛盾；解决好班级授课和个别指导的矛盾，能够在集中学习中实现个别辅导，并使这种辅导能够影响更多的学生，如运用小组合作、生生互动等方式。这些方式除了可以促进师生间的指导，还可以形成生生间的指导。

该案例中，教师能够了解班级学生的学习情况，把握学生所在层次(学习优秀者、中等生、学困生)。教师针对具体内容，分别在教学目标、活动设计、作业安排等方面采用了分层方式，照顾了不同层次学生的学习基础、个性特点和学习风格。如教师根据学生的学习能力，制定出了"举出实例说明海陆变迁，其中学困生能够简单描述即可；中等生能够举出常见的实例；优秀生能够根据实例说明板块运动规律"的分层教学目标，针对这个教学目标，在教学活动的设计中也有相应的分层设计。采取小组合作学习方式，能够通过生生互动形式，形成学生互助、共同进步的结果。另外，评价表的设计不仅考虑了学生的学习情况，而且将学生的情感态度等因素纳入进来，这也体现了教师关注各个层面学生的理念。总之，从案例中，可以看出教师"关注个体，分层指导"的意识比较强，能够在课堂中通过各种方法有效地实践这种意识，促进各个层面的学生共同进步。

三、技能训练

在"关注个体，分层指导"能力要点训练中，要求教师针对具体内容，照顾不同层次学生的学习基础、个性特点和学习风格，能够在教学目标、活动设计、作业布置等方面实施分层指导，让学生完成不同层级的任务，使每个学生在自己的基础上都有进步。

活动 4

实战训练

步骤1 个人实战：选择一课，根据自己班上学生的具体情况，撰写教学设计，设计中教学目标、活动设计、作业布置等方面要体现分层指导的意识。

步骤 2　组内交流：小组交流，讨论各自的设计是否恰当，并改进、完善设计。

_____

_____

_____

四、案例分析

案例 1

在教学工作中，一位年轻的英语教师根据学生的单元测试成绩，参考学生对英语学习的兴趣、智力水平及内在潜力，把班里的学生划分为 A、B、C 三个小组。

A 组学生基本功扎实，学习主动，对英语学习有浓厚的兴趣，具有较强的接受能力和表现欲望。对于这组学生，教师的主要任务就是引领，把他们的英语视角尽可能地扩大，尤其是在阅读、写作和口语上，要让他们成为尖子生。

B 组学生在英语学习上有一定的进取心，但基础不是十分扎实，学习成绩为 70~80 分，接受能力稍弱，但有一定的能力和潜力。对于这组学生，教师要做的把他们的潜力挖掘出来，使他们晋级 A 组。

C 组学生学习不自觉，学习习惯差，基础弱，接受能力不强，思维反应慢，在学习上有一定的障碍，有些学生还缺少家庭辅导条件。对于这组学生，教师就要花大量的心血激发他们的英语学习兴趣。教师让他们优先发言，对他们优先辅导，优先批改他们的作业，给他们多一些耐心与爱心，多一份表扬与鼓励。

该教师把学生姓名按所分 A、B、C 三个小组打印在大纸上，贴于班级评比专栏，开展形成性评价。

思考讨论：请评价该教师的做法，并记录发言要点。

_____

_____

_____

_____

> **✳ 案例评析**
>
> 分层教学是教师根据学生现有的知识、能力水平和潜力倾向把学生科学地分成几个各自水平相近的组并区别对待，这些组在教师恰当的分层策略和相互促进作用中得到最快、最优的发展。案例中这位年轻教师具有"关注个体，分层指导"的意识，能够在充分了解、分析学生认知差异的基础上，寻找教学与各层次学生认知水平的结合点，分层制定教学目标，选择教学策略，确定教学方式，希望能够使每个学生都得到充分发展，这是该教师的可取之处。但该教师把学生

姓名按所分 A、B、C 三个小组打印在大纸上，贴于班级评比专栏，开展评价，这种做法不是特别恰当，这容易伤害学生的自尊心，尤其是学习成绩较差的学生，这可能会挫伤他们的学习积极性。建议运用隐性分层的方法，即教师心中有数。教学中为避免挫伤学生的积极性，可暗中将学生分类，针对不同智力层次、不同基础类型的学生，提出不同的目标，确定不同的教学内容，采取不同的方法，从而满足不同层次学生的要求，关注各层学生之间的差异性和发展的不同需要，促进每一位学生的进步，使他们的智慧和才能充分发挥出来，实现自身价值。

案例 2

让每个孩子都爱上学习

早就听说过王金战老师，因为妈妈以前给我说过他所教的一个班，55 名学生中 37 人进了清华大学、北京大学，10 人进了英国剑桥大学、牛津大学和美国耶鲁大学等名校。昨天我和妈妈一同观看了山东农科频道由王金战老师讲的《怎样让每个让孩子爱上学习》，听了王老师的讲座，我从中收获很多。王老师讲到首先应该培养孩子的学习兴趣，如果孩子对学习没有兴趣，家长、老师怎么努力都是徒劳，毫无意义。要培养孩子的学习兴趣，作为家长、老师，要理解孩子，信任孩子，尊重孩子，引导孩子，和孩子成为朋友，和睦相处；还要多挖掘孩子的优点，慢慢发现孩子感兴趣的和自己喜欢干的事情。王老师还讲到"别把学习当罪受"，对此我印象深刻，以后我要把学习当成一件快乐的事情。家长给我们创造了良好的学习环境，但是还应该尊重我们的兴趣，不要逼着我们学我们不愿意学的东西。王老师还讲到考试不能紧张，心理负担不能太重，更不要好高骛远，要给自己加油，制定一个自己能够实现的计划、目标，并向着自己的计划、目标努力。不要和别人比，只要自己努力就行了。我也希望我的妈妈以后不要只盯着我的成绩，能用欣赏的眼光多看看我的长处，多夸夸我，让我增加自信，我想我的成绩会慢慢地好起来的。正如王老师所说，好孩子是夸出来的。有了家长的夸奖和鼓励，我们才有学习的动力，我们才会在家长的精心呵护和陪伴下，渐渐爱上学习。听了王老师的讲座，妈妈对我的态度改变了不少，我也要用王老师的思想来纠正我的学习态度。我们现在努力学习不是为了老师，也不是为了爸爸妈妈，我们是为自己学习。只有我们好好学习，我们才能变得更加强大，长大以后才能更好地生活，才能报效祖国。

思考讨论：请对案例中的教师行为进行评价。你从中受到哪些启发？

❋ 案例评析

　　教育应使提供的学习材料让学生将之作为一种宝贵的礼物来享受，而不是作为一种艰苦的任务背负。"追求快乐，逃避痛苦"是人的本性，所以只有那些让人感觉快乐的事情才能让人乐此不疲地去做；而那些让人感觉痛苦的事却让人想方设法远离它、逃避它。我们必须把孩子当作一个"人"来对待，用一个真正平等的态度来确认孩子的自我价值。因此，对于孩子的教育，我们要千方百计地让孩子快乐，跟孩子一道以积极乐观、豁达坦然的心态去对待工作、学习和生活。孔子早在几千年前就提出"有教无类"的教育思想；斯宾塞主张永远把孩子作为一个主体，并给予充分的理解和尊重。教育实际上是一个不断诱导和发现的过程。在这个过程中，应当因材施教，尊重学生个体，承认个性差异，不拿同一把尺子衡量所有学生。在实施快乐教育时，不能停留在浅层次的说笑上，不能无视他人的自尊和人格，应特别注意呵护每一位学生的闪光点和进取心，体现出爱心不论亲疏，教育不分种群。

五、考核要求

1. 研读"结果指标"

维度	关键表现领域	能力要点	结果指标
教学实施能力	学习指导能力	关注个体分层指导	1. 能够根据不同学生的需求，进行个别指导。 2. 能够通过不同的教学方式照顾不同的学生，并布置有一定层级的学习任务。

　　讨论：对于上面的结果指标，需要如何将不同层次的等级描述出来？

2. 考核说明

　　你是怎样正确理解"关注个体，分层指导"的？编写一课时的某个片段的教学设计思路，力求准确、合理，适当有所创新。

　　教学设计要求：

　　(1)教学内容：主要学习内容简介。

　　(2)学生分析：学生学习本课内容的认知起点、学习兴趣、学习障碍、学习难度等。

　　(3)设计思想：主要描述教学过程中拟实践的教育理念、教学原则、教学方法。

　　(4)教学目标：主要根据新课标的要求，从新课程改革的理念出发，进行描述。

　　(5)教学重点和难点：描述学生在学习过程中需要掌握的重点和难点。

　　(6)教学设计思路：简要的教学过程和流程设计。

(7)结合新课标特点及对学生的学情分析进行深入研究，应具有一定的特色和创新性。请用 300~500 字简要描述本节课教学设计的特色之处。

3. 结合"结果指标"，制定标准

尝试用精确的描述语言，制定出"关注个体，分层指导"能力的三个层次的标准。

考核要素	合格	良好	优秀
整体学生状况	能够观察各类典型学生的反应。	能够了解不同学生的个性特点、学习风格和学习态度。	能够通过不同的教学方式照顾不同学生的学习基础、个性特点和学习风格，并能布置一定层级的学习任务。
关注个体学生差异	对边缘学生予以特别关注，并能适时对学生进行个别指导。	对沉默和边缘的学生进行情感和智力支持。	照顾不同学生的学习基础、个性特点和学习风格，并能布置一定层级的学习任务。

六、反思日志

题　目	内　容
本专题的学习要点	
实施好本技能的关键点	
通过训练后的收获和体会	

参考资料：

1. 分层教学的依据

(1)心理学研究依据；

(2)教育教学理论；

(3)因材施教理论；

(4)合作学习理论。

(详细内容见 http：//wenku. baidu. com/view/c6299cea551810a6f524862d. html)

2. 分层教学的原则

(1)主体性原则；

(2)层次性原则；

(3)针对性原则；

(4)激励性原则；

(5)发展性原则。

(详细内容见 http：//dic123. com/pd_2e9fde7d—97b7—4716—a291—5d7f623cd06f. html)

3. 分层教学的实施

(1)以生为本，合理分层；

(2)因材施教，备课分层；

(3)多层互动，教学分层；

(4)各尽所能，人物分层；

(5)因人而异，评价分层。

(详细内容见 http：//wenku. baidu. com/view/c6299cea551810a6f524862d. html)

4. 地理学科后进生成因及转化举措

类型	定义	成因	转化举措
习惯型	所谓习惯型后进生指的是那些由于习惯原因而学习有困难的学生。	这些学生因为学习习惯不好而影响地理学习。大多数这样的学生都没有习惯意识，或基础不弱，但因习惯不好而影响学习成绩。	1. 严格要求学生，培养学生的良好习惯。 2. 在学生有进步时要多鼓励，让学生感觉到受表扬的喜悦。 3. 课堂形式动静结合，太过于活跃的气氛不利于培养学生的习惯。 4. 可把学生分组，从集体观念方面来督促他们。 5. 多和家长沟通，了解孩子的生理、心理特点。 6. 多和班主任沟通，请他们及时配合。
生理型	所谓生理型后进生指的是那些由于智力原因而对学习有抵触或厌恶学习的学生。	这些学生由于智力原因而学习成绩低下，或因智商低而产生自卑心理，造成学习动机差。学生本身想学好，但确实有难度。	1. 课上多鼓励，增强自信心。 2. 多与他们沟通，进行情感的交流。 3. 降低教学目标和要求。 4. 课上设计难度适宜的问题。 5. 加强个别指导，尤其是基础知识的反复训练。 6. 安排互助小组，随时练习。 7. 与班主任合作。 8. 与家长及时沟通，取得家长的理解、信任和配合。

续表

类型	定义	成因	转化举措
自卑型	所谓自卑型后进生指的是因学生的心理行为有偏差，或智商偏弱，学习能力较低而自卑情绪较重，影响学习的学生。	过度焦虑是自卑型学生学习中最大的情感障碍。而周围人的否定、批评更加剧这种焦虑程度，造成他们的学习兴趣、动机不高，学习效果较差。	1. 课上多鼓励，增强其自信心。 2. 兴趣主导，让学生乐学。 3. 降低学习难度，让学生体验成功。 4. 加强情感交流，对学生进行面对面的指导。 5. 运用榜样示范法，在班内开展"好搭档""优秀合作小组"等活动。 6. 与班主任合作，共同关注。 7. 与家长及时沟通，取得家长的理解、信任和配合。
基础型	所谓基础型后进生指的是由于学习基础差而学习成绩不达标的学生。	这些学生从启蒙期起对所学知识掌握不牢固，或因学习态度和学习方法存在问题，而造成学习基础差、学习成绩低。	1. 从最基础的知识开始补习，加强个别辅导。 2. 加强与家长的沟通交流，制定合适的辅导计划，教师、家长共同配合。 3. 成立一帮一学习小组，鼓励学生间的互助，强化对个性生的学习监督。 4. 降低学习难度，让学生体验成功。
厌学型	所谓厌学型后进生指的是对学习没有兴趣，甚至厌恶学习而学习成绩不合格的学生。	这些学生没有建立正确的学习动机，学习缺乏内在动力，对所学的学科缺乏兴趣；未曾建立良好的师生关系，特别缺乏乐观稳定的情绪；在学习上屡遭失败，缺乏坚忍不拔的意志。	1. 唤起孩子对学习的兴趣，以矫治孩子因注意力涣散而引起的厌学情绪。 2. 要从点滴抓起，从习惯抓起，不可包办代替。 3. 培养孩子坚韧的学习意志。 4. 帮助孩子确定一个力所能及的具体的目标，并提供适当的奖励条件，鼓励、督促孩子为实现这个目标去努力。
对立型	所谓对立型后进生指的是由于受到家长或老师的批评，对家长或老师不满，产生逆反心理而赌气不学，逐渐掉队的学生。	这些学生学习目的不明确，学习习惯和学习方法不好，学习受不稳定的情绪支配，学习热情冷热无常，久而久之，就形成了对学习的对立心理；或没有良好的家庭环境，缺乏家长的正确引导，性格上出现扭曲。单亲家庭尤其严重影响学生的学习和性格。	1. 切实抓好入学教育，督促学生养成良好的学习习惯。 2. 努力发掘学生的"闪光点"，重塑其自信。 3. 沟通感情，让孩子相信老师是真心关心他（她）的。 4. 评价激励，抓住孩子的任何一点小的进步，让孩子体验成功的喜悦。

在新课标下如何转化学困生，是每个中学教师都在努力探索和研究的课题。学困生是对学业成绩暂时落后的学生的习惯称谓（有时也因偏见而称之为"差生"）。在地理学科中，这部分学生往往表现为知识基础差、读图能力和综合分析能力较低、注意力不集中、课堂

纪律差、对学习不感兴趣、缺乏信心。能否成功转化地理学困生是制约地理整体教学质量的重要环节。

　　学困生有不同的心理发展水平、不同的知识基础及不同的学习态度、个性特点，要转化他们是一项复杂而艰巨的任务。但只要各位教师积极探索，不断积累经验，针对不同类型的学困生实施不同的教育教学对策，并多给学困生一份关爱，充分发挥他们的主观能动性，采取有效措施，因材施教，最大限度地缩短差距，成功地转化学困生是完全有可能的。

附录　北京市朝阳区教师教学基本能力检核标准

（试行稿）

2009 年 3 月 30 日

《北京市朝阳区教师教学基本能力检核标准》

维度	关键表现领域	能力要点	合格	良好	优秀
教学设计能力	一、教学背景分析能力	（一）正确理解教材内容	能够分析教材所涉及的基本内容，并梳理出单元知识结构框架	能够准确描述知识的纵向与横向联系，并能够将知识置于某一个知识或能力框架内进行解读	能够深入挖掘本单元知识在学生发展中的教育价值
		（二）实证分析学生情况	能够关注学生的学习基础，并分析出学生在新知识形成过程中可能遇到的困难	能够对学生的学习基础进行调研，并根据调研资料和数据分析出在新知识学习过程中可能遇到的认知困难	能够根据调研资料和数据，对学生在新知识形成过程中可能遇到的认知和情感上的困难进行理性分析
		（三）科学确定教学内容	能够根据课标要求和教材内容，确定教学重点与难点	能够根据课标要求、教材内容和学生的学习基础，确定教学重点与难点	能够根据课标要求、教材内容和学生的学习基础，整合教学内容
	二、教学目标制定能力	（一）清晰确定课时目标	能够依据教学内容和学生情况确定符合课标要求的教学目标	能够依据教材分析和学情分析确定符合课标要求的教学目标	能够依据教材分析和学情分析以及二者之间的密切联系确定符合课标要求的教学目标
		（二）科学表述三维目标	能够正确选择行为动词表述三维目标，逻辑严谨	能够恰当表述具有可操作性的三维目标	能够将三维目标进行有机整合，使其具有可测评性
	三、教学过程设计能力	（一）合理安排教学流程	能够安排符合知识逻辑的教学流程，教学重点突出，对时间安排有预设	能够安排兼顾知识逻辑和学生认知逻辑的教学流程，对时间安排的预设合理	能够安排具有开放性和生成空间的教学流程
		（二）有效设计教学活动	能够围绕教学目标设计教学活动，并能够设计对教学活动完成情况的检测方案	能够围绕教学目标设计具有连贯性的教学活动，并能够有针对性地设计对教学活动完成情况的检测方案	能够设计激发学生思维和情感的教学活动，并能够对课堂可能生成的问题设计预案
		（三）灵活选择教学策略	能够根据教学目标和内容进行板书、提问、媒体演示和评价等教学手段的设计	能够根据教学目标和内容，利用小组合作等学习方式突出教学重点、突破教学难点	能够根据教学目标和内容，设计教学策略并灵活运用各种教学手段

北京市朝阳区教师教学基本能力检核标准

维度	关键表现领域	能力要点	合格	良好	优秀
教学实施能力	一、激发动机能力	（一）营造良好的学习环境	能够营造整洁有序的教学环境，并以稳定的情绪和良好的状态进行教学	能够以稳妥的方式处理课堂中的突发事件	能够将课堂突发事件转化为教育契机
		（二）有效激发学习动机	能够运用教学技能呈现设计的教学活动，并吸引学生的注意力	能够根据课堂情况呈现设计的教学活动，并能够激发学生的学习兴趣	能够灵活根据课堂情况呈现设计的教学活动，有效激发学生持久的学习动机
	二、信息传递能力	（一）教学语言精练生动	教学语言表达清楚，语速、音量适中，并能够用体态语加强信息传递效果	能够正确运用学科术语，教学语言准确、简练	教学语言生动形象，富有感染力
		（二）板书运用熟练巧妙	板书字体端正、大小适中，有较快书写速度	板书设计有整体性，突出重点、难点和知识间的联系，逻辑层次清晰	板书能够使学生有美的感受，并伴随课堂教学进程有生成性
		（三）教学媒体恰当运用	能够根据教学目标和内容选择运用教学媒体	能够根据教学目标和内容合理选择并恰当运用教学媒体	能够根据教学目标和内容合理改进并综合运用教学媒体
	三、提问追问能力	恰当提问有效追问	能够根据教学设计适时进行课堂提问，问题本身和表述能够让学生理解，减少自问自答、是非问答、集体回答等情况	能够根据学生情况选择恰当的对象进行提问，问题经典、有一定层次性，并能够根据学生回答问题的情况进行灵活有效的追问	能够根据课堂上变化的学情及时调整提问内容和方式，重视培养学生的问题意识
	四、多向互动能力	（一）教学组织方式有效	能够根据学习需要和特定学情，组织同位交流、小组合作、全班讨论等活动	组织活动时能够掌握恰当分组、有效分工、控制时间等技能	能够调动每个学生参与活动的积极性，并对活动过程中出现的问题进行恰当处理
		（二）认真倾听及时反应	能够倾听学生的想法，与学生互动；鼓励学生大胆发言，并引导学生认真倾听同学发言	能够在倾听过程中随时与发言者交流自己的理解，促进师生互动，并系统地指导同学倾听	能够把课堂发言的评价权交给全班学生并进行适当指导，有效促进生生间的真正互动

续表

维度	关键表现领域	能力要点	合格	良好	优秀
教学实施能力	五、及时强化能力	（一）强化重点突破难点	能够运用重复、语言变化、板书强化教学重点	能够运用媒体、提问、体态语等多种方式，强化教学重点，突破教学难点	能够选择恰当时机，灵活运用多种手段，进行有效强化
		（二）强化学生积极表现	能够关注学生积极表现，并给予肯定	能够根据学生特点对其积极表现进行鼓励	能够通过对学生个体积极表现的强化，感染全体学生
	六、课堂调控能力	（一）合理调控时间节奏	能够控制课堂时间和教学节奏	能够监控学生的状态，对课堂时间和教学节奏进行调整	能够根据课堂上不可预知的学情，灵活调整教学设计时各环节的时间分配，并对教学内容做出取舍
		（二）准确把握内容走向	能够按照教学设计的思路，控制课堂教学的走向	能够根据教学反馈的信息，对教学内容和进程进行调整	能够准确把握教学设计的思路，灵活处理课堂生成性问题，控制课堂教学的走向
	七、学习指导能力	（一）关注个体分层指导	能够观察各类典型学生的反应，对边缘学生予以特别关注，并能适时对学生进行个别指导	能够了解不同学生的个性特点、学习风格和学习态度，对沉默和边缘的学生进行情感和智力支持	能够通过不同的教学方式照顾不同学生的学习基础、个性特点和学习风格，并能布置一定层级的学习任务
		（二）指导学法培养思维	能够在教学中渗透学习方法，培养学习习惯	能够根据教学内容指导学生的学习方法和思维方法	能够根据学科特点有效指导学生的学习方法和思维方法，提高学科素养

北京市朝阳区教师教学基本能力检核标准

维度	关 键表现领域	能力要点	合 格	良 好	优 秀
教学评价能力	一、学生学业评价能力	（一）掌握学业评价标准	能够结合具体的教学内容解释学业评价标准中各目标动词的含义，并能选择符合评价标准的课堂检测题	能够根据相关的学业评价标准和学生的学习情况编制用于教科书的测试卷	能够根据相应的学业评价标准独立编制学期综合测试卷，有对学生思维和情感变化的观测点和具体的观测方法
		（二）科学选择评价方法	能够根据教学内容和学生情况选择激励性的评价方法；能够选择不同难度的题目布置作业或练习	能够通过观察、追问等多种方式进行学生的学习过程评价；能够选择和编制不同难度的题目并设计不同的作业完成方式	能够从知识、思维、情感等各个方面系统评价学生的学习状况；能够确定多元化的评价主体和选择多样性的评价方式
		（三）有效利用评价结果	能够选择恰当的方法，及时解决课堂练习和作业中出现的问题；能够针对学生的知识漏洞及时对学生进行个别辅导	能够根据课堂练习和作业中出现的问题调整教学进度和教学方法；能够根据学生需求为不同学生提供不同的学业指导	能够根据学生的情绪、情感、思维状态及时调整教学进度与策略；能够根据评价结果为学生提供具有挑战性的学习任务
	二、教学效果评价能力	（一）掌握教学评价标准	能够了解课堂评价标准的具体内容，并能结合实例进行解释	能够确定教科书呈现的自然单元教学效果评价标准	能够确定学生某种能力发展单元的教学效果评价标准
		（二）科学运用评价方式	能够有理有据地对自己或他人的教学进行评价	能够分析教师行为与学生表现之间的因果关系	能够实现评价主体的多元化和评价方式的多样性，找出导致教学成功与失败的根本原因
		（三）反思评价改进教学	能够积累反思材料，并根据自己的反思和他人的评价改进教学	能够将自己的评价意见与他人进行有效交流，并对他人提出教学改进建议	能够对分析结果进行理论提升，并对教学提出系统的改进方案
备注：良好层次的要求包含合格层次的要求；优秀层次的要求包含良好层次的要求					

后 记

　　本地理学科培训教材，所选择的 8 项能力要点，是根据朝阳区地理学科青年教师的实际状况而选定的，期望在能力要点的解读和技能训练上，能够符合地理学科教师的实际。本教材力求重点体现以下四个方面的培训意图：

　　学习领会有关教学技能方面的理论精髓；

　　进行教学能力要点构成要素的有效分析；

　　突出能力要点在教学行为上的外显表现；

　　明确能力要点在结果指标下的可检测性。

　　在培训方式上，采取"小组合作、互动交流、活动体验、任务驱动"的方式，并借鉴微格教学进行技能训练中的相关形式。在编写教材的过程中，我们主要思考的问题是：如何让青年教师在教学技能方面进行有效的训练。因此，教材的编写主要突出"训"与"练"两方面。

　　本教材在编写体例上，从培训主题的引入开始，首先进行相关理论的学习，提供学习案例；在技能要素解析的基础上，通过进行技能训练活动，提出可描述、可检测的具体评价标准；按照助学理论所提倡的"学习支架"方式，制作出表格化的学案，以便于学习者及时记录、交流、反思。

　　在各主题的编写分工上，编写者各自对所写主题内容都有比较深入的实践与思考，甚至有多年的研究。编写分工如下：

　　主题一、科学表述三维目标 姜赛楠(中国科学院附属实验学校)

　　主题二、有效设计教学活动 祁素梅(北京市陈经纶中学)

　　主题三、灵活选择教学策略 张益军(北京市团结湖第三中学)

　　主题四、营造良好学习环境 王海霞(北京教育学院朝阳分院)

　　主题五、恰当运用教学媒体 马卫华(北京市和平街一中)

　　主题六、教学组织方式有效 许　楠(北京第二中学朝阳学校)

　　主题七、强化学生积极表现 邢冬梅(北京市陈经纶中学分校)

　　主题八、关注个体分层指导 刘惠文(北京市日坛中学)

　　在教材编写过程中，特聘请在教师技能培训方面的专家北京教育学院孟宪凯教授、毕超教授作为教材编写顾问，聘请多年从事地理教师培训、具有丰富经验的张素娟教授、北京市陈经纶中学特级教师杨红作为评审专家。他们对本教材的编写提供了具体的指导和帮助，给出了很多建设性意见，在此表示衷心的感谢！

再次感谢为本教材付出智慧与辛劳的各位编者！

由于我们的经验和水平有限，时间也比较仓促，本教材难免存在不足之处，真诚希望各位同人提出宝贵意见和建议，为教材的进一步完善提供帮助。

赵贵江

2016 年 6 月